학생인권의 눈으로 본
학교의 풍경

별도의 표시가 없는 한 교육공동체 벗이 생산한 저작물은 크리에이티브 커먼즈
[저작자표시-비영리-변경금지 4.0 국제 라이선스]에 따라 이용하실 수 있습니다.
http://creativecommons.org/licenses/by-nc-nd/4.0

학생인권의 눈으로 본
학교의 풍경

ⓒ 조영선, 2020

2020년 2월 28일 처음 펴냄
2022년 12월 30일 초판 3쇄 찍음

글쓴이	조영선
기획·편집	서경, 이진주, 공현
표지 그림	조주희
출판자문위원	이상대, 박진환
디자인	더디앤씨 www.thednc.co.kr
제작	세종 PNP
펴낸이	김기언
펴낸곳	교육공동체 벗
이사장	최은숙
사무국	최승훈, 이진주, 설원민, 서경, 공현
출판등록	제2011-000022호(2011년 1월 14일)
주소	(03971) 서울시 마포구 성미산로1길 30 2층
전화	02-332-0712
전송	0505-115-0712
홈페이지	communebut.com
카페	cafe.daum.net/communebut

※ ISBN 978-89-6880-129-7 03370

차례

개정판 머리말	006
초판 머리말	008
들어가는 글	013

1부 나는 '좋은' 교사가 되고 싶지 않다

아이들을 무서워할수록 아이들은 무서워진다	032
나는 왜 두발 자유에 집착하는가?	038
호랑이 굴에서 인권을 고민하다	048
'참교사', 불가능한 꿈	063
교사의 다섯 가지 유형	071
교사는 친구인가, 조정자인가, 멘토인가?	078
계급장 떼고 만나는 즐거움	083

2부 학생들의 목소리를 공부하자

아이들의 꿈을 응원해 줄 수 있을까?	102
"학교 오는 시간이 너무 아까워요"	109
아이들로부터 진실을 배운다	113
토론 수업이 내게 가르쳐 준 것들	131
누가 아이들을 '무서운 10대'로 만드는가?	137
어린 '2등 시민'의 체념	141
인권이 학교에 질문하는 것들	144
학생인권이 바꾸는 학교의 풍경들	160

3부   교사의 권리와 학생의 권리는 이어져 있다

학교 권력의 풍경 172
나는 '매우 만족' 평가를 받는 교사일까? 179
스승의 날을 우울하게 만드는 제도 186
교사를 위해서도 체벌 금지는 필요하다 189
체벌 금지 이후, 학교에는 무슨 일이 일어났을까? 202
자치 활동 코스프레는 이제 그만 215
'학급공동체'에 대한 동상이몽 228
교사로서 내가 해방되기 위해서 241

4부   학생과 함께 정치하다

촛불을 든 아이들 254
나의 1인 시위 이야기 265
학교에서 시민교육이 잘 되지 않는 이유 277
묻어갈 수 없는 시대, 금지가 있는 곳에서 정치가 시작된다 281
하야를 하야라 말하지 못하고 290
촛불 주역 옭아매는 80년대식 교내 징계 297
대통령 선거 날 교복 입고 투표한 이유 300
청소년 참정권 농성장에서 배운 것 303
'교실의 정치화'가 걱정되신다고요? 310

개정판 머리말

10년 동안 바뀐 것과 바뀌지 않은 것

《학교의 풍경》을 처음 낸 게 2011년이다. 그때 나는 10년 차 교사였고, 학생인권조례 운동의 시작과 더불어 이리저리 썼던 칼럼들을 모아 책으로 낸다고 했을 때 그냥 10년 정도 교사를 한 사람이 경험한 학교를 들여다볼 수 있는 에세이집을 낸다고 생각했다. 그때 나는 내가 10년 동안 경험한 학교의 모습은 2000년대 초반 신규 교사가 경험한 특별한 '풍경'이라고 생각했고, 그러한 풍경의 고백이 많은 논쟁을 일으켜 10년이 지난 즈음에는 많은 것이 바뀌길 기대했다.

하지만, 10년이 지난 지금, 어떤 부분은 바뀌었고, 어떤 부분은 바뀌지 않았다. 아니, 어떤 사람은 바뀌었다고 하고, 어떤 사람은 바뀌지 않았다고 한다. '변화' 자체에 대해서도 사람들의 의견이 나뉘는 이유는 제도적인 몇몇 변화들이 사실 그 뿌리를 건드리지 못한 채 학교의 권력 구조 안에서 표류하고 있기 때문은 아닐까? 이렇게 본다면 당시 10년 차 교사로서 가졌던 문제의식은 20년이 다 되어 가는 현재 여전히 답을 얻지 못하고 있는 셈이다.

거의 10년 만에 다시 낸 《학교의 풍경》은, 변화하고 있지만 변화하고 있지 못한 학교에 대해 계속 고민하고 있는 사람들에게 말을 걸기 위해 기획되었다.

1부는 이전 초판 원고를 중심으로 열정 뿜뿜한 신규 교사가 왜 좋은 교사가 되고 싶지 않아졌는지에 대한 고백을 모은 것이다.

2부는 이러한 가르침을 준 학생의 목소리를 학생들과 나눴던 다양한 토론과 글을 통해 전하고자 했다.

3부는 학생인권에 대한 강조 때문에 교권이 침해되고 있다는 우려가 있지만, 실은 학생과 교사는 사회적으로 연결된 존재라는 점을 알리고자 했다.

4부는 학교의 권력 구조 안에서 표류하고 있는 학생인권이 제대로 학교 권력의 뿌리를 건드리기 위해 학생의 정치가 필요하다는 것을 알게 되기까지의 과정을 담았다.

10년 전에 품었던 의문이지만, 20년이 다 된 지금도 풀지 못한 질문에 함께해 줄 사람들을 만나고자 기존 《학교의 풍경》의 원고를 보완하고, 《오늘의 교육》과 《시사인》에 게재했던 글을 모아 개정판을 내게 되었다.

이미 절판된 책을 다시 내는 것은 초판을 내는 것보다 10배는 부끄러운 일이다. 그럼에도 불구하고, 이런 무모한 시도를 기꺼이 함께해 준 교육공동체 벗에 무한한 감사를 드린다.

2020년 2월
우돌(조영선)

초판 머리말

'좋은' 교사이기보다
'괜찮은' 인간으로 살고 싶다

학교는 독특한 공간이다. 연령대와 성별이 다른 사람들이 뒤섞여 살아간다. 성인과 미성년자가 섞여 있고, 남자와 여자가 섞여 있다. 그래서 나는 늘 내가 교실에서 '전 국민'을 만나고 있다고 생각한다. 이러다 보니 남자들이 모이면 군대 얘기를 하듯 누구나 교육 얘기를 쉽게 한다. 그 이야기는 다 자기가 경험한 시대, 자기가 경험한 학교의 모습에 초점이 맞춰져 있다. 그리고 그것이 전부라고 생각한다. 그래서 교육에 대한 여러 처방이 제시되고 학교교육에 대한 비판과 수십 가지 대안이 쏟아지지만 해결책은 왠지 다 그저 그래 보인다. 왜 그럴까 생각해 보면 학교를 비판하는 목소리 역시 결국 자기의 경험에 갇힌 학교의 풍경을 바탕으로 삼고 있기 때문이다. 어떤 풍경을 그리든 그리는 사람의 시점이 존재한다. 누구의 눈으로 어떤 각도로 보느냐에 따라 전혀 다른 모습의 풍경이 보일 것이다. 하지만 자신이 그린 학교의 풍경을 자기의 시각에 갇힌 풍경이라고 고백하지는 않는다.

중요한 것은 '지금, 바로, 여기'에서 학교의 풍경을 말하는 '나'가 어떤 사람인지를 고백하는 것이다. 그리고 내가 왜 이렇게 학교의 풍경을 그리는지 말하는 것이 필요하다. 내가 그린 학교의 풍경 역시 매우 편협한 시점에서 그린 것이다. 다른 시점에서 그린 풍경은 내가 그린 풍경과 충돌할 수 있다. 나는 내가 그린 풍경이 많은 사람들에게 논쟁을 불러일으키길 바란다. 그래서 그것을 넘어서기 위해 나의 책을 읽은 많은 사람들이 자신의 시점에서 학교의 풍경을 그리게 되기를 바란다. 이것이 온전히 한 그루의 나무가 선사할 산소 대신 책이 출판되는 것을 받아들인 이유다.

중·고등학교 때까지 아주 순종적인 범생이었던 나는 학교생활에 그리 큰 불만이 없었다. 물론 대한민국의 중·고등학생이라면 누구나 안고 있을 입시 경쟁에 대한 중압감이 있었지만 지금 생각해 보면 중·고등학교 졸업과 입학, 대학 진학 등 사람들이 생각하는 정상적인 인생 경로에서 재수한 것 정도의 시련이 있었을 뿐이다. 그것조차 나의 노력 부족이라고 생각했고, 성취한 결과도 그 노력의 보상이라 여겼다. 어찌 보면 뒤틀린 한국 교육의 수혜자였던 내가 학교를 직장으로 선택한 것은 너무나 자연스러운 결과일 것이다.

하지만 직장으로 들어간 학교는 내가 학생 때 다니던 학교와 어떤 면에서 너무 같고, 어떤 면에서 너무 달랐다. 학생 시절 나는 모든 아이들이 공부를 싫어하지만 공부를 해야 한다는 생각을 가지고 있다고 믿었다. 그래서 공부를 안 하는 행동에 대해 스스로 심한 부끄러움을 느낄 거라고 생각했다. 능력에 따라 수업을 따라올 수도 있고, 못 따라올 수도 있지만 못 따라오는 것은 학생의 부덕함 때문이지 교사나 학교의 문제는 아니라고 생각한 것이다. 그리고 공부를 잘하든 못하든, 대학을 가든 안 가든 학교는 누구에게나 필요한 공간이라고 생각했다. 꼭 성적표로 자신의 능력을 인정받지 못하더라도 사회생활에 필요한 지식과 지혜를 배우는 공간이라 생각한 것이다.

그런데 직장으로 학교에 와 보니, 대다수의 아이들은 학교에 와 있으나 학교에서 지식을 배우지 않았다. 마치 몸은 침대에 누워 있는 채 회로가 연결되어 전혀 딴 세상인 매트릭스 안에 살고 있는 사람들처럼 아이들은 몸만 와 있었다. 공부에 관심이 있는 아이들은 있는 아이들대로 학교를 힘든 학원 공부에서 벗어나 잠시 쉬는 공간으로 생각하고, 공부에 관심이 없는 아이들은 없는 아이들대로 학교에서의 배움에 관심이 없었다.

대화를 나눠 봐도 학교에서 뭔가를 배운다고 생각하는 아이는 별로 없었다. 그나마 친구를 만나기 위해 학교에 온다고 했다. 하지만 학교는 전혀 다른 세계와 연결되어 있는 아이들의 몸을 학교에 붙들어 두는 데만 애를 쓰고 있었다. 출결을 정확히 체크하고 시험 성적을 기록하며 수업을 듣는 것처럼 보이게 하는 데에만 관심을 두고 있었다. 내가 생각하는 학교는 학교 밖에 나가도 학교에서의 배움을 떠올리게 하는 곳이었는데 요즘의 학교는 학교 안에 있어도 학교 밖 세상만 떠올리게 하는 곳이었다.

사명감을 가진 교육자라기보다는 '행복한 밥벌이'를 하고 싶은 사람에 가까운 나는 고백하건대 '불행한 밥벌이'를 하고 있다. 11년 동안 행복한 밥벌이를 위해 발버둥 쳤던 나는 보람을 느끼기도 했지만 더 큰 좌절을 맛보기도 했다. 이런 과정 속에서 내가 계속해 온 것은 '내 안의 꼰대스러움'과의 투쟁이었다.

교사라면 누구나 '바른 것'을 '가르쳐야 한다'고 생각한다. 이때 전제는 '바른' 것은 정해져 있고, 무엇이 바른지에 대해 교사는 명확히 알고 있다는 것이다. 하지만, 내가 알고 있는 '바른' 것이 아이들 입장에서는 '바른' 것이 아닌 경우도 많았고, 오히려 '가르쳐야 한다'는 나의 태도가 아이들을 배움으로부터 멀어지게 하기도 했다. 아이들에게 '좋은' 것을 알려 주겠다는 열망 때문에 '좋은' 것을 '거부'하는 아이들을 지도하겠다고 비인간적인 수단을 쓰기도 했다. 그 결과는 '좋은' 것을 '좋은' 것으로 가르치지 못하고 '위선적인 것'으로 기억하게 했다. 즉 '배려'를 가르치면서 떠드는 아이를 참을 수 없어 훈계의 탈을 쓴 모욕을 던져, 그 아이가 '배려'를 '모욕'이라고 기억하도록 했던 것이다.

어쩌면 '아이들'에게 '좋은 교육'을 해야 한다는 열망 때문에 학교에 인간이 있다는 사실이 간과되는지도 모른다. '아이들' 따로 '인간' 따로, '교육' 따로 '삶' 따로. 아이들과 교육에 과도하게 특수성을 부여하기 때문에 우리의 교육이 '인간다움'으로부터, 삶으로부터 멀어지는 것은 아닐까? 사실 인간다운 삶을 살기 위해 배움과 가르침이 있는 것인데, 우리는 교육의 결과를 통해 인간의 자격을 나누고 그 자격 조건 안에 들게 하기 위해 인간다운 대접을 포기하는 모순에 빠져 있다. 인간다운 대접, 인간다운 삶이 학교와 사회에서 복원된다면 내가 굳이 가르치지 않아도 아이들은 인간다움을 배우게 되지 않을까? 그래서 나는 모든 진리의 주체를 '나'로 규정하고 그것을 가르치려 드는 나의 '꼰대스러움'에서 해방되기 위해 애쓰고 있다. 그래서 옳은 것을 가르치려고 하는 데에만 들였던 에너지를 인간다움이 살아 있는 학교와 사회가 되도록 만드는 데 나누며, 아이들과 그 더딘 변화를 함께하려 애쓰고 있다. 이 책은 이러한 생각을 하도록 나를 이끈 학교의 풍경을 모은 것이다.

이 책은 교육 잡지 《우리교육》과 전교조 남부지회 신문 〈까치소리〉, 〈민중의 소리〉, 〈메디앙〉, 〈미디어스〉, 〈금속노동자〉 등의 인터넷 신문, 격월간 잡지 《인권》, 인권 잡지 《사람》, 그리고 인권교육센터 들의 인권 연수 강의 원고를 수정, 보완하고 새로운 글을 더해 만든 것이다.

어쩌면 평생에 마지막이 될지도 모를 책이기에 촌스럽게 마무리해야겠다. 좌충우돌하는 나를 끊임없이 가르쳐 준 학교 안팎에서 만난 아이들, 청소년인권 활동가들에게 감사드린다. 특히 2008년에 남부청소년아카데미를 함께했던 교육공동체 나다와 그때 모였던 청소년들과 나눈 대화와 글, 그리고 서울 경인고 학생들의 글에 많이 빚졌다. 내 성장의 둥지인 인권교육센터 들, '신규'였던 나를 무럭무럭 자라게 해 주신 독수리 오형제 선생님들, 그리고 미욱한 글을 책으로 엮어 주신 교양인 출판사 이은주 씨와 한예원 대표님, 무엇보다도 나에게 존중이 무엇인지 평생 몸으로 알려 주신 우리 부모님과 늘 나의 좌충우돌을 격려해 주며 함께 사는 짝꿍에게 이 책을 바친다.

2011년 9월
우돌(조영선)

들어가는 글

나는 어쩌다
'평생 학교에 다닐 결심'을 했을까?

요즘 아이들과 함께 '나'에 대한 책 만들기를 하고 있다. A4 용지를 반으로 접어 글을 쓰고 그것을 묶어 '나'에 대한 미니책을 만드는 것이다. 고2 아이들과 문제를 풀어야 할 시간에 이런 일을 하는 이유는 아이들도 나도 왜 문제를 풀어야 하는지 알지 못하기 때문이다.

고1 때는 고등학교에 적응하느라 놀았다는 아이들도 고2가 되어서는 '공부'를 해야 한다고 생각한다. 중간고사 때까지는 자기들 나름으로는 최선을 다해 수업을 한다. 지금까지는 공부를 안 했으므로 이제부터라도 공부를 하면 어느 정도 성과를 얻을 수 있으리라는 기대를 품고. 막상 중간고사 결과가 나오면 허탈감에 빠진다. 학교의 내신이라는 게 상대 평가이기 때문에 다 같이 열심히 해도 어떤 사람은 늘 낮은 등급을 받게 마련이다. 즉 점수가 작년보다 올라도 남들보다 더 많이 노력하지 않았다면 등수나 등급은 추락할 수밖에 없다. 나름 노력을 했는데도 별 변화를 느끼지 못한 아이들은 그야말로 '잉여스런 삶'을 살게 된다. 수업 시간에 자거나 휴대전화를 만지작거린다. 평가에 들어간다고 아무리 난리를 쳐도 펜도 가져오지 않고, 조금 야단친다 싶으면 자 버린다. 그래서 어떤 아이들은 하루 종일 잠만 자기도 한다. 물론 이런 행동을 하는 아이들이 대다수는 아니지만 40명 중 5~6명 정도는 이러하고, 나머지 35명도 대학에 갈 가능성이 없는 그 아이들의 행동에 대해 '그럴 수도 있다'고 생각한다.

나는 아이들의 이런 모습을 보며 내가 이 아이들의 진짜 모습을 보고 있는지 궁금해졌다. 어쩌면 영화 《매트릭스》처럼 몸만 여기에 연결되어 있을 뿐 진짜 살아 있는 것은 매트릭스 속이 아닌지 알고 싶었다. 그래서 '나'를 기록하는 책 만들기를 시작하였다. 나만의 세계, 나의 성격, 장점과 단점, 내가 생각하는 학교, 내가 생각하는 사회, 남이 보는 나 등 여러 가지 주제를 나와 연결 지어 써서 책으로 만들어 보는 것이다.

언뜻 멋있게 보일 수도 있지만, 실제로 아이들과 이 작업을 하는 일은 만만치 않았다. 우선 몸만 학교에 와 있는 아이들을 매트릭스에서 깨어나도록 해야 하며, 왜 깨어나야 하는지 설득해야 한다. 또 자유롭게 쓰라고 하면 더 당황하는 아이들을 정답에 갇히지 않도록 자극해야 한다. 아이들과 함께 이 작업을 하면서 '나'에 대해서도 궁금해졌다. 가끔은 여기에서 정말 '교육'이 이루어지고 있는가 의심스러운 공간, 정신적으로든 육체적으로든 이탈하고 싶어 하는 아이들과 실랑이하는 이곳에 나는 왜 있게 된 걸까? 나는 왜 평생 '학교'를 다닐 결심을 했던가?

1

임용 시험을 본다고 했을 때, 우리 엄마의 첫마디는 "너는 평생 학교를 다니는구나"였다. 매일 "엄마, 학교 다녀오겠습니다" 하고 집을 나갔고,

"학교 다녀왔습니다" 하며 집에 들어왔으니 말이다. 교사가 될 결심을 어찌 그리 쉽게 했는지 이유를 생각해 보니, 내가 학교를 좋아하는 아이였기 때문이었다. 나는 외동딸로 태어났고, 집에는 늘 나와 놀아 줄 사람이 없었다. 또래 애들보다 어른들과 보내는 시간이 많았던 나는 어른들로부터 어떻게 해야 사랑받는지는 일찍 깨달았지만 또래 친구들을 만나는 재미는 없었던 것 같다.

어렸을 때부터 책 읽기를 강조한 아빠 덕분에 공부로 인한 스트레스는 많이 받지 않았다. 적당히 친구들과 어울리는 범생이 학창 시절을 즐거이 보냈다. 물론 자잘한 사고와 친구들과의 다툼도 있었지만, 그것은 감당할 만한 추억의 일부였다.

대학에 가서도 마찬가지였다. 남들처럼 대학 생활에 기대가 컸던 나는 동아리 활동이나 학생회 활동을 열심히 했다. 1980년대만큼은 아니지만 1990년대 중반까지만 해도 수업간 듣는 대학 생활은 뭔가가 빠진 어떤 것이었다. 집회도 한번 가 보고, 세미나도 참여하고, 동아리 활동도 한다고 해야 내가 뭔가 하고 있구나 싶은 느낌이 들었다.

처음엔 학생회 활동을 하는 선배들을 열심히 쫓아다녔다. 뭔가 있어 보였고, 나도 그 뭔가를 갖게 되리라는 기대 때문이었다. 그런데 내가 학생회 활동에서 처음 부딪힌 장벽은 집회에서 잘 뛰지 못한다는 것이었다. 당시만 해도 최루탄과 토끼몰이식 진압이 많아서 도망을 잘 치는 것이 중요했고, 여학생들은 꼭 남학생과 짝을 지었다. 나는 이 문제를 해결해 보려고 체력 단련을 한답시고 순환 도로를 이틀간 돌았지만 곧 포기했다. 또 사수대의 보호를 받아야만 집회를 할 수 있다는 것도 영 찜찜한 부분이었다. 뭔가 내가 부당하다고 생각하는 것을 당당히 말하고 싶은데 늘 마음 한쪽에는 집회 참여에 대한 두려움이 있다는 것이 나를 비굴하게 만들었다. 나 자체로 사회의 진보에 도움이 되고 싶은데 머릿수만 채우고 있는 잉여라는 느낌이 계속 들었다. 농활을 가서도 마찬가지였다. 일 자체도 몸에 붙지 않아 힘들어 죽겠는데, 규율이랍시고 등도 못 붙이게 하고, 밤늦도록 평가하는 그런 문화가 나와 맞지 않았다. 노동조차 소화 못 하는 내가 농민들에게 뭔가를 가르치려 한다는 느낌도 좋지 않았다. 오히려 땅을 밟아 보는 경험, 아파트가 없는 들판, 그러한 데서 받는 느낌이 집과 학교만을 오갔던 나에게 새로운 충격이었다.

학생회 활동은 재미있었지만, 뿌리 없는 나무 같은 느낌을 많이 받았다. 국립대였기에 등록금 투쟁이 거의 없었고, 학생들의 집회는 대학생운동 자체에 대한 탄압에 저항하는 것이거나 노동자, 농민 문제에 연대하는 것이었다. 연대는 아름다운 것임에 틀림없지만 쉽게 타오르는 만큼 지속적이지 못하다는 느낌을 많이 받았다. 나에게 뭔가 큰 기대를 줬던 선배들도 자신의 임기가 끝나면 쉬 잠수를 탔고 자신이 냈던 목소리에 책임지는 선배들을 만나기 어려웠다. 대학생운동에 대한 기대가 무너져 갈 무렵 공부방에 가게 되었다. 학교를 좋아했던 나는 교사가 되고 싶다는 막연한 꿈이 있었고, 내가 좋은 선생님이 될 수 있는지 없는지 판단해 보고 좋은 교사가 되기 위한 수련을 할 수 있는 좋은 기회라고 생각했다. 그때까지만 해도 난 뭐든지 잘 해낼 자신이 있었다. 공부방 역시 잘 해내고, 좋은 교사의 자질을 인정받을 것이라는 근거 없는 자신감이 있었던 것이다.

결론부터 말하면 나는 좋은 선생님이 될 자질이 없는 사람이었다. 기껏 간식을 해 주면 준비해 준 사람에게 고맙다는 말 한번 하지 않고 그 사람이 뒷정리를 하고 들어오기도 전에 다 먹어 버리는 아이들에게 늘 화가 났다. 학교생활을 좋아했던 나는 공부가 재미없고 놀려고만 하는 그 아이들을 이해할 수 없었다. 자신들을 도와주려고 하는 공부방에 와서 술 마시고 담배 피우고 일탈 행동을 일삼아 공부방이 쫓겨날 위기에 처하게 하는 아이들의 행동이 배은망덕하다고까지 생각되었다.

늘 성격 좋고, 주변의 기대를 저버리지 않는 아이로 자라났던 나는 공부방에서 아이들을 이해하지 못하는 나의 모습을 인정하기 어려웠다. 금방 관두고 싶었지만 개근상을 받고 싶어 하는 아이의 심정으로 1년을 버텼다. 그러면서 아이들을 나의 방식대로 개조하고 싶어 했다. 한 아이가 알파벳을 몰라서 공부방 영어 수업조차 따라가지 못했다. 나는 그 아이와 개별 수업을 시도했다. 도와주는 사람이 없어서일 뿐 그 아이를 개별적으로 도와준다면 수업 진도를 따라잡고 갱생의 삶을 살 수 있을 거라고 생각했던 것이다. 3개월 정도 개별 수업을 했지만 소용이 없었다. 아니 개별 수업을 지속할 만한 상황이 아니었다.

공부방 바로 옆에 살았던 그 아이의 집에는 늘 설거짓거리가 수북이 쌓여 있었고 부모님의 불화로 부부 싸움의 흔적이 여기저기 남아 있었다. 부모님이 안 계신 날이 많아서 아이 친구들이 자주 집에 와서 술·담배를 하기도 했다. 나와 한 약속을 지키고 싶어 했지만, 그러지 못하는 날이 많았다. 노력해도 안 되는 일이 있다는 것을 처음 알았다. 어느 날 그 아이와 정말 제대로 풀기 위해 맞담배를 피우며 이야기를 한 적이 있다. 그때 그간 내가 그 아이에게 전하고 싶었던 것을 이야기하며 "노력해도 안 되는 일이 있다는 걸 처음 알았다"고 고백했다. 그 아이는 공부방에 다니면서 친구 말고 자기보다 나이 많은 사람들과 노는 것이 즐겁다는 것을 처음 알았다고 했다. 그리고 되도록 덜 돌아다니고 공부방에서 놀라고 주문했던 나 덕분에 좀 덜 돌아다니게 되었다며 "노력해서 되는 일이 있다는 것을 처음 알았다"고 말했다. 학교나 사회에서는 노력만 하면 못 할 게 없다고 끊임없이 가르치는데, 노력해서 되는 일이 있다는 것을 처음 알다니. 나는 내가 난쟁이처럼 느껴졌다.

그러던 어느 날 IMF 구제금융 사태 이후 어머니가 집을 나가면서 아이의 상황은 더욱 나빠졌다. 어느 날 술 먹고 남자 친구와 첫 경험을 한 것 같다고 그애가 고백해 왔다. 당시 키스조차 못해 본 나는 그 아이의 고백이 너무나 당황스러웠다. 우선 생물교육과에 다니는 선배에게 도움을 청했고, 그 남자 선배에게 주워들은 이야기를 그 아이에게 해 주었다. 그걸로도 마음이 안 놓여 그 아이의 남자 친구를 만나 맛있는 것을 사 주며 콘돔을 건넸다. 이렇게 하는 일이 잘하는 걸까 싶던 어느 날, 그 아이에게서 임신했다는 연락이 왔다. 공부방 간사이신 수사님이 무료 미혼모 보호 시설인 '마리아의 집'을 연결해 주셨고 거기서 출산을 했다. 문병을 갔던 나는 어떤 말을 해야 할지 머리가 먹먹했다. 그 친구에게 콘돔을 주지 말았어야 했을까? 부모가 나갔으면 공부방에서라도 우리가 돌봐야 했을까? 여러 생각이 머리에 스쳤다. 막상 만나 보니 그 아이는 이미 나보다 마음의 키가 훌쩍 큰 한 아이의 엄마였다. 입양을 보낼 수밖에 없는 현실에 맘 아파했고, 생명의 탄생과 떠나보냄에 대해 끊임없이 고민하고 있었다. 그 아이가 나보다 어른인 것 같았다. 그저 너무 대견하고 훌륭하다는 말만 하다가 집으로 돌아왔다.

나는 그때 '나이가 많거나 지식이 많다는 이유로 누가 누구를 일방적으로 가르칠 수 있는가?'를 고민하기 시작했다. 그 아이보다 내가 더 많이 안다고 할 수 있을까? 아니, 이런 것들은 누군가가 가르칠 수 있는 것일까? 타인에 대한 배려, 공동체 교육, 아이들에 대한 사랑 같은 말들이 빛바래기 시작한 순간이었다.

하지만 나는 지역에 남아 전업 활동가가 될 용기가 없었다. 자칭 고생 모르고 자란 중산층 딸내미인 나는 부모에게 설명할 수 없는 비정규직 활동가가 된다는 것이 두려웠고, 끝까지 비굴한 것이 내 인생이구나 하는 깨달음 속에 임용 시험 공부를 시작했다. 임용 시험을 준비하면서도 내가 멋있는 사람은 아니지만, 그래도 부끄럽지는 않게 살아야겠다고 생각하며 재밌는 수업, 좋은 수업이 뭘까를 내내 생각했다. 그리고 임용 시험에 합격하면 무조건 전교조에 가입하겠다고 나를 합리화했다.

2

운 좋게 임용 시험에 합격했고, 집에서 버스로 20분 거리인 목동의 중학교에 배정받았다. 같은 서울 양천구지만 내가 사는 신정동과 목동은 큰 차이가 있다. 우선 집값이 배 이상이고, 물가 역시 그러하다. 학군 때문에 다른 사람들은 강남구로 이사를 가지만, 강남에 진입하지 못한 사람들은 그냥 양천구가 아닌 '양천구 목동'으로 이사 온다. 내가 배정받은 학교도 외고 진학률이 높은 학교였다. 나는 교사 생활이 두려우면서도 다른 한편으로는 내가 공부방에서 만났던 것 같은 열악한 조건은 아니겠구나 싶어 다행이라는 생각도 들었다. 중3 교실에 배정받은 나는 떨리는 마음으로 교단에 섰다. 하지만 아무도 나를 쳐다보지 않았다. 몇몇 아이들만 나를 힐끗 쳐다보고 자기 일을 했다. 나는 힘들게 입을 열었고, 아이들은 그제야 하나둘씩 쳐다보기 시작했다.

두려움과 설렘 속에서 내가 그동안 꿈꿔 왔던 대로 수업을 진행하려고 했다. 집안이 괜찮은 아이들이니 따라올 수 있을 거라고 기대했다. 첫 번째 모둠 수업. 어떻게 하긴 했는데 활동까지는 했지만 모둠 발표를 서로 듣지 않았다. 지금 생각해 보면, 교사의 정제된 말도 듣기 힘들어하는 아이들이 목소리도 작고 조악한 자신들의 발표는 더욱 듣기 힘들었을 것이다.

특히 '통제'가 안 되는 교실에서 자기가 개인적으로 하고 싶어 하는 일들을 더 많이 하려고 했던 것 같다. 쉬는 시간에서 공부 시간으로 아이들의 상태를 이동시키고 자리에 앉히는 데 10분 이상 걸렸다.

    이런 일도 있었다. 여느 때와 다름없이 아이들에게 인사를 하고 수업을 시작하려는데 갑자기 '퍽' 소리가 났다. 아이들끼리 주먹다짐이 일어난 것이다. 나는 다른 아이들과 함께 싸움을 말렸고 싸우고 있는 두 아이 중심에 섰다. 그런데 아이들이 멈추지 않고 내 얼굴을 사이에 두고 주먹다짐을 하였다. 하마터면 그 사이에서 맞을 뻔했지만 다른 아이들이 겨우 말려서 그런 상황은 면할 수 있었다. 겨우 정신을 차리고 둘을 떨어뜨려 놓고 얼굴에 상처가 난 아이를 보건실로 보냈다. 마음을 가라앉히고 수업을 다시 시작하려는 순간, 앞문이 열리더니 보건실로 내려 보냈던 아이가 들어와 내 앞을 가로질러 자신을 때린 그 친구에게 갔다. 가까스로 2차전은 막았지만 그야말로 '공권력'이 무너진 순간이었다. 평소에 때린 아이보다 자기가 힘이 세다고 자타가 공인했는데, 보건실에서 자기 얼굴에 상처가 난 것을 보고 화를 참지 못해 다시 교실로 올라온 것이다. 그 아수라장이 끝나고 화장실에서 울음이 터졌다. 아이들을 억압하고 싶지 않았지만, 수업 활동을 이끌어 가기 어려운 현실에서 나의 꿈은 하나둘씩 깨지고 있었다. 절망감을 수습하기 위해 이 사건에 대해 선배 교사들에게 조언을 구했다. 여러 조언이 나왔는데, 어쨌든 '통제'가 필요하다는 쪽으로 의견이 모아졌다.

    나는 처음으로 그 반에서 폭력적인 행동을 했다. 시범적인 행동이었지만 맨 앞에 있는 학생의 책상을 엎었다. 내가 힘이 없어서 가만히 있는 게 아니라는 것을 보여 주고 싶었던 것이다. 나는 시범이라고 말했지만 그 아이는 눈물을 흘렸다. 아이들은 일시에 조용해졌지만 나는 돌이킬 수 없는 죄를 지은 것 같은 죄책감이 들었다.

그러고 나서 아이들에게 설문을 했다. 왜 이렇게 내 수업 시간에 떠드는지, 그 문제를 해결하려면 어떻게 해결해야 할지 써 보라고 했다.

때려라, 점수 깎아라, 부모에게 전화하라, 여러 가지 해결책이 쏟아졌다. 그중 두 아이의 문제 분석이 내 뒤통수를 때렸다. 한 아이는 공부를 제법 하는데, 학원에서 다 들었다고 수업을 안 듣고 방해하는 얄미운 아이였다. 그 아이의 쪽지에는 이렇게 쓰여 있었다. "나는 학교가 끝나면 바로 학원에 갔다가 새벽 1시에 온다. 학원에서는 매일 시험을 보고 그 기준을 넘지 못하면 남아서 공부하거나 맞는다. 선생님에게는 미안하지만 국어 시간은 그나마 유일하게 떠들 수 있는 시간이다." 다른 한 친구는 목동 안에 있는 임대 아파트에 사는 아이였다. 수업과 관련된 활동을 거의 하지 않는 아이였는데 한마디를 정확하게 썼다. "국어 선생님은 좋은데 국어는 넘 어렵다."

3

2001년도의 이야기다. 어느 때보다 힘들게 아이들을 앉히고 수업을 시작하려는데 몇 명의 아이가 텔레비전 장 뒤에서 나오지 않았다. 이유를 물어봤더니 생활지도부가 두발 검사를 한다는 것이었다. 지금 이 앞 반까지 교실 전체가 미용실이라고 했다. 잘린 머리카락이 교실 바닥 전체를 덮고 있다는 뜻이었다. 자기는 두발 검사를 피하려고 여기에 숨는 것이라고 했다. 나는 여러모로 비참한 마음이 들었다. 중3, 열다섯이라는 나이에 자기 머리카락을 잘리지 않으려고 가구 뒤에 숨는 아이가 황당하기도 하고 안쓰럽기도 했다. 그리고 그 상황에서 아무것도 할 수 없는 내가 무력하게 느껴졌다. 이윽고 생활지도부 선생님이 우리 교실에 오셨고, 엄청 떠들던 아이들은 숨을 죽였다.

"두발 검사 좀 하겠습니다."

"지금 애들 글쓰기를 해야 하는 시간이라 쉬는 시간에 하시면 안 될까요?"

"수업 분위기 좋아지라고 하는 건데 협조해 주셔야지요."

"수업 분위기 좋아지라고 하는 건데 아이들이 안정이 더 안 되서요."

"내 이런 더러운 꼴을 봤나!"

쾅!

내가 학교라는 곳에 간 지 3주 만에 있었던 일이다. 나는 왠지 모를 두려움과 뿌듯함으로 아이들을 쳐다보았다. 박수까지는 아니더라도 뭔가 감동스런 눈빛을 줄 거라고 기대했지만, 아이들은 "선생님, 이제 학교 잘렸어요. 저 선생님이 얼마나 무서운데요"라고 하였다. 통제가 안 되는 나의 시간에 그렇게 기세등등하게 나를 괴롭혔던 아이들이 사실 학교의 권력에 영혼마저 붙들려 있음을 실감하는 순간이었다. 더 재밌는 것은 그 이후의 사건이었다. 나의 행동에 불쾌했던 생활지도부장은 내가 아닌 내가 소속된 전교조 분회의 분회장에게 항의를 했다. 내심 두려웠던 나는 다행스럽다고 생각하기도 했고, 슬프기도 했다. 나는 임용 시험만 통과했을 뿐 아직 동료 교사가 아니었던 것이다. 그래서 학생의 잘못을 부모에게 이야기하듯 내가 소속된 조직의 분회장에게 이야기한 것이다. 나는 몇 가지 신기한 느낌을 받았다. 학교의 잘못된 관행에 문제를 제기하는 일을 '전교조가 하는 일'로 알고 있다는 것이 신기했고, 조합원에게 일어나는 일은 나 개인이 아닌 조직에게 영향을 끼치는 일이라는 것도 새롭게 알았다. 나는 나에게 빽이 생긴 건가 싶기도 하면서 다른 한편으로 아직 신규 교사는 '교사'가 아니라 '신규'일 뿐이란 걸 새삼 깨달았다.

결정해야 했다. 학교의 힘의 구조에 들어갈 것인가, 아닌가? 나 같은 신규가 학생들을 통제하는 힘을 갖는 방법은 간단했다. 체벌을 하거나, 내 선에서 통제가 안 되는 아이들은 제대로 체벌해 줄 학생부로 보내는 것이다. 이런 점에서 체벌은 체벌을 하는 교사에게나 안 하는 교사에게나 무기였던 셈이다. 체벌을 안 하는 교사는 자기 손에 피를 안 묻히는 것이기에 피를 묻혀 주는 학생부 교사에게 고마워했고, 학생부에 가지 않기 위해 알아서 꼬리를 내리는 아이들이 있기에 학생부의 존재에 안심했던 것이다.

난 이 두 가지 모두 싫었다. 아이들이 자기 잘못을 인정하지 않고 반복하는 일은 아직 가르침이 배움으로 전이되지 않은 것이다. 그게 안 좋은 습관이든 안 좋은 생각이든 가르침이 배움으로 전이되는 데는 시간이 걸리기 때문이다. 그런데 학교는 그것을 기다릴 여유가 없다. 한 반에 40명이 넘는 아이들이 하루 50분씩 7개의 수업을 주어진 시간 안에 소화해야 하기 때문이다. 그래서 체벌을 통해 배움으로 전이된 듯한 쇼를 하게 하거나(눈에 보이는 데서는 문제 행동을 안 하기나 반성하는 표정 짓기) 포기하는 것이다. 체벌 금지 이후 교사들이 "이제 학생들을 포기하라는 것이냐?"라고 볼멘소리를 한 데에는 '그래도 아이들이 쇼를 할 때는 '뭔가 하고 있는 것' 같아 마음이 편했는데 포기하라는 것인가?'라는 뜻이 들어 있다.

그래서 그냥 '통제' 안 하기로 했다. 물론 전혀 통제 수단이 없었던 것은 아니다. 활동식 수업을 해서 딴짓할 시간을 주지 않았고 내가 떠드는 시간을 반 이상 줄였다. 활동 난이도를 낮춰서 누구나 참여할 수 있게 했다. 이게 국어 수업이냐고 하는 아이에게, 네가 생각하는 국어 수업이 뭐냐고 되물었다. 너의 삶에 대해 쓰고, 이야기하면서 친구들과 나누는 것 말고 우리에게 필요한 말하기·듣기·읽기·쓰기가 무엇일지 생각해 보라고 했다.

그러나 이런 개인적인 노력으로 학교가 바뀌지는 않았다. 우리 반 아이들은 두발 규제를 안 하는 나 덕분에 학생부의 눈을 피해 학교에 일찍 와서 늦게 가는 전략으로 자기 머리카락의 자유를 비굴하게 지켜 냈다. 우리 반은 늘 학생부 교사들과 마찰을 빚어 학교에 순응적인 아이들은 우리 반에 배치된 것을 괴로워했다. 이것을 어떻게 해결할까 고민하던 나는 학생회 활동에 공을 들이기로 했다. 학생회를 들쑤셔 학생회 신문을 만들고, 운영위원회를 장악하고 있던 분회 선생님들을 꾀어서 용의·복장 규정 개정을 추진했다.

학생회에서 신문을 만들던 어느 날, 편집 기자 친구 한 명이 '체벌 규정'을 기사화하겠다고 했다. 교육부에서는 체벌 가이드라인을 주고 보이지 않는 장소에서 정해진 체벌 수단으로 체벌을 하는 것은 허용했지만, 대부분의 교사들이 이를 지키지 않았다. 그 가이드라인이 지켜지지 않는 것은 당연하다. 체벌이 있는 이유는 '본때의 효과' 때문이다. 잘못의 내용이 아니라 교사의 말을 듣지 않았을 때 어떻게 되는지 보여 주는 것이 교사의 힘을 보여 주는 것이고, 그 후 교사의 말은 거스르지 말아야 할 신의 교지가 되는 것이다. 보이지 않는 곳에서 하면 이런 효과가 사라지기 때문에 체벌을 할 이유가 없어진다.

교육부 가이드라인대로 체벌이 이루어져야 한다고 생각한 그 아이는 체벌 규정을 실으면서, 그 규정대로 체벌이 이루어지기를 바란다며 기사 제목을 "아프냐? 나도 아프다!"로 달았다. 나는 어쩔 수 없이 체벌을 선택한 교사의 심정을 담은 나름 배려 있는 헤드라인이라고 생각했다. 그런데 교사들은 이것을 학생들이 "아프냐?? (맞는 내가) 더 아프다"라며 교사를 빈정거리는 헤드라인으로 보았다. 그래서 교감이 이를 문제 삼아 기사를 빼라고 요구했다. 나는 또 분회 선생님들께 달려갔다. 분회 총회가 열렸고, 어떻게 대응할지 토론했다. 놀라웠던 것은 분회 선생님들도 이 헤드라인을 후자로 읽었다는 것이다. 헤드라인을 '체벌 규정 안내' 이런 식으로 건조하게 고치고, 기사 내용도 '체벌 규정'만 싣자고 했다. 수정을 각오했다면 분회 총회를 열지 않았을 것이다. 고감은 기사 자체를 빼라고 했지만, 버티면 이 정도의 타협안이 나올 것은 분명한 상황이었다. 하지만 내가 분회 총회를 연 이유는 학생 신문의 편집권을 분회가 지켜 주는 것이 전교조의 참교육 이념이라고 생각했기 때문이었다. 검열을 가르치는 것이 참교육인지 묻고 싶었다. 하지만 그냥 "조직을 위해 영혼을 팔았다"라고 말하고 분회 총회의 결정을 받아들였다. 나는 상대적으로 진보적이라는 전교조도 모두 내 편은 아니라는 것을 알았다. 아마 이때부터 학생인권에 대해 교사 사회에서 말하는 것이 녹록지 않다는 것을 어렴풋이 느꼈던 것 같다.

4

2005년 'No Cut' 운동과 대규모 두발 자유 시위가 일어났다. 이어서 두발 규정을 교사, 학생, 학부모가 자율적으로 정하라는 지침과 함께 시대의 변화를 요구하는 공정택 서울시 교육감의 편지가 내려왔다. 학교별로 규정 개정 움직임이 있었다. 당시 학생회를 맡고 있었기 때문에 기회는 이때라고 생각하며 지침대로 열심히 하려고 했다. 그런데 설문지를 만드는 과정에서 교감이 '두발 규정에 대해 어떻게 생각하십니까?'라는 질문에 대한 선택지 '1) 현행 유지 2) 개정 3) 폐지'에서 '3) 폐지'를 빼라고 종용하였다. 즉 교육청 지침에는 유지와 개정만 있을 뿐 폐지는 없다는 것이다. 그런 설문지가 어딨냐고 버티다가 결국 '1) 현행 유지 2) 개정 3) 기타 (예 : 개정 내용 제시, 폐지……)'로 내보냈다.

이런 방해를 뚫고 규정 개정을 위한 토론회를 열었다. 재밌었던 것은 아이들도 폐지를 요구하지 않았다는 것이다. 폐지를 요구하지 않은 이유는 "양아치 학교가 되어 아파트값이 떨어질 것"이라는 거였다.

어쨌든 이런 진통 끝에 두발 규정이 개정되었다. 내용은 '길이 자유, 원색 금지(원색이 아닌 색은 허용한다는 뜻)'였다. 불과 5년 전인데, 지금 보면 별로 새로울 것 없는 이 내용은 주변 학교를 깜짝 놀라게 했다. 나는 나름 학교에 자유와 인권의 공기를 불어넣은 것 같아 뿌듯했다. 첫 학교를 뜨기 전에 중요한 일을 했다고 생각했다.

학교를 옮기고 난 뒤 어느 날 신문에서 전 학교 이야기를 읽었다. 제목은 '엄격한 생활 지도와 문제 학생 밀착 지도로 학교 살린 교사'의 이야기였다. 얘기인즉슨, 두발 규제 폐지로 문제 학생이 늘어나고 통제가 안 되었던 학교에 다시 규정이 부활하고 아버지회를 조직하여 문제 학생들과 학부모, 교사가 동행하는 캠프를 여는 등 열성적인 노력을 하여 학교가 '좋아졌다'는 것이었다. 후자의 이야기는 학교 사회에서 보기 드문 미담임에는 틀림없지만, 전자를 이끌었던 나에게는 너무 황당한 이야기였다. 실제 나를 아는 그 학교 선생님은 규정이 개정된 이후 학부모들의 민원이 많아졌고, 교사들이 아이들을 통제하기 더 힘들어졌다고 했다. 나는 학생들의 반응이 궁금했지만, 어쨌든 단위 학교만의 변화가 가져온 한계 같기도 했고, 통제의 문화를 버리지 못하는 한 이는 당연한 결과라는 생각도 들었다.

두 번째 학교 역시 두발로 인한 학생들의 불만은 계속되었다. 나와 긴밀하게 지냈던 학생회 아이들은 두발 규정 개정을 건의했다가 거부당했다. 그러자 학생들은 작은 시위를 준비했고, 점심시간에 시위를 벌였다. 재밌는 것은 외고 입시에서 추천서를 받아야 했던 회장 아이는 앞에 나서지 못했고, 그런 데서 자유로웠던 부학생회장 아이가 일진 친구들과 함께 시위를 주도했다는 점이다. 학교에서는 회의가 벌어졌고, 일진 아이들이 함께한 그 시위를 교사들은 무시했다. "인권, 인권 하기 전에 지들이나 잘하라고 해. 인간다워야 인권을 주지."

이런 분위기로 이루어진 회의에 참석했던 선생님은, 내가 배후에 있기 때문에 나의 입장을 고려하여 그 아이에게 교장실 청소라는 작은 징계가 내려졌다고 말해 주었다. 학생이 큰 징계를 받지 않았기 때문에 조용히 넘어간 것처럼 보이던 어느 날, 부학생회장의 어머니가 찾아왔다. 그 어머니가 울면서 말씀하시길, 자기 아이는 무척 밝고 활달한 아이였는데 선생님을 만난 중2부터 두발 자유 같은 문제에 관심을 갖게 되었고, 체벌하는 아버지와 대립하다 부학생회장이 되면서는 거의 아버지와 말도 안 하고 최근에는 시위까지 했다는 것이다.

어머니는 아이가 선생님과 만난다 해도 선생님을 믿고 보냈는데, 그렇게 두발 자유를 시키고 싶으시면 선생님이 하셔야지 왜 애를 앞세우냐고 나를 몰아붙였다. 나는 시위하는 법을 알려 달라고 해서 청소년 단체에서 제작한 작은 책자를 갖다주었고, 아이가 답답해할 때 진지하게 대화를 했다. 내게 잘못이 있다면 말리지 않았다는 점이다.

나는 교육이든 운동이든, 자기가 비참한 대우를 받을 때 분노를 느끼고 그것을 거부하며, 그것을 받아들여야만 할 때에는 비굴함에 대해 스스로 깨닫게 하는 데 그 목적이 있다고 생각한다. 인간적이지 않은 어떤 대우도 이유가 있을 수 없음을 알게 하는 데 있다고 생각한다. 어떤 상황이든 '난 이런 사람이야~'라고 고개를 바짝 들 수 있는 인간이 되게 하고 싶은 것이다. 나는 그 아이가 자신의 존엄함을 지키기 위해 했던 노력들을 짓밟을 수 없었을 뿐이다.

나는 학생들이 고개를 바짝 들 때마다 기분이 나쁘기보다는 알 수 없는 희열을 느낀다. 간혹 분위기에 따라 야단을 쳐야 할 때 야단을 치기는 하지만 화가 나지는 않는다. 다만 나의 어떤 행동이 그 아이의 존엄함에 상처를 입혔는지 스스로 묻거나 그 아이에게 묻는다.

'내가 인간적으로 대접받고 있는가'에 대한 감각은 누구나 본능적으로 갖고 있다. 특히 아이들은 눈빛이나 말 한마디만으로도 자신이 존중받고 있는지 그렇지 않은지를 본능적으로 느낀다. 그런데 학교교육의 대부분은 이러한 감각을 죽이고 순종하도록 길들이는 일에 초점이 맞추어져 있다.

"화나는 일이 있어도 참아야 한다."
"감정 조절을 잘해야 한다."
"나보다 남의 입장을 고려해야 한다."

이런 도덕적인 가치를 교육하면서도 학교 질서 자체는 힘의 논리에 의해 구축되어 있다. 따라서 아이들은 평화나 소통을 상호적인 것으로 이해하기보다는, 힘 있는 자 앞에서 침묵하고 자기가 그랬듯이 힘없는 자에게 침묵하기를 요구하는 것으로 이해한다.

교사가 되고 싶었을 때 나는 원래 상호 존중, 평화, 인권, 배려 등 가치 있는 덕목을 '가르치고' 싶었다. 그렇게 바라 온 지 10년이 지난 지금, 나는 '그러한 덕목들이 학생들로 하여금 그렇게 살게 하지 않고 가르칠 수 있는 것인가?', '그 아름다운 가치는 어느 상황에서나 가치 있는 것인가?' 하는 고민에 빠져 있다. 또 맥락 없는 평화나 맥락 없는 배려가 약자에게 배려까지 요구하는 개념 없는 일은 아니었는지 반성하는 중이다. 오히려 상호 존중, 평화, 인권, 배려를 가르치기 위해서라도 학교에서 경험하는 비인간적인 관행에 내가 무심하게 넘어가고 있진 않은지 되돌아보고 있다. 이것이 학생인권과 내가 만나게 된 이유이기도 하다.

처음 학교에 들어섰을 때 11년 차 정도 되면 정말 '좋은' 교사가 될 줄 알았다. 하지만 내가 예상한 것과는 전혀 다르게 우물쭈물, 좌충우돌하며 오늘도 학교에 간다. 지금부터 펼쳐질 학교의 풍경은 '좋은 교사'가 되겠다는 평범한 꿈을 학교라는 공간이 어떻게 배반하였는지에 대한 기록이다. 또한 좌절감 속에 있던 내가 학생인권을 만나면서 어떤 '학교의 풍경'을 그리며, 어떻게 학교를 견디고 있는가에 대한 고백이기도 하다.

1부

나는
'좋은' 교사가
되고
싶지 않다

아이들을 잘 지켜보며 이렇게 말하고 싶다.
감시하는 것이 아니라 너희에게 간섭하지
않으면서 언제나 손 내밀 수 있는 곳에
내가 있음을. 너희가 곤경에 처했을 때
해결은 못 해 주더라도 같이 쩔쩔매 줄 수
있음을. 너희가 학교에서 부당한 일을 당할
때 대신 싸우지는 못해도 너희가 싸우는 그
자리에 함께 있을 수 있음을.
아니면 맞서 싸우기까지는 못해도 함께
소심한 복수를 해 줄 수는 있음을.
그리고 나서 같이 웃으면서 맛있는 거 사
줄 수 있음을. 아이들에게 그런 '돈 잘 쓰는
친구'가 되면 좋겠다.

아이들을 무서워할수록
아이들은 무서워진다

3월 3일, 첫 종례에서 신문을 통해 아이들에게 내 소개를 하였다. 무척 떨리고 설레었지만 차분하게 나를 소개했다. 아이들은 내가 가져오라고 부탁한 것을 하나하나 냈다. 1학년 담임이라면 다 그렇듯 사진, 기초 조사서, 급식 신청서 등 내 주고 걷어야 할 것이 무척 많은데 자기소개서까지 내라고 하니 약간 미안하기도 했지만, 아이들을 알 수 있는 방법은 그것밖에 없다.

기초 조사서에는 이제 부모님의 직업을 쓰는 칸이 없어졌다. 그런데 '진학 희망'이라고 해서 희망 대학을 쓰는 칸이 있다. 아이들이 모두 대학에 진학한다고 전제하고 만든 서류인데, 실제로 대부분의 아이들이 대학에 진학하는지 궁금했다.

5, 6, 7교시는 오리엔테이션을 한다고 했다. 새로 부임한 나도 오리엔테이션을 받아야 하는 처지인지라 강당에 가 보았다. 정확히 말해, 그날 체육관 바닥에 아이들을 앉혀 놓고 가장 먼저 시작한 이야기는 대학 이야기였다. 오렌지가 아닌 '오뤤지'의 발음으로 방학 보충 수업인 '윈터 스쿨'과

'섬머 스쿨'을 통해 얼마나 많은 학생들이 대학에 갔는지를 말한 뒤에, 이제 신입생들이 그런 명예와 전통을 이어 가야 한다고 누누이 강조하였다. 첫 오리엔테이션이 끝나고 쉬는 시간에 아이들이 화장실과 매점이 어디에 있는지 물었다. 아이들은 갓 들어온 학교의 화장실과 매점 위치도 모른 채 3년 후에 갈 수 있을지 없을지 모를 대학 이야기만 들어야 했던 것이다.

그 다음엔 생활교육부장님이 나왔다. 처음에 "고등학교에 들어온 것을 환영합니다" 하고 나서 "그런데 오리엔테이션을 듣는 태도가 이게 뭐야? 저 노스페이스 겉옷 입은 학생, 여기가 노스페이스 학교야? 고등학교에 왔으면 교복을 입어야 하는 거 아니야?" 하고 호통을 치며 어떤 여학생을 전교생 앞에서 일으켜 세웠다. 학생들은 모두 웃었다. 그 여학생은 다행히 그리 충격받은 표정은 아니었지만, 이렇게 해서 아이들이 노스페이스 옷을 입게 되는 게 아닐까 싶었다. 일종의 호통 개그를 보는 느낌이었다.

자연산 곱슬머리 대소동

쓸쓸한 마음으로 교무실에 돌아와 아이들이 쓴 자기소개서와 기초 조사서를 읽는데 한 아이가 쓴 편지에 자기 머리는 자연 곱슬이니 제발 오해하지 말아 달라는 간곡한 내용이 있었다. 기초 조사서에도 아이 어머니가 자기 애 머리가 곱슬이고 집안의 유전이라며 이해해 달라고 쓰셨다. 고등학교 첫 담임에게 이런 편지를 쓰셨을 정도면 중학교 때도 고초가 많으셨겠구나 싶어 마음이 짠했다. 그런데 다음 날 그 아이가 울면서 교실에 들어왔다. 교문 지도에 걸려서 저간의 사정을 이야기했더니, 작년에도 자연산 곱슬이라고 우긴 애가 있었는데 미용실에 세 군데나 의뢰한 결과 파마머리임이 밝혀진 일이 있다며 우리 반 아이도 미용실에서 확인증을 끊어 오라고 했다는 것이었다. 나는 어처구니가 없었지만 미용실 한 번 갔다 와서 곱슬머리임을 인정받으면 아이도 편하겠다 싶어 그냥 두었다.

그런데 수업까지 빼먹고 미용실에 다녀온 아이가 전문가인 미용인께서 '파마머리'라 진단했다며 다시 와서 우는 것이었다. 우선 아이를 다독여 집으로 보내고 월요일에 생활교육부에 한번 들러야겠다고 생각했는데, 월요일이 되자 아이 어머님께서 그 전문가로부터 '아이의 머리는 자연산 곱슬머리임'이라는 확인서를 받아 오셨다. 어머니는 그 확인서에 담임과 생활교육부가 사인을 해서 들고 다니면 좋겠다고 하셨다. 잘되었다 싶어 생활교육부에 가서 사인을 해 달라고 했더니 작년에도 담임이 학부모 측으로부터 뭔가를 받았는지 아이 편을 들어 생활교육부가 곤혹스러웠다며 그런 행동은 청렴의 의무에 어긋난다고 생활교육부 선생님이 나를 준엄하게 꾸짖으셨다. 나는 너무나 황당했지만 일이 잘 처리되었으면 좋겠다는 생각에 "제가 잘 지도하겠으니 어머님께서 요청하신 대로 처리해 주셨으면 좋겠습니다"라고 말하고 나왔다. 이게 이 사건의 마지막일 거라고 생각하면서…….

그런데 그 아이를 미용실에 다시 데려갔던 선생님이 전화를 하셔서는 그 미용실이 말을 바꿔서 학교가 바보가 되었다며, 어머니께서 결례를 하셨으니 어머니를 직접 오시라 하겠다고 했다. 그리고 어머니가 학교를 방문하실 때, 말을 바꾼 그 미용실 말고 머리카락을 확대해서 사진을 찍어 주는 제3의 미용실에서 증거 자료를 만들어 오시라고 나에게 전하라고 했다. 너무 기가 막혀서 어머니께 전하지 않고 내가 그냥 가짜로 하나 만들어서 이 문제를 마무리하고 싶었다. 매일 직장에 나가시는 어머니가 이런 문제로 다시 조퇴를 하고 학교에 오시게 하는 것이 맞는가 싶었던 것이다.

그런데 어머니께서 아이에게 벌써 들으셨는지 울면서 전화를 하셨다.

제3의 미용실에 갈 돈도 없고 매주 스트레이트파마를 시킬 돈도 없으니 자기와 딸의 머리카락을 뽑아 내일 오시겠다는 것이었다. 이미 어머님이 너무 분노하신 상태여서 내가 어떻게 할 수가 없었다. 결국 어머님께서 아버님과 함께 생활교육부를 방문하시고 나서 "이 학생은 자연 곱슬머리로 본교의 두발 규정을 지키고 있습니다"라는 내용의 확인증이 나왔다. 아이는 이것을 코팅해서 갖고 다니겠다고 했다.

부모가 인정하는 곱슬머리를 학교가 문제 삼아 수업 시간을 빼서 미용실에 간 것부터가 문제였다. 나는 학생의 인권을 존중한다는 교사이면서도 그러한 상황에서 아이를 위해 항의하지 못했다. 항의하러 갔다가 결국 "우리 반 아이는 그런 애 아니라고, 제가 잘 돌보겠다"라고 죄인처럼 말하고 나왔던 것이다. 그렇게 하는 것이 3년을 이 공간에서 버텨야 할 아이가 튀지 않게, 선생님들 사이에서 낙인찍히지 않게 하기 위한 나의 노력이라고 생각했지만, 사실 이 학교에서 5년을 버텨야 할 내가 새 학교에 온 지 4일 만에 동료 교사들 사이에서 입방아에 오르고 싶지 않은 마음이 더 컸을 것이다. 결국 이 사건을 해결한 것은 나의 비굴하고 이중적인 태도가 아니라 어머니의 솔직하고 담백한 태도였다. 에둘러 해결하지 않으시고 문제의 핵심에 접근하신 어머님의 태도는 아이에게는 '무식하고 주책'이라는 타박을 받았지만 결국 아이를 구제했다.

수업 시간 끝나기 5분 전에는 수시로 생활교육부의 방송이 나왔다. "머리 기르려고 6시에 등교하는 학생, 내일부터는 일과 시간에 교실 돕니다. 걸리면 미용실에서 석호필처럼 만들겠습니다. 노스페이스 옷 입은 학생, 노스페이스 학교에 가십시오." 고1만 해도 아이들은 내년에 민증을 받는다고 어른이 다 되었다고 생각하는데 학교는 점점 유치해져만 간다는 생각이 들었다.

아이들은 왜 괴물이 될까?

아이들의 자기소개서를 읽어 보니 아이들은 모두 자기 세계를 가진 하나의 소우주였다. 100억이 생긴다면 재테크를 하겠다는 아이, 반은 자기가 갖고 반은 엄마를 주겠다는 아이, 음악을 좋아한다는 아이, 요리를 좋아한다는 아이, 빅뱅을 좋아한다는 아이, 잠잘 때 특이한 버릇이 있는데 그것은 비밀이라는 아이 등 똑같은 교복을 입고 있지만 모두 다른 세계를 가진 아이들이라는 생각이 들었다.

아이들은 선생님께 하고 싶은 말에 "모두 예뻐해 주세요, 사랑해 주세요"라고 썼다. 이 말을 읽는데 갑자기 울컥했다. 학교는 이렇게 애들을 막 대하는데 그래도 아이들은 사랑받고 싶은 마음으로 가득한 것이다. 이렇게 보들보들한 마음으로 입학한 아이들에게 초장에 질서를 잡아야 한다며 "너희 3월이라 조용한 거지? 곧 사고 칠 거지? 그래서 너네 사고 안 치게 하려고 선생님들이 두발이랑 복장 검사하는 거야. 그래야 대학 잘 간다"라는 말을 아침마다 교문에서, 조회 시간에 교실에서, 수업에서 강조하고 또 강조하는 것이다. 그 등쌀에 못 이겨 애들이 사고를 치면 "거 봐, 내가 뭐랬어. 사고 칠 거라고 했지? 3월에 잡았으니까 이 정도지 안 그랬으면 큰일 날 뻔했지 뭐야" 한다. 아이들을 마치 괴물 새끼 대하듯 하고, 진짜로 괴물이 되면 그것 봐라 할 정도로 그렇게 학교는 아이들이 무서운 걸까?

미워하지 말아 달라는 아이들의 말에 나는 종례 시간에 들어가서 솔직하게 얘기했다. "저는 거짓말하는 것만 아니면 미워하지 않아요. 여러분의 특권은 잘못하고 실수하는 것입니다. 그래서 학교에 다니고 그래서 어른들이 있는 겁니다. 잘못했을 때 인정하고 그에 해당하는 벌을 받으면 되는 겁니다. 몰래 어떤 일을 하고 그것을 잡아떼고 그래서 서로의 신뢰에 금이 가는 그런 일만 없었으면 합니다. 우리, 사람이 되기는 어려워도 괴물이 되지는 맙시다. 저도 여러분이 지켜야 한다고 스스로 인정하지 않는 것을 지키게 하기 위해 강압적인 수단을 쓰지 않겠습니다."

자기 삶의 주인이 된다는 것

나이 스물이 지나면서 나는 스스로 주체적인 삶을 살기 위해 노력해왔다. 주체적인 삶은 스스로 깨닫고 생각한 것을 실천하고 다시 그 실천을 바탕으로 생각하는 과정이었기에 소중했지만, 때로는 고통스럽고 그냥 정해진 대로 사는 삶보다 귀찮고 고달픈 순간이 많았다. 아이들도 마찬가지일 것이다. 자신과 관련된 대부분의 결정이 부모나 교사 등 보호자에 의해 내려지는 것에 익숙해져 있던 아이들에게 스스로 판단하는 일은 자신을 얼마나 많은 혼란과 시행착오 속에 빠뜨릴 것인가? 그리고 그 혼란과 시행착오는 앞만 보고 달려야 하는 입시에 얼마나 많은 방해가 될 것인가? 나도 20대가 되고서야 그런 삶을 산 주제에 10대 아이들에게 그런 훈련을 하자고 하는 것은, 그래도 그런 과정을 거치면서 늘 정신없던 내 마음에 단단한 바탕이 생기는 느낌을 받았기 때문이다. 스스로 판단하고 그 판단에 따른 시행착오까지 계속 감당해 봐야 마음의 맷집이 생기기 때문이다. 그런 마음의 맷집과 여유가 '인 서울'에 입성하지 않아도 살아갈 힘이 될 것이라 믿는다.

2008년 3월

나는 왜 두발 자유에 집착하는가?

2006년 5월 14일 광화문에서 '청소년 인권 행동의 날 - 두발 자유, 바로 지금!'이라는 이름의 행사가 열렸다. 나는 관심이 있는 아이들과 동료 선생님과 함께 이 집회에 참가했다. 아이들은 약 200여 명 정도 모였고, 교육부 관계자와 언론사가 거의 50명 정도는 온 것 같았다. 평택 미군 기지 이슈에 밀려 전년만큼은 많이 보도되지 않았지만 언론의 취재 열기는 뜨거웠다. 나는 그때 행사를 보도한 인터넷 뉴스 기사를 학생회 워크숍 시작 전에 보여 주었다. 내가 학생들에게 이 집회의 의미나 그런 것을 장황하게 설명한 것이 아니라 그 기사의 사진에서 모자이크 처리된 나와 동료 선생님과 그 자리에 참여했던 아이들의 '이름 맞히기' 퀴즈를 낸 것이다.

이에 대해 같이 참여했던 선생님께서 워크숍을 같이하는 교사가 자기가 아니라 다른 분이었더라면 내가 아이들을 선동한다는 오해나 공격을 받을 수 있었을 것이라고 말씀하셨다. 그리고 두발 자유가 된다고 아이들이 모두 자유로워지는 것은 아니며, 아이들을 자유롭게 하는 본질이 무엇인지를 봐야 한다는 지적도 하셨다. 그 자리에서 여러 시간 토론을 했지만, 못다 한 말이 내 안에서 꿈틀거렸다.

'두발' 자유를 넘어선 '자유'를 가르치기 위하여

나는 학생들의 두발 단속에 집착한다. 정확히 말하면 학교의 근대적 억압 기제에 집착한다. 교문 지도, 애국 조회, 두발 단속 등. 이 중 학생들에게 가장 고통을 주는 것이 두발 단속이라는 것은 학기 초 아이들과 글쓰기 수업을 하면서 알게 되었다.

두발 단속은 오로지 학교에서간 한다. 공원에서 머리가 길다고 경찰이 아이들을 지도하지 않는다. 물론 집에서도 하는 경우가 있지만 가정에서 하는 두발 단속은 상호 간의 합의나 토론의 과정이 학교보다는 조금이나마 있을 가능성이 있다. 일대일 관계이고, 미우나 고우나 부모가 아이들을 책임지고 있다는 것을 서로 인정하기 때문이다. 그런데 학교는 교사 수의 20배 이상인 아이들을 일괄적으로 지도해야 한다. 그런 상황에서 두발 지도를 하려면 '본보기를 위한 강제 이발'이나 폭언 등 폭력적 수단을 사용할 수밖에 없다. 나는 형법에도 없는 근거(장발 금지)를 들어 폭력적 수단을 써야 하는 비교육적 상황을 주도하도록 교사에게 임무를 부여하는 데 문제를 제기하는 것이다. 즉 나는 아이들을 위해서가 아니라 내가 폭력적인 지도를 하지 않기 위해 두발 규제에 반대한다.

나는 두발 자유 자체를 목적으로 삼는 것이 아니다. 나는 아이들이 자신을 비합리적으로 규제하는 제도에 저항할 줄 아는 인간으로 성장하기를 바란다. 지금의 폭력적인 자본주의 사회는 서로 경쟁하도록 사람들을 보이지 않게 끊임없이 옭아매고 있다.

예를 들어, 우리 학교의 모토는 'Growing Dreams'이다. 하지만 그 Dream은 사람마다 다르다. 어떤 Dream을 품든 주변 여건이 받쳐 주지 않으면 'Growing Dreams' 할 수 없다. 그 꿈이 기자든 연예인이든 운동선수든 극심한 실업난과 임금 격차 속에서 자신과 비슷한 꿈을 꾸는 친구들을 제쳐야 'Growing Dreams' 할 수 있다. 그리고 그 친구들을 제치기 위해서는 엄청난 사교육비를 부담해야 한다. 그런데 학교에서는 모두가 노력만 하면 'Growing Dreams' 할 수 있다고 가르친다. 그래서 자기의 패배를 온전히 자신의 책임으로 돌리고 자책하게 만든다. 아이들이 꿈을 이루지 못하는 것이 자신들의 책임이 아니라는 것을 깨닫기 위해서는 우선 현재 자신의 자유를 스스로 쟁취할 줄 알아야 한다고 생각한다. 즉 내가 인간으로서 자유로운 존재라는 걸 스스로 깨달을 때 사회의 모순에 눈뜰 수 있기 때문이다.

진짜 'Growing Dreams' 하는 것은 경쟁에서 이긴 사람의 자유만을 보장하는 사회에서 경쟁에서 이기는 소수가 되어 자신의 자유를 찾는 것이 아니라, 누구의 자유든 보장하는 사회를 만들어 자신의 자유를 보장받도록 하는 길이라고 생각한다. 즉 공부 잘하는 아이가 되어 슬쩍슬쩍 머리를 기르며 성적으로 선생님의 인정의 범위를 넘나드는 쾌감을 자유로 여기는 것이 아니라, 신체의 자유는 누구나 누릴 수 있다고 정정당당하게 외치며 모든 친구들과 다 같이 두발 자유를 요구할 수 있을 때, 정규직을 얻지 못하는 것을 자신의 책임으로 돌리지 않을 수 있다고 생각한다.

비정규직이 지금처럼 많고 정규직과 비정규직의 차별이 심한 세상에서는 모두가 자기 적성을 고려하지 않고 결국 무엇이든 '안정적인 직장'을 찾게 된다. 랩을 좋아하고 예술가가 되고 싶은 아이도 '딴따라' 하다 굶어 죽는 것이 두려워 공무원과 교사가 자기 적성이라고 말하게 된다는 것이다. 하지만 사회의 분배 상황과 복지 수준이 나아지면 직업을 옮기는 데 안정성에 대한 부담이 적어지므로 자신의 적성을 평생 동안 찾을 수 있게 된다. 1318 시기에 수능 성적에 갇혀 자신의 꿈을 결정할 필요가 없어지는 것이다.

나는 자신의 자유를 찾기 위해 평생 입시 공부와 취직 준비에 저당 잡히는 인생을 살기보다는 지금 바로 모두가 자신의 자유를 찾을 수 있는 세상을 만들자는 꿈을 꾸기 바란다. 따라서 그러한 꿈을 꾸기 위해서는 지금의 억압 체제가 무엇인지, 그것에 어떻게 저항해야 하는지 알려 주는 교육이 필요하다고 생각한다. 이러한 교육을 위해 내가 아이들의 실생활에서 찾은 것이 '두발 문제'이다. 아마 두발이 자유화된다면 난 또 다른 억압 기제를 찾아낼 것이고, 그것을 넘어서려면 어떻게 생각하고 행동해야 하는지 의견을 나눌 것이다.

어떤 사람들은 그나마 학교가 가장 공평한 자유를 주고 있다고 말한다. 학교 밖에서는 돈이 많아야 좋은 학원에 다닐 수 있고 좋은 휴대전화와 명품을 살 수 있으므로 아이들의 자유를 돈으로 제약하고 있다는 것이다. 즉 학교 안에서는 같은 교복을 입고 같은 수업을 받으므로 그나마 평등하다는 느낌을 받는데, 학교를 나가면 집안 환경에 따라 입는 옷의 브랜드도 다르고 다니는 학원도 달라지므로 지금의 억압 체제가 그나마 눈에 보이는 평등을 보장하는 것이 아니냐고 묻는다.

그러면 아이들은 왜 두발과 용의·복장을 마음대로 하는 것을 자유라고 여기면서 광고에 홀려 고장 나지도 않은 휴대전화를 바꾸는 것은 자유를 침해받는 일이라고 여기지 않는가? 1차적인 신체의 자유를 보장받지 못했기 때문이다. 에이브러햄 매슬로의 욕구 5단계에 따르면 가장 기본적인 욕구가 충족되어야 고차적인 욕구가 생기듯이, 가장 기본적인 자유를 보장받을 때 소비로부터의 자유, 욕구로부터의 자유 등 고차원적인 자유에 대해 고민하게 된다. 다이어트를 할 때 식욕에서 벗어나기 위해 규칙적인 식사를 하는 것처럼, 고차원적인 자유를 알기 위해서는 1차적인 자유가 보장되어야 하는 것이다. 따라서 학교가 기본적인 자유를 보장할 때, 우리는 학교 안에서 더 고차원적인 자유에 대해 토론할 수 있게 될 것이다. 이것이 내가 생각하는 두발 자유화 이후의 교육이고, 내가 교육하고자 하는 방향이다.

빵만큼이나 장미가 중요한 이유

어떤 선생님은 나에게 우리 학교는 저소득층 밀집 지역이므로 기본적인 돌봄에서 소외된 아이들에게 두발 자유 같은 게 아니라 학원을 대신하는 공부방이나 급식 같은 것이 더 중요하다고 말한다. 실제로 우리 학교는 교육 복지 우선 투자 지역의 학교로 여러 가지 좋은 프로그램을 많이 진행한다. 멘토링, 집단 상담, 공부방, 어울 마당과 같은 행사 등. 그런데 이렇게 교육적 효과가 많은 프로그램을 해도 비인격적인 대우 한 번이 그 많은 좋은 기억을 잊게 한다. 인간은 슬프게도 나쁜 경험을 더 잘 기억하는 법이다. 영화에서 학교의 폭력성에 대해 얘기할 때 단골로 등장하는 시대인 1970~1980년대에도 학교에는 우정이 있었으며 좋은 선생님이 계셨고 그와 함께한 좋은 기억도 있을 것이다. 그런데 왜 많은 사람들이 학교의 폭력성만 기억하는가?

노골적으로 말하면 강제 이발, 폭언 등의 비인격적인 대우를 한 번이라도 경험한 아이들은 아무리 공부방에서 무료로 밤늦게까지 공부할 수 있게끔 해도, 체험 활동으로 여러 군데를 놀러 다녀도 학교에서 경험한 폭력의 기억을 지울 수 없다는 것이다. 또 비인간적으로 대우하면서 시혜를 베푸는 것은 인간을 더욱 비참하게 만드는 일이다. 교육 복지 예산으로 지원하는 문화 체험 활동이나 방과 후 활동은 국가가 베푸는 시혜가 아니라 세금을 낸 국민이 받아야 할 당연한 권리다. 아침 등교 때는 두발, 용의·복장 등 신체의 자유를 억압하는 학교가 방과 후에는 각종 복지 프로그램으로 권위를 갖게 될 때, 본원적인 자유를 포기해야 그런 지원을 받을 수 있다는 생각을 할 수 있기 때문이다. 따라서 그런 프로그램만큼이나 체벌, 두발 문제 등 학생인권에 관한 문제가 중요하다는 것이다.

흔히 주거권, 노동권과 같은 사회적 권리를 '빵'에, 사상, 양심, 표현의 자유 같은 정치적 권리를 '장미'에 비유한다. 사람들은 '장미'보다는 '빵'이 삶에서 우선이라고 말한다. 하지만 노동의 대가만큼 정당한 '빵'을 얻는 것이 보장되지 않는 사회일수록 '장미'를 통해 정당한 '빵'을 확보할 수 있다. 굴종의 대가로 '빵'을 얻는 데 익숙해지면 당장은 안전하게 '빵'을 확보하는 듯 보이지만 그들이 나눠 주는 '빵'이 원래 '내 것'이었음을 잊게 되고, 당당히 요구할 마음이 사라진다. 이것이 '빵'만큼이나 '장미'가 중요한 이유다.

2006년 5월

풍자극 수업 대본

'학생인권보장위원회'

회장 (불만 가득한 표정) 우리는 떨어지는 학생들의 인권을 보장하기 위해 이 자리에 나온 '학생인권보장위원회', 즉 '학보원'입니다. 오늘도 우리는 학생들의 인권을 위해 끝까지 투쟁할 것을 맹세합니다. (멤버1을 쳐다보며) 자, 그럼 오늘의 안건에 대해서 말씀해 주실까요.

멤버1 그렇습니다. 우리 학생들은 지금까지 우리 의견은 전~혀 반영되지 않는 규정으로 스트레스를 받아 왔습니다. 도대체 왜! 우리의 주장을 마음껏 펼치지 못하는 것입니까.

회장 (북 미리 들고) 이에 우리는 다크 써클이 얼굴 한 바퀴를 돌게 만드는 학교에 당당히 이렇게 밝히는 바입니다. (북을 친다.) '둥둥둥둥'

회장 나도 추위 많이 탄다! 너희들만 패딩 입냐!

멤버 전원 난방도 안 틀어 주고! 내 옷은 왜 가져가냐!

회장 다리 짧아서 치마 줄였다! 무릎 기준 너무하다!

멤버 전원 돈 내고 줄인 거다! 뜯으란 말 하지 마라!

멤버2 (짜증 내며) 이거 뭐 아침마다 죽겠습니다 진짜!

멤버3 (맞장구치며) 피곤합니다 정말!

멤버2 (다 알고 있다는 표정으로) 학생부 선생님들, 지금 교문 앞에서 눈도 못 뜬 학생들 잡고 치마가 왜 이리 짧냐~ 이 옷은 뭐냐~ 하면서 학생들 짜증 게이지 올리고 계십니까~ 학생들 옷 뺏어 가서 살림살이 좀 나아지셨습니까아~ 그거 가져가 봐야 입지도 않을 거~ 그럴 거 왜 가져갑니까아?

멤버3 (고뇌하며) 내 건데!

멤버2 그걸 가져가서 안 찾아가면 불우 이웃 돕기 한다고! 그리 돌려줄 거 왜 가져갑니까~ 난방도 안 틀어 주면서 얼어 죽을 뻔했습니다! 불우 이웃 돕기 할 거면 돈으로 주세요~ 맘에 드는 거 내가 살 수 있게~

멤버1 입던 거 싫습니다!

멤버3 그렇습니다!

멤버2 그리고 자꾸 치마 짧다고 하는데~ 난 똥꼬 치마로 입고 다니지 않았습니다! 다리가 짧아서 (손가락으로) 요만큼! 요만큼 줄였습니다~! (일어나서 멤버3에게 물어본다.) 이게 짧습니까?

멤버3 (다리 길이 보고) 네!

멤버2 다리 길이 말고! (앞자리 아무에게나 물어본다.) 짧아요? 그리고 우리 인간적으로! 아침부터 이렇게 볶았으면 아침에 잡은 걸로 또 잡진 맙시다! (우는소리로) 안 걸리려고 일찍 왔는데 자꾸 이리 오래~ 이렇기 잡힐 거 괜히 일찍 왔어~ 괜히 일찍 일어났어~ 아까워~ 아까워~

회장 (달래면서) 뚝뚝뚝~ (뽀로롱~)

멤버2	(귀여운 척하면서)월담
회장	좋습니다. 이것이 다가 아닙니다. 또 다음 안건 준비가 돼 있죠.
멤버1	네, 저희 학생들은 옷뿐만 아니라 머리부터 모든 것을 간섭받아 왔습니다. 왜 우린 이렇게 많은 것들을 제재받아야 하는 것입니까.
회장	이에 우리는 별걸 다 신경 써 주는 학교에 이렇게 밝히는 바입니다. (북을 친다.) 둥둥둥둥
회장	큰 얼굴 가려야 한다! 머리 길이 잡지 마라!
멤버 전원	가려야 이쁘단다! 잡지 마라 잡지 마라!
회장	화장 안 하면 못 알아본다! 기초 화장 하게 하라!
멤버 전원	민낯 등교 부끄럽다! 허용하라!!!
멤버2	억울합니다!!
멤버3	억울합니다!!
멤버2	이거 뭐 온갖 길이란 길이는 다 잡습니다! 치마 길이, 머리 길이.
멤버1	키 안 잡는 게 다행입니다.
멤버2	아침에 눈도 못 뜨고 머리 감습니다! 근데 아직 마르지도 않은 머리 자꾸 묶으랍니다! 그렇게 묶으면 자국 나서 다시 풀지도 못합니다! 아니~ 내가 머리 길다고 폐를 끼칩니까~
멤버3	아닙니다!!
멤버2	화장도 그렇습니다!! 선생님들은 이~쁘게 하고 오면서!! 우린 눈에 띄게 색조 화장을 하는 것도 아니고! 그냥 좀 하얗게

보이라고 살~짝 바르고 눈 잘 보이라고 살~짝 그려 줬습니다! 아침마다 민낯으로 등교하기 민망합니다!! 안 하고 오면 애들이 인사를 안 해요, 인사를!

멤버3   못 알아봐!

멤버2   (우는 것처럼) 나 어떡해 어떡해~ 화장 안 했더니 애들이 못 알아봐~ 인사하는데 인사 안 받아 줘~ 나 어떡해 어떡해~

회장   (달래면서) 뚝뚝뚝~ (뽀로롱)

멤버2   (귀여운 척하면서) 투명 메이크업

회장   네, 지금까지 학생회장이 관철하겠다던 니트 조끼, 크로스백, 두발 규정 등 한 번도 우리 학생들의 의견이 받아들여진 적은 없었습니다. 왜 우리 의견은 항상 무시되는 것입니까.
우리 학생들이 규정을 정할 수 있는 날까지, 학생들이여 일어나라!!!!!!

호랑이 굴에서
인권을 고민하다

나는 올해 8년 차 교사다. 교사로 신규 발령 받았을 때를 돌이켜본다. 그때는 8년 차쯤 되면 늘 여유롭고 어떤 상황이 닥치든 '아하! 요건 요렇게'라는 대안이 있는 아주 능숙한 담임의 모습일 거라고 생각했다. 그리고 그때쯤 되면 어떤 학급이든 요리조리 잘 요리해 늘 웃음과 즐거움이 넘치는 학급을 만들 수 있을 거라는 기대를 품었다.

그러했기에 1, 2년 차 때 겪는 좌충우돌과 온갖 고난도 다 미래의 그때를 준비하는 거라고 애써 자위했다. 8년 차의 그 능수능란함을 위해 나는 내가 맡은 아이들을 모르모트 삼아 학급 운영 프로그램 매뉴얼의 고전인 《빛깔이 있는 학급 운영》에 소개된 프로그램을 모두 실험했다. 그래서 그때 담임을 맡았던 아이들이 연락을 해 오면 기쁨이 앞서기보다는 미안함과 창피함이 밀려온다. 하지만 그 당시 나는 이렇게 생각했다. 나는 너희들을 통해 진화하고 있고, 곧 좋은 선생이 될 테니 기다려 달라고!

내가 교사로 배운 건 8할이 절망

내가 참교육을 하면 아이들이 당연히 따라올 거라고 생각했다. 온갖 학급 행사를 만들어 아이들과 함께했고, 그러고 나면 아이들이 소감문에 좋았다고 쓰니까 힘들어도 할 만했다. 내가 학급의 모든 문제를 해결할 수 있다고 믿었고, 아이들은 나 같은 '좋은 담임'에게 감동받아야 한다고 여겼다.

4, 5년 차 때는 학급 자치에 집중했다. 학급 회의 훈련을 시켰고 교실에서 일어나는 일은 대부분 회의로 결정하게 하려고 했다. 하지만 담임이 느슨하면 아이들은 자치를 배우기보다는 얍삽함을 배우는 것 같기도 했고, 그런 반응에 내가 상처를 받기도 했다. 내가 꿈꾸던 학급 자치는 이런 게 아니었는데……. 이런 생각들이 뇌리를 스쳐 지나갔다. 내가 혼신의 힘을 다하는 학급 행사에서 내가 가장 소외당한다는 느낌을 받기도 했다.

자치와 인권을 화두로 삼은 나의 학급 운영은 종종 '일그러진 영웅' 엄석대를 키워 내기도 했으며, 내가 주는 자유에 겨워 방종을 일삼는 아이들 때문에 '착한' 아이들이 상처를 받기도 했다. 또 학급 자치를 하면서 아이들 사이에 권력 다툼이 일어나기도 했다. 아이들은 아직 서로 존중하며 권력을 나눠 갖는 방식을 배우지 못했기 때문에 결국 힘 있는 아이들이 약한 아이들을 장악해 버렸던 것이다. 그런 부작용을 피하기 위해 권한을 다 넘기지 못하고 자치 놀이를 소꿉장난처럼 하다가 결정적인 순간에 내가 생각하기에 '옳은' 방식으로 독재를 하기도 했다. 그러면서 내가 학급 자치를 하고 있다고 착각하기도 했고, 반대로 진정한 자치가 아니라고 느낄 때는 좌절에 빠지기도 했다.

어쩌다 우연히 이런 문제들을 잘 조율해서 소통의 통로를 바늘구멍만큼이라도 열어 놓으면, 이번에는 질서를 요구하는 학교 시스템이 그 통로를 막아 버렸다. 왜냐하면 그 틈새로 불편한 진실이 새 나왔기 때문이다. 학교가 엿 같다든지 선생이 엿 같다든지……. 학교 질서가 감당할 수 없는 소통은 없느니만 못하기 때문이다. 때로는 나의 헌신이 아이들을 욕먹이기도 했다. "저 반은 담임이 저렇게 애쓰는데 아이들은 왜 그 모양이야?"

내가 교직 생활 8년 동안 학교에서 배운 건 8할이 절망이다. 학교는 절대 파도가 치지 않는 거대한 늪 같다. 〈훌라 클럽〉이라는 일본 청소년 영화의 첫 부분 대사처럼 "소중한 것들을 한꺼번에 빼앗아 가지는 않지만 나도 모르게 조금씩 어느 부분에선가 잃어버리게 만든다".

그런데도 학교에서는 행복한 척 연기해야 한다. 교육청 홈페이지나 학교의 온갖 보고서에서, 심지어 전교조 연수를 가도 희망을 가지란 소리를 듣는다. 나에게는 절망할 자유마저 없단 말인가? 아무리 희망을 품으려 해도 가슴 한쪽이 공허한 것을, 무수히 많은 문제 상황에서 내가 너무 무력한 것을.

호랑이 굴로 들어가기

교직에 처음 들어올 때 예상했던, 전문가의 품위가 느껴져야 할 8년차 교사가 된 나는 이제 '가능하면 담임을 쉬고 싶다'고 생각했다. 뚜렷한 확신도 없이 교실에서 쩔쩔매기 일쑤인 나의 모습을 보고 싶지 않았다. 가끔 교실에서 뻘쭘하게 서 있는 내 모습이 스스로 애처로워 보였던 것이다. 또 다른 한편으로는, 아이들을 사랑하는 전교조 조합원으로서 절대 이런 절망을 아이들 탓으로 돌려서는 안 되고, 아예 절망해서도 안 된다는 강박 속에서 살았기 때문이었다. 특히 아이들에게 받은 상처 때문에 아이들을 적대시하는 선생님들과 같이 아이들 욕을 하면서 살 순 없다고 생각했다. 그래서 나는 혹시 담임을 쉴 수 있다면 쉬어 보자고 생각했다. 그러려면 질끈 눈 감고 업무 분장란에 '비담임'이라고 쓰는 것이다. 그리고 학교에서 오는 전화는 받지 않는다. 뭐 이런 계획들을 세웠다. 한 해만이라도 절망감이 나를 엄습하지 않도록……

하지만 동시에 이런 절망에 스스로 솔직해져야 한다는 생각이 들었다. 그런 절망을 에둘러 돌아가려 하다가 또 자신을 속이게 될까 봐 두려웠다. 전문성을 키우기 위해 장학사 시험을 보겠다는 둥, 학교를 바꾸기 위해 교장, 교감이 되겠다는 둥 핑계를 대면서 아이들과 멀어지고 교실을 벗어날 궁리를 하는 것은 아닌가 하고 말이다. 그리고 그런 식으로 나를 속이지 않으려면 호랑이 굴에 들어가야 한다고 생각했다. 입시 경쟁의 학교 체제와 온몸으로 만나야 한다고 생각했다. 그래서 결국 고등학교로 전보 내신을 냈다. 중학교에서 내가 자유롭게 키운 아이들이 고등학교에서 어떤 절망을 맛보는지 알아야 했다. 입시 교육 속에서도 내가 자유의 존엄함과 공동체의 소중함을 말할 수 있는지, 아이들과 함께 그 절망을 견딜 수 있는지 알아야 했다.

우리 당당하게 패배하자

2008년에 고등학교 1학년 담임이 되었다. 아이들이 내 마음속에 들어올 수 있도록 몇 가지 다짐을 했다. 보기에 아름다운 학급을 만들려고 노력하지 말자. 질서 있고, 평화롭고, 정의롭고, 그러면서도 활발하고 적극적인 그런 학급은 존재하지도 않고 존재할 수도 없다. 아니, 학급이라는 덩어리로 분위기를 파악하려 하지 말자. 아이들은 우연히 같은 반에 앉아 있을 뿐이며 학급은 구성원의 자발성이 배제된 채 조직되므로 아이들에게 우리 반을 어떤 분위기로 만들자고 주장하는 것은 무리한 일이다. 또 어떤 아이들의 아름답지 않은 부분을 인정하지 않으면서 "있는 그대로 너의 모습대로 살라"라고 하지 말자. 아이들끼리 소통하게 하려면 그로 인해 발생하는 부대낌과 문제들에 내가 피곤해져서는 안 된다. 아이들에게는 자신의 속살을 내비치는 것 자체가 상처의 시작일 수 있기 때문이다.

이렇게 할 수 있으려면, 이제 나는 인정해야 한다. 아이들이 아무리 열심히 살아도 88만원 세대가 될 수밖에 없는데 꿈이 없다고 아이들을 탓할 수 없다는 것을. 부모가 매일매일 밤늦게까지 학원비를 벌어야 해서 대화 나눌 시간도 없는데 그런 아이들에게 관계를 맺을 줄 모르는 싸가지 없는 아이들이라고 욕해서는 안 된다는 것을. 이런 상황에 놓인 아이들에게 공동체, 정의, 평화 운운하는 다소 시류를 거스르는 담임의 때깔 좋은 교육적 시도들은 환영보다는 저항과 냉소에 부딪히기 쉽다는 것을. 왜냐하면 아이들의 경험으로 볼 때 3월 한 달의 기대가 나머지 시간의 실망으로 끝나는 일이 많았을 것이기 때문이다. 혹시 내가 1년 동안 아이들이 실망을 맛보지 않도록 했다 하더라도, 아이들은 이런 마음일지 모른다. '당신에게 배운 자유의 존엄함은 학교에서 당신 시간에만 통용되는 화폐이고, 그것을 다른 시간 또는 학교 밖에서 써먹으려 했다가 나는 그 두 배 이상의 고통을 맛봐야 했다…….' 아이들의 냉소조차 "나는 당신이 뿌리는 거짓 희망에 속지 않겠다"는 선언일 수 있었다.

그런 깊은 절망에서 나는 시작해야 한다. 학교 안의 모순을 적극적으로 바꾸지는 못하더라도 '입시 현실에서 어쩔 수 없지'라는 식으로 묻어가려고 하며 내 맘을 편하게 해 주면 안 된다. 입시라는 게임에서도 소외된 아이들이 이 세상의 절망을 견디고 맞설 수 있도록 소통을 해야 한다. 그래서 나는 아이들이 당당하게 패배하는 방법, 자존심을 지키면서 배제되는 방법을 고민하고 싶다. 우리 교육 현실에서 어차피 모두가 성공할 수 없고 누군가는 패배하고 배제되어야 한다면 당당할 수 있는 마음자리라도 있어야 하는 것이다.

그러려면 자신의 행동을 스스로 설명할 수 있어야 한다. 그게 변명이든 아니든. 아마 이런 훈련을 하다 보면 이제까지 당연하게 여겨 온 것도 잘못이라고 인정하기까지 많은 시간이 걸릴 것이다. 하지만 그 시간 동안 우리는 소통할 수 있을 것이다. 그런 과정을 거쳐 스스로 잘못이라고 인정한 부분에 대해서는 책임을 지도록 할 것이다. 그래서 잘못으로 인한 죄책감이 자존감을 지우지 못하도록 할 것이다.

그리고 싫은 사람을 견디는 법에 대해 이야기할 것이다. 아무리 싫어도 그 사람이 이 세상에서 살아 나갈 권리가 있음을. 누구도 그 사람의 단점을 폭력으로 고칠 권리가 없음을. 그 단점 때문에 가장 괴로운 사람은 그 자신임을. 그러므로 우리가 그를 사랑할 수는 없더라도 인정해야 한다는 것을. 함께 속한 사회에서 누려야 할 것들을 그도 누릴 수 있어야 한다는 것을 아이들과 이야기하고 싶다.

아이들을 잘 지켜보며 이렇게 말하고 싶다. 감시하는 것이 아니라 너희에게 간섭하지 않으면서 언제나 손 내밀 수 있는 곳에 내가 있음을. 너희가 곤경에 처했을 때 해결은 못 해 주더라도 같이 쩔쩔매 줄 수 있음을. 너희가 학교에서 부당한 일을 당할 때 대신 싸우지는 못해도 너희가 싸우는 그 자리에 함께 있을 수 있음을. 아니면 맞서 싸우기까지는 못해도 함께 소심한 복수를 해 줄 수는 있음을. 그리고 나서 같이 웃으면서 맛있는 거 사 줄 수 있음을. 아이들에게 그런 '돈 잘 쓰는 친구'가 되면 좋겠다.

나의 학급 자치 실험 실패기

교사라면 누구나 꿈을 꾸는 3월, 좋은 학급을 만들기 위해 우선 규칙을 만들고 싶었다. 규칙의 개수는 적어야 한다고 생각했다. 내가 입법·사법·행정의 모든 권한을 쥐고 있는 상황에서 규칙이 많으면 자의적으로 판단하기 쉽고, 중등 담임의 특성상 아이들의 생활을 살펴볼 시간이 조회와 종례 시간밖에 없기 때문이었다. 그래서 우리 반의 규칙은 한 가지, 청소 때 도망가면 하루 혼자 청소하기였다. 그 외에 급훈과 1인 1역 등을 정했지만, 급훈은 사실 큰 의미가 없었고 1인 1역은 성실하고 눈에 보이는 일을 맡은 아이들만 열심히 했던 것 같다. 학기 초에는 학급 신문을 꽤 자주 만들었다. 조회는 대부분 학급 신문으로 대신하고 종례도 거의 하지 않았다. 여자 반이어서 그런지 큰 문제는 없었다. 하지만 내가 여전히 스트레스 받는 영역은 '청소'였다.

아이들이 청소 시간에 도망가지는 않았지만 너무 '분업'에 길들여져서 함께 노동하는 데 서툴렀다. 먼저 마친 아이들은 집에 가려 했고, 쓰는 사람과 닦는 사람이 분리되다 보니 결국 나는 작업반장으로서 각자의 노동 결과를 체크하고 집에 보낼 뿐이었다. 함께 교실을 깨끗이 만든다는 의미는 없었다. 다 함께 하고 다 같이 가자고 아이들을 설득했지만 잘 지켜지지 않았다. 다 같이 청소했던 한두 모둠이 있었지만 전체적으로는 여전히 분업을 했다. 왜 협동해서 청소를 하지 못할까 생각했는데, 청소 모둠을 짤 때 아이들의 친소 관계를 고려하지 않았기 때문인 듯했다. 그래서 청소하는 동안 다른 사람이 힘들지 않은지 살피면서 협력을 위한 의사소통을 하지 못하는 것 같았다. 예를 들어 바닥을 닦는 아이는 비질이 제대로 안 되어 있으면 비질을 한 아이가 옆에 있는데도 "쓰레기가 너무 많아요"라고 나에게 말했다. 지적하고 야단치는 것은 교사의 역할이라고 생각하기 때문에 그랬던 것 같다. 책임을 다하지 못한 사람을 지적하는 것은 오직 교사만 할 수 있는 일인가? 권력관계가 평등한 상태에서 규칙에 대한 긴장이 필요하다면 상호 견제로 해결할 수 있다고 생각했던 나는 당황스러웠다.

아이들에게 청소를 분담해 주고 각자 할당 구역을 잘 청소했는지 감시하는 역할을 내가 의도적으로 또는 무의식적으로 잘 하지 못하자 아이들 사이에 싸움이 일어나기도 했다. "○○이가 주번 활동을 제대로 하지 않는다", "△△가 맡은 일을 안 하고 몰래 도망갔다"고 나에게 이야기했다. 하지만 헷갈렸다. 누군가 주번 활동을 제대로 하지 않는다는 것을 내가 확인하지 못했는데 아이들 말만 듣고 지도를 하는 것이 과연 옳은가? 청소를 대충 한다고 하지만 청결의 수준은 사람마다 다른데 그 아이가 스스로 열심히 하지 않는다고 누가 판단할 수 있을까? 그래서 교실의 청결은 의식적으로 신경 쓰지 않으려고 했다.

나의 자유로운 학급 운영 방식은 아이들과 학생부의 대립으로 번지기도 했다. 학생부 선생님이 수업하시는 시간에 아이들은 혼이 많이 났다. 억울한 경우가 많았지만 내가 그런 일로 학생부에 가서 싸우지는 못했다. 결국 아이들은 개인적 방식으로 저항했고(도망가기, 집단적으로 거짓말하기) 그런 저항은 학생부 선생님들과 아이들의 골을 더 깊게 만들었다. 나도 사소한 방식으로 저항했다. 학생부 선생님이 뒷벽에 있는 낙서를 지우라고 지시했다고 하면 나는 뒤에 전지를 붙여 주고 마음대로 낙서를 하게 했다. 그러던 어느 날 결국 교장이 들어와서는 낙서에 대한 불편함을 감춘 채 수능을 핑계로 "수능 시험 때 벽에 아무 글씨도 써 있으면 안 되니 페인트칠을 하겠다"라고 했다.

담임의 이런 자발적인 시도와 학교 행정의 불화는 여러 사건으로 표면화되었다. 사생 대회와 백일장 행사를 학교 밖에 나가서 하려 했지만 학교의 불허로 무산되었고, 봉사 활동도 안양천에서 하고 싶지 않아서 영화 〈쉬코〉를 보고 '캠페인'을 하려고 했으나 뒤늦게 〈쉬코〉라는 영화에 대해 알게 된 교장 선생님의 불허로 못 하게 되었다. 학교장은 학부모 핑계를 대면서 학부모가 나의 학급 신문에 문제를 제기했다고 했다. 나도 아이들도 우리 스스로 결정한 일이 실현되지 못하는 현실을 접하면서 뭔가를 스스로 결정하고 싶지 않아졌다. 학급 신문을 내는 데도 소심해졌다.

교사운동에서 학생과 학부모와의 연대가 필요하다고 하지만 교사는 학생과 학부모 중 누구와 연대할지 선택해야 한다는 생각이 들었다. 학생과 학부모가 사실 같은 편이 아니기 때문이다. 학생과 학부모는 가족이지만 그 관계 안에는 억압이 있다. 그래서 나는 '학생'을 선택하기로 했다. 때로는 학원에 결석하는 아이들의 핑계가 되기도 하고("엄마! 선생님하고 학급에서 뭐 해야 돼서 오늘 학원 못 갈 것 같아요") 부모가 모르는 비밀을 아이들과 공유하기도 했다.

다수결의 원칙은 만능인가?

아이들과 뭐든지 회의로 결정을 하면서 느낀 것인데, 아이들은 서로 의견이 다른 것을 몹시 불편해했다. 그래서 의견을 말하려고 손들 때는 아이들 스스로 눈치를 봤고 찬성 의견이 적을 것 같으면 자기가 낸 의견을 철회하기도 했다. 회의라는 방식의 특성상 적극적으로 의견을 내는 아이들 중심으로 결론이 내려지기도 했다. 몇 번 그런 과정이 반복되자 의견을 안 내던 아이들도 의견을 많이 내기 시작했고 그러다 보니 다수결로 하려고 손을 들어도 거의 반반의 결과가 나왔다.

여기서 새로운 고민이 시작되었다. 다수결로 결정하려 했는데 양쪽 의견이 비슷비슷하게 나왔을 때 이 상황을 '의사소통이 활발히 일어났다'라고 해석해야 되는가? 아니면 아이들 말대로 "우리 반은 단합이 안 돼"라고 실망할 문제인가? 둘째, 적극적이지 않은 아이들은 회의에 잘 참여하지 않는데, 그 아이가 만일 반에서 권력이 매우 적은 소수자라면 회의라는 방식이 인권을 보장할 수 있는가? 하는 의문이었다. 즉 회의에서 개개인의 의사가 충분히 존중되려면 공개적으로 의견을 이야기하고 토론하는 것이 서로의 감정을 자극하지 않는 분위기가 되어야 하는데, 어른도 안 되는 그것이 아이들이라고 쉬울 리 있겠는가? 그래서 소수의 아이들이 침해받을 수 있는 권리의 영역, 예를 들어 자리 바꾸기 문제 등은 100퍼센트는 아니지만 규칙이 지켜지도록 적극적으로 개입하였다. 이후에는 기본적인 인권을 침해하는 영역은 회의 주제로 올리지 않고, 소수가 패했다는 느낌을 받을 수도 있는 다수결 방식으로 결정하기보다 열심히 토론하여 대세로 결정했다.

담임은 인권 수호자인가, 인권 침해자인가?

규칙은 만든 후가 더 문제였다. 사법권과 행정권을 가진 나는 끊임없이 감시자 역할을 강요당하는 것이 싫었다. 나는 의도적으로 그 역할을 거부했는데, 어떤 아이들은 내 말을 수긍했고 어떤 아이들은 그 틈새로 거짓말을 했다. 강압적인 학급 분위기에서는 묻혀 지나갈 일들이 자유로운 분위기 속에서 그대로 드러나다 보니, 아이들 각자의 개성이 강해져서 아이들끼리 서로 갈등이 생기는 듯한 느낌도 들었다. 하지만 나는 그 갈등에 의도적으로 개입하지 않으려 했고, 일부 아이들 표현을 따르면 "겉으로는 무척 친한 듯하지만 서로 많이 믿지 않는 그런 분위기"가 연출되기도 했다. 다만 그 안에서 또래 집단의 압력이 커져서 또래 집단에 속하지 못한 아이들이 불편해할까 봐 걱정스럽기도 했다. 그래서 또래 집단에 속하지 못한 아이들에게 물어보니 겉으로는 잘해 주기 때문에 별로 그렇지는 않다고 했다.

한편 인권을 존중하는 것은 동등한 권력관계를 유지하는 것이라 믿었기에 아이들과 나의 동등한 관계에 관심을 기울이다 보니 교사라기보다 친구에 가까워지면서, 지각과 조퇴를 관리해야 하는 나의 정체성에 깊은 의구심을 품게 되었다. "우리는 친구야, 그런데 지각하지 마~" 이건 좀 아니라는 생각이 들었다.

학급 행사, 모두가 참여해야 하나?

처음에 아이들 사이의 관계가 좋을 때는 학급 행사를 하자는 요구가 많았으나 수련회를 가서 방마다 뒷담화를 나눈 뒤 아이들 사이의 관계가 별로 안 좋아졌고 방학식 날 한 야영에는 아이들 40명 중 10명 정도가 참여했다. 그냥 가지 말까 고민도 했지만 가고 싶어 하는 아이들하고라도 즐거운 기억을 만들고 싶었다. 그리고 실제 원하는 소수의 아이들만 가니 정말 재밌고 즐거웠다. 그러다 보니 인권의 기본 이념은 개인의 선택을 존중하는 건데, 학급 행사에 꼭 다 참여하라고 해야 하나? '학급'이라는 틀에 맞춘 행사가 꼭 필요한가? 이런 의문이 들기 시작했다. 서로를 새로 발견할 수 있는 즐거운 시간을 보낸다면 그건 구성원들이 그런 필요에 합의를 하고, 그렇게 합의한 사람들끼리 행사를 하면 되는 거 아닌가라는 생각을 했다.

종업식 날 아이들에게 설문 조사를 했다. 종업식 날이라 분위기가 어수선해서 38장 중 26장밖에 수거하지 못했고, 다소 성의 없는 답변도 있었지만 나에게 여러 가지 생각할 거리를 만들어 주었다. 학교생활에서 가장 큰 자유를 맛보았다는 아이도 있었고, 무질서한 상태를 스스로 바로잡지 못하는 데 따른 불만도 있었다. 그 문제는 그들이 해결해야 하는 몫일까, 담임인 내가 해결해야 하는 몫일까? 그런 의문이 다시 들었다. 관심받고 누가 잡아 주면 더 잘할 수 있는 아이도 있다는 반응을 보면서 자유가 버겁다는 것도 아이들에게 가르쳐야 할 가치라는 생각도 들었다. 그리고 "'빡빡하게 청소를 하고 깨끗한 반'과 '널널하게 청소를 하고 지저분한 반'을 선택한다면?"이라는 질문에서는 아이들이 둘 중 하나를 선택하는 데 어려움을 느끼는 듯했다. 세상 대부분의 일이 기회비용의 희생이 따르는 선택이라는 걸 아이들이 알았을까? 나는 그 기회비용을 기꺼이 치를 준비가 되어 있는 걸까?

이런 과정을 거치면서 학급 운영을 두고 다시 생각하게 된 문제는 '과연 학급을 하나의 덩어리로 파악하는 것이 옳은가?' 하는 것이다. 교사들은 흔히 "몇 반은 분위기가 어떻고" 하며 반 단위로 특성을 파악하려 한다. 물론 공동체가 만들어 내는 문화나 분위기를 무시할 수는 없지만 '반'이라는 공동체 안에 있는 여러 세력 간의 차이와 상호 관계 등을 무시한 채 덩어리로 파악하는 것이 과연 옳은지 다시 한 번 생각하게 되었다.

교사가 반 분위기를 판단하는 기준도 그 반에서 두드러지는 아이들이 보이는 반응에 따른 것인데, 이것은 눈에 띄지 않는 소수자들, 힘이 약한 아이, 성소수자인 아이, 가난한 아이 등이 '몇 반' 소속으로만 자기 정체성을 스스로 규정짓게 함으로써 자기의 소수자로서의 정체성을 스스로 무시하게 하는 결과를 낳을지도 모른다는 생각이 든다. 가령 운동을 좋아하는 활발한 아이들이 많은 반에 소속된 '운동을 싫어하는 조용한 아이'는 반 특성에 따라 교사가 준비한 학급 체육 대회에 강제로 참여해야 할지도 모른다는 것이다.

또 한 반에서 아이들을 나누는 기준이 '모범생, 문제아, 평범한 아이들'인 것도 문제다. 이 분류는 순전히 관리자 입장에서 관리하기 편한 집단과 불편한 집단으로 나누는 기준일 뿐이다. 이런 분류에서 무시되는 아이들은 소위 '평범하고 순한 아이' 집단에 속한다. 하지만 이들은 다른 기준으로는 다양한 정체성을 지닌 아이들이다. '평범하고 순한 아이들' 중에는 만화를 좋아하는 아이가 있는가 하면 판타지 소설을 좋아하는 아이도 있고 게임을 좋아하는 아이도 있다. 게임은 많은 아이들이 좋아하는 문화이기 때문에 '덕후'(마니아를 낮춰 부르는 말)라는 별명이 따라붙지 않지만, 만화를 좋아하는 경우엔 다수의 취향이 아니라는 이유로 '덕후'라는 별명이 붙고 놀림의 대상이 되기도 한다. '십자수' 같은 여성적인 취미가 있는 경우에도 남자 반에서는 '게이'라고 놀림받을까 봐 드러내지 않는다. 숨겨져 있는 그들의 정체성을 자유롭게 드러내도 상처받지 않을 수 있는 반 분위기를 만들려는 노력이 필요할 것이다.

두 번째로, '담임은 인권의 수호자인가, 인권의 침해자인가'의 문제를 놓고 고민했다. 아마도 나를 포함한 대부분의 교사들은 교사로서 '모범생'들의 인권을 수호하기 위해 '날라리'들의 인권을 침해할 수밖에 없다고 생각할 것이다. 하지만 그 '날라리'들을 색출하기 위해 우리는 '모범생'들도 검사하고 지도해야 한다. 서로 정체성이 다른 아이들이 두발, 용의·복장 지도에서 비슷하게 반발하는 것은 이 때문이다. 그리고 교사의 입지가 줄었다고 하지만 그것은 개별적인 지도가 아이들의 저항으로 먹히지 않는 것일 뿐, 학급 안에서 담임 교사의 권력은 중세 시대 군주와 거의 동일하다. 학급 규칙을 자의적으로 만들고 폐기하고 실행하고 징벌한다. 물론 학급 회의를 통해 결정하는 경우도 있지만 대부분 더 많은 정보와 권한을 가지고 있기 때문에 담임이 개입해 학급 회의 분위기를 만드는 게 사실이다.

그런데 담임은 외부적으로는 권한이 거의 없다. 교칙을 거부할 수도 없고, 학교 교육과정에 개입할 수도 없다. 학생들이 하기 싫어해도 교육과정상 짜여 있는 것은 의무적으로 하도록 해야 하는 것이다. 그래서 민주적으로 학급을 운영하려는 교사들이 아이들에게 권한을 양도했다가 아이들의 커진 권한이 교실의 담장을 넘어서려 할 때 감당 못 하는 모습을 보이는 것이다. 예를 들어 학생들이 가장 원하는 것은 두발 자유인데, 이는 담임의 권한이 아니라 학교의 권한이므로 학생들의 요구를 들어줄 수 없는 상황이 발생하는 것이다. "너희들이 결정해"라고 하면서 결국 "그건 이래서 안 돼, 저건 저래서 안 돼"라고 핑계를 댄다. 이런 면에서 담임이 하는 일들은 인권 수호이기보다는 인권 침해가 될 가능성이 높다.

그렇다면 어찌해야 할 것인가? 이에 대해 스스로 나에게 준 대답은 "아이들 앞에서 솔직하자"라는 것이다. 이제는 '담임'이라는 존재의 한계를 인정하고 그 한계를 아이들 앞에서 솔직히 밝혀야 한다. 이것은 매우 단순한 말이지만 '침묵의 카르텔'을 깨는 가장 어려운 일이기도 하다. 아이들이 보기에 전지전능한 부모와 황제 같은 담임이 거대한 학교 체제의 톱니바퀴에 불과하다는 것을 교사 스스로 아이들에게 밝히는 일은 부끄러운 게 아니라 자연스러운 일이다. "나는 적은 권한과 무한 책임 속에서 이렇게 많이 노력하고 있는데 너희들은 나의 노력을 몰라 줘!"라고 아이들을 몰아세우지 말고, 나의 노력을 수포로 돌아가게 하는 지점이 어디인지, 그게 정말 아이들의 문제인지 학교 체제의 문제인지 면밀하게 살펴보고, 나는 이러이러하게 하고 싶지만 학교 체제의 모순 때문에 불가능하다고 아이들에게 이야기할 수 있어야 한다. 담임의 불완전함을 인정하는 바탕 위에서 아이들과 동등하게 소통할 수 있는 토대가 생길 것이다.

'모든 사람을 동등하게 존중한다는 것' 자체가 실현 불가능한 일일지도 모른다. 가끔은 신분제가 분명했던 중세 사회나 조선 시대에서는 같은 신분끼리는 비교적 평등했는데, 모두가 무한 경쟁에 시달리는 요즈음에는 그 누구와도 평등한 관계를 맺기 어려워졌다는 생각이 든다. 사람들은 차별은 몹시 싫어하면서도 외모, 나이, 학벌, 직업 등의 미묘한 차이를 놓고 각자의 스펙으로 서로를 가르는 데 너무나 익숙하다. '서로를 존중하는 만남과 소통'은 이렇게 보이지 않는 서로의 유리 벽에 작은 균열을 내는 일이다. 그것은 '유리 벽에 균열을 내는 일'이기에 '이상해 보이고' '시끄러운 소리'를 내며 '남들에게는 보이지 않는 일'이기도 하다. 하지만 균열을 내서 그 구멍 안으로 오고 가는 바람의 시원함을 느끼고 싶어서 자꾸 두드리고 구멍을 낸다. 나는 그런 경험을 내가 만나는 청소년들과 함께 하고 싶다.

2009년 2월

'참교사',
불가능한 꿈

처음 교사가 되고 나서 각종 연수에도 가고 전교조의 참교육 실천 보고 대회에도 참여하면서 내가 생각한 것은 '교사가 어느 정도 시간과 품을 들여야 아이들과 행복한 일상을 꾸려 갈 수 있을까'였다. 그때 나의 마음속에서 꿀럭꿀럭 마그마처럼 용솟음치던 욕구는 '아이들에게 인정받는 교사가 되고 싶다', '아이들은 뭔가 부족하며, 나의 노력으로 1년 안에 그 부분을 바꿀 수 있다', '교사가 열심히 하면 아이들끼리 서로 싸우지 않고, 지각과 조퇴도 없는 깨끗하고 아름다운 교실이 될 수 있다'는 것이었다. 그때는 아마 내가 때리지 않고 헌신하고 웃으면서 아이들을 대하면 아이들이 지각과 조퇴를 하지 않을 거라고 기대했던 것 같다. 물론 그 기대는 여지없이 무너졌고 이제는 뭔가를 시도하면서도 아이들에게 기대를 갖지 않는 데 어느 정도 익숙해진 것 같다.

익숙해질 수 있었던 이유는 아이들의 현실이 너무 열악해서 뭘 요구할 상황이 못 된다는 점을 깨달았기 때문이다. 나 같아도 학교에서 학원에서 하기 싫은 공부를 계속하며 365일의 노동을 견뎌야 한다면 지각과 무단 조퇴 등 일탈을 계속할 것 같았다. 학교 교문에 들어서는 순간 용의·복장 검사를 피하기 위해 내 몸을 다시 돌아봐야 하는 일상적인 인권 침해가 계속된다면 감시가 있는 순간에만 굴종하는 그런 비열한 모습을 보일 것 같았다. 그런 인권 침해를 좀 고쳐 보려고 학생회 담당 교사를 맡았다. 나의 이런 고민은 학생회 일이 잘 굴러가고 학교운영위원회를 전교조 분회가 장악하여 두발 규정 개정 프로젝트를 진행할 수 있게 되면서 조금은 해소되었다.

아이들에게 정치적 권리는 배부른 욕구일까?

그런데 학교를 옮기고 보니 용의·복장 문제에 대해서는 전교조 조합원 선생님들끼리도 의견이 안 맞았고, 거친 애들일수록 다잡아서 학교에 적응시켜야 한다는 '온정주의에 바탕을 둔 근대적 학생 위하니즘'이 교사들 사이에 강하게 자리 잡고 있었다. 아이들을 사랑한다는 조합원 선생님들일수록 이런 경향이 강하기도 했다.

그러던 차에 내가 속해 있던 관내의 어느 학교에서 두발 자유 시위가 있었다는 소문이 들렸다. 시위를 벌인 학생이 징계 위기에 놓였다는 것이었다. 지회를 통해 그 학교에 연락을 취해 보니 다행히 좋은 분회 선생님들 덕에 그 학생은 징계를 받지 않은 것 같았다. 하지만 그 학교의 학생부장 선생님과 조합원 선생님들에게는 상처가 된 모양이었다. 생활 지도에 소극적이 되어서 학교가 엉망이 되었다고 느끼고 있다고 한다. 두발 지도를 여전히 생활 지도라고 생각하는 학교의 상황을 보면서 어쨌든 해방의 주체는 학생이라는 생각이 많이 들었다. 교사들은 교사와 학생 모두의 인권을 지키기 위해 위에 저항하기보다는 힘이 약한 학생들을 억압하는 데 익숙해져 있었다. 그렇게 하지 않으면 교육을 포기하는 것 같은 생각이 들었기 때문이다. 그래서 나는 청소년인권운동과 접속하게 되었고, 지역의 학생들을 모아야 한다는 생각을 하게 되었다.

    서울 강서 지역에서 이런 모임을 주도했으나 내가 속한 학교 외의 학생들이 모이지 않았다. 그리고 내가 있던 학교에서 꾸준히 모임에 나오던 부학생회장 아이가 두발 자유 운동을 하다 엄마에게 나와의 관계를 들키면서 학부모로부터 강한 항의를 받게 되었다. 그런 상황에서 전교조 분회에서는 별다른 지지와 지원을 받지 못했다.

    임대 아파트 한가운데 있었고, 다른 일반 아파트 주민이 기피하는 학교였던 우리 학교는 교육 복지 사업을 통해 기초생활수급자 가정 아이들을 중심으로 담임이나 대학생과 하는 멘토링과 문화 사업, 방과 후 학교를 운영했다. 이러한 사업은 전교조 조합원들이 주도적으로 하고 있었다. 방과 후 학교는 영어와 수학 중심이었는데 빵 때문에 오는 아이들도 많았다. 수급자 가정 아이들 중에서 공부에 의욕이 있고 그나마 강의를 따라가는 아이들이 성과를 보였고, 나중에는 그중 한 아이를 외고에 보내기 위해 학원비를 지원하기도 했다. 물론 공부를 못하는 아이들도 국토 순례나 방과 후 학교에서 사귄 친구를 통해 학교생활에 재미를 느꼈다. 어쨌든 기초생활수급자 자녀들의 부족함이 '돌봄'의 대상이었다. 교육 복지에 헌신하셨던 조합원 부장님은 "그 아이들은 '두발 자유'와 같은 정치적 권리를 누릴 만한 여력이 없다"고 하셨다. 즉 "'정서적인 결핍'과 '물질적인 결핍'이 너무 심하기 때문에 교육 복지를 통해 그런 것들을 먼저 해결하는 것이 우선"이라는 것이었다. 그러면서 학생회장들과 함께하는 나의 운동은 엘리트주의적이라고 지적하셨다. 나는 슬금슬금 그 활동에 의욕을 잃고 침울해지기 시작했다.

그때 나는 생각했다. '내가 원래 생각했던 전교조를 중심으로 한 학생 인권 개선은 무척 어렵겠구나. 학생과 교사 사이에서 교사가 권력자라는 사실을 인정하고 스스로 명예 혁명을 이루기는 정말 어렵구나.' 그 후 학생회 활동에도 시들해졌다. 학생회가 주체적으로 움직이는 것이 불가능할 뿐 아니라 정해진 테두리 안에서 조금이라도 벗어나면 탄압을 받을 수밖에 없기 때문이었다. 오히려 학생회 아이들은 캠페인 같은 것을 조금씩 해 주면서 학교 측의 신뢰를 얻으려고 했다. 아이들에게 이런 주고받기식 정치 의식이 생기는 것이 과연 교육적인지 골치가 아프기 시작했다.

학급 활동도 마찬가지였다. 처음에는 아이들이 그 활동을 좋아하거나 고마워할 거라는 기대를 하다가 이제는 내가 즐거워서 하다 보니 내가 즐겁지 않은 해에는 하기 싫어졌다. 즉 실천으로서 지속성이 사라진 것이다. 나의 헌신에 대해 결과를 바라지 않으니 하는 재미가 없고 나를 위해서 한다고 생각하니 나를 분명히 잡아 주는 무언가가 없어졌다. 그래서 다시 고민이 시작되었다.

'나는 아이들에게 어떤 교사로 인정받고 싶은 건가?' '인기를 끌고 싶은 건가?' '자신을 올바른 곳으로 인도해 준 선생님으로 인정받고 싶은 건가?'

문제 행동은 저항의 몸짓

애들을 때리든 웃으면서 하든 헌신을 하든, 지각을 못 하게 하는 것이 학교에서 요구하는 담임의 역할이고 어떤 방법을 쓰든지 아이들을 관리해야 하는 역할이라는 본질은 변하지 않는다. 사실 청소년을 그냥 어른과 같은 동등한 주체로 본다면 교사의 역할인 '돌봄'은 장애인, 이주 노동자, 성소수자 등과 같이 여러 가지 이유로 정치적·사회적 권리를 박탈당한 주체들이 그 권리를 누릴 수 있도록 보조해야 할 공적인 사회의 의무일 뿐 '돌봄'의 의무를 진다는 이유로 청소년들을 억압할 권리를 주는 것은 논리적이지 않다. 공적인 양육이 사회 제도로 정착된다면 청소년은 누구의 자식이거나 누구의 제자로서가 아니라 독자적인 인간으로서 정치적 권리와 사회적 권리를 누려야 한다는 것을 좀 더 많은 사람이 당연하게 여기게 될 것이다.

이렇게 생각하다 보니 아이들의 싸가지 없는 행동이 별로 섭섭하지 않았다. 아이들이 내 수업을 안 듣는 것은 나를 싫어해서가 아니라 시험을 통해 강제적으로 지식을 주입할 수밖에 없는 지금 시스템에 나름의 방법으로 저항하는 것이라는 생각이 들었기 때문이다. 수업 방법 개선과 개인적인 노력으로 좀 더 많은 아이들의 동의를 얻으려고 노력할 수는 있겠지만, 결국 몇 명을 의무적으로 낙오시키는 시험을 매년 봐야 하는 지금의 시스템에서 문자질이든, 떠드는 것이든, 반항이든, 잠자는 것이든 아이들이 나름으로 저항하는 것은 당연하다는 생각이 들었다. 특히 정치적으로 자신의 욕구를 정당하게 표출할 기회가 차단되어 있다면 말이다.

스승과 제자가 아니라 동등한 관계로 거듭나기

이런 과정을 거치면서 내가 관심을 두고 있던 학급 자치에 대한 고민의 내용도 바뀌었다. 나는 지금 시스템이 좀 제한적이더라도 회의를 통해서 결정하는 연습을 하는 것이 중요하다고 생각했는데, 자치라는 형식을 맞추려고 자리 배치, 쓰레기통을 어떻게 놓을까 같은 소소한 것들까지 회의를 하다 보니까 나도 지치고 아이들도 지친다는 생각이 들었다. 사실 그런 문제 말고도 고민할 문제가 많은데 '자치'를 위해서 그런 사소한 문제를 놓고 회의를 하면서 내가 민주주의 교사입네 하는 것이 낯부끄럽다는 생각이 들었다. 마치 학교에서 교장이나 교감들이 인사나 업무 분장, 교육과정 등 정말 중요한 사항은 마음대로 결정하면서 교직원 연수를 언제 어디로 갈까, 뭐 이런 사소한 문제는 정밀하게 의견 수렴을 할 때처럼 말이다.

지각 지도도 그랬다. 자기 장점 100개 쓰기, 아침에 전화하기, 같이 등교하기 등 인권 친화적인 방법으로 아이들의 지각 지도를 하기 전에 '지각 지도를 왜 해야 하는가?' 이런 고민이 들기 시작했다. '지각 처리는 이미 아이들에게 불이익인데 내가 지도를 하는 것은 이중 처벌을 하는 것은 아닐까?', '개인의 지각이 반 분위기에 영향을 끼치는 게 사실일까?', '조퇴나 연가가 노동자의 권리라면 지각이나 조퇴도 아이들 입장에서 권리가 아닐까?' 이런 생각을 하다 보니 지각 지도가 의미 없게 느껴졌다. 지금까지 내가 했던 일상의 실천은 아름답고 숭고한 일이었지만 시스템의 불합리성은 배제한 채 열심히 잘해야 한다는 논리, 아이들을 사랑하자는 구호에 갇혀 어떤 방향으로 어떻게 사랑할 것인가에 대한 고민이 없는 것은 아니었는지 혼란스러워졌다.

'지각을 하던 아이가 지각을 안 하게 되면 나의 학급 운영은 성공한 것인가?' '꿈을 갖게 한다고 하지만, 아이의 집안 환경이나 실력이나 흥미, 적성을 봐서는 의사가 되기 어려운데 너의 꿈이니 소중하다고 그 아이를 북돋워 주는 것이 내가 해야 할 일인가?' '자치 활동 시간도 없는 고등학교에서 아이들을 남겨 라면이라도 끓여 주면서 학급 행사를 강행하는 것이 내가 해야 할 일인가?' '입시 지도를 열심히 하여 그 아이의 인생에 도움이 되는 것이 내가 할 일인가?' '학생과 학부모에게 인정받아야 된다는데, 그들은 이해관계가 같을까? 잘살고 공부 잘하는 학생과, 아침저녁으로 일을 하느라 아이들을 챙기지 못하는 부모의 아이들은 같은 이해관계를 가지고 있을까?'

난 아직도 매트릭스 경계에 끼어 있다

대부분의 아이들은 초등학교 4학년만 지나면 세상의 쓴맛을 안다고 한다. 예를 들어, 잘난 것을 그대로 표현하면 왕따당한다는 것을, 남에게 양보만 하면 자기 것을 빼앗길 수밖에 없다는 것을, 나의 이익을 위해 때로는 남을 밟아야 한다는 것을……. 이런 상황에서 세상의 아름다움과 미담을 강조하면서 조건 없는 배려와 공동체 정신을 강조하는 것이 과연 올바른 교육인가 하는 생각이 들었다.

물론 이런 살벌한 세상에서도 사람들은 관계와 연대의 끈을 찾는다. 누구에게나 동지가 필요하다. 그때 내가 누구의 손을 잡아야 하는지, 누구와 함께해야 공동의 이익을 찾을 수 있는지, 공동의 이익을 추구하는 것이 왜 자기에게 이익이 되는지 깨닫게 하는 교육이 필요하다고 생각한다.

누구나 교육의 수혜를 받을 수 있는 교육의 공공성을 지켜 내는 일도 매우 중요하지만, 배움을 방해하는 '입시', '국가 수준의 강력한 교육과정', '교육과 자본의 연결 고리' 등에 대해 싸우고 그런 매트릭스에 관해 학생들과 생각을 나누는 것도 매우 중요하다. 물론 전근대적인 교사상을 주입받은 채 자기 인생에 사적인 도움을 주는 것을 사랑이라고 생각하는 학생들이 이런 것을 이해하기는 무척 어렵겠지만, 이에 대해서 터놓고 얘기할 수 있어야 학생들의 진정한 평가가 이루어질 수 있다고 본다.

그리고 궁극적으로는 '구조적으로 뒤틀려 있는 이 교육 속에서 나 한 사람이 아이들에게 헌신해 아이들이 이상한 시스템을 견딜 만하게끔 해 주는 것이 과연 옳은가?'라는 생각이 든다. 우리에게 서로 믿음과 정이 있으니 아무리 힘든 세상도 버텨 나가자는 모르핀을 주고 있는 것은 아닌지 머리가 복잡해진다.

아이들한테 너희는 88만원 세대니까 비정규직 철폐를 위한 노동운동을 하라고 말할 수도 없고, 이런 잘못된 시스템에서 노력하면 된다고 거짓말을 할 수도 없고, 나는 어느 것을 선택해야 하나?

확실한 것은 지금 시스템 안에서 깔끔한 교실을 만들고 무결석 반이 되도록 학급 운영도 잘하고 모든 학부모, 동료 교사와 학생들에게 수업 실력으로나 인성 교육으로나 모두 인정받고 이런 모든 것을 다 잘해야 하는 것이 '참교사'라면 참교사가 되겠다는 욕심은 버리고 싶다.

내가 지켜 가야 하는 것과 버려야 하는 것을 구분해 내고, 누구에게 칭찬받고 누구에게 욕먹는 것이 옳은 것인지 함께 토론하고, 욕먹어야 하는 순간에 함께 욕먹는 것에 동지애를 느끼는 그런 둥지가 있었으면 좋겠다.

2008년 11월

교사의
다섯 가지 유형

다음 교사들 중에서 진정한 참교사는 누구일까?

이 선생님 학급을 민주적으로 운영하는 교사
박 선생님 아이들의 상처를 보듬고 다뜻하게 감싸 주려는 교사
최 선생님 학급 단합 대회, 요리 만들기, 야영, 생일 파티 등 다양한 체험 프로그램을 운영해 학급공동체의 친화와 단결을 꾀하는 교사
봉 선생님 단정한 용의·복장과 지각, 조퇴, 결석 없는 좋은 생활 습관과 수업 태도 등 자기 관리와 자기 계발을 촉진하는 교사
권 선생님 아이들은 아이들대로, 나는 나대로, 행정 업무를 중심으로 여기는 교사

내가 가장 싫어하던 교사가 되다

초보 교사 때 나는 권 선생님 같은 교사를 가장 무시하면서 학급 행사와 이벤트로 반을 도배하는 최 선생님에 가까웠다. 그러면서도 상담도 하고 싶어서 박 선생님을 흉내 내기도 하고, 그런 것들을 통해 봉 선생님의 경지에 오르고 싶었던 것 같다. 아이들의 인권을 존중하면서 그 방식을 매개로 아이들을 제도의 규칙에 따르게 하고 싶었던 것이다.

자기 관리와 자기 계발이라는 말이 무색하게 나는 '나'를 통해 아이들이 스스로를 계발하고 관리하기를 바랐다. '자신을 계발하고 싶지 않은 아이', '스스로를 관리하고 싶어 하지 않는 아이', '학급 행사를 직장 회식처럼 느끼는 아이', '담임의 관심을 교사에 대한 교장의 관심'처럼 느끼는 아이도 있다는 사실을 인정하지 않고 내가 만든 틀 안에서 그런 아이들을 배제했던 것이다. (실제 우리 교장 선생님은 나를 문제아 다루듯이 늘 '상담'하고 싶어 했고 나의 문제 행동을 통제하려고 했다.) 그런데 바람직(?)스럽게도 아이들은 나의 '참교육'을 받아들이지 않았고 나는 심각한 무력감에 시달렸다.

인권을 공부하면서 나는 다른 사람을 대할 때 '먼저 질문하기'에 익숙해졌다. 질문을 하는 것은 정말 중요하다. 왜냐하면 '질문'은 '질문'에 대한 답을 들을 준비가 되어 있을 때만 하는 것이기 때문이다. 나는 아이들의 의견을 물으면서 나의 어떠한 교육적인 선한 의도도 그들이 거절할 수 있음을 인정해야 한다는 걸 배웠다. 나의 가르침보다 그들의 배움이 더 중요하다는 것을 스스로 깨달은 순간이기도 했다. 그러다 보니 내가 강제할 수 있는 것이 없다는 생각이 들었다. 그러면서 나의 학급 운영은 아이러니하게도 내가 가장 무능한 교사라 판단했던 권 선생님에 가까워졌다. 그렇다고 내가 아무것도 안 하는 것은 아니다. 하지만 학급 일기나 한두 가지 학급 행사도 아이들을 위해서가 아니라 내가 아이들과 추억을 남기기 위해서, 또는 그들의 삶을 엿보고 싶고 그들과 친해지고 싶은 마음에 내 권력을 이용해서 그들을 만나는 것이라 생각하게 되었다. (이것은 어떤 가치 판단은 아니다.) 이러다 보니 마음의 짐은 덜었지만 허무해졌다. 내가 가장 싫어하던 유형의 교사가 되다니…….

학교는 교사에게 무엇을 바라나

왜 내가 이렇게 되었을까를 곰곰이 생각해 보았다. 5가지 유형의 교사 중 학교에서 큰 좌절을 겪지 않는 선생님은 봉 선생님과 권 선생님이다. 봉 선생님은 관리자들이 좋아하는 유형이고 권 선생님은 힘을 덜 들이고 일할 수 있기 때문이다. 이 선생님의 경우는 앞에서 말했듯 담임의 권한을 넘어서는 순간 아이들에게 허용할 수 있는 것이 없기 때문에 곧 벽에 부딪힌다. 박 선생님의 경우는 두 가지 벽에 부딪힌다. 첫째는 아이들 마음의 문을 여는 데 실패하는 경우다. 아이들의 심리적 상처는 부모의 이혼처럼 드러내고 싶지 않은 사적인 일에서 비롯된 경우가 많기에 아무리 '좋은' 교사라 해도 자신의 일상에 영향을 끼칠 수 있는 '교사'에게는 잘 드러내려 하지 않는다. 실제로 어떤 학생은 교사와의 면담에서 자신이 어머니만 계신 한부모가정이라는 사실을 어렵사리 드러냈는데, 자기가 학교에서 문제를 일으킨 순간 "애비 없는 자식이라 어쩔 수 없군!"이라는 말을 들었다고 고백한 적이 있다. 이런 일을 한 번이라도 경험한 아이들은 교사가 친절하게 대해도 자기의 속내를 잘 드러내지 않는다. 둘째는 마음의 문을 어렵게 열었으나, 해결책을 찾을 수 없는 경우다. 문제가 있는 아이들의 속 이야기는 부모의 이혼과 재혼, 지병, 심지어 성폭력까지, 교사 혼자서는 도저히 해결할 수 없는 난맥상인 경우가 많다. 지금 학교에는 학생의 이런 문제를 해결할 어떤 지원 체계도 없기 때문에 교사로서는 점점 '아는 것이 두려워지는' 상태가 된다.

다양한 프로그램을 운영하는 최 선생님의 경우, 그런 스타일이 학급 구성원의 동의를 얻는 경우에는 편하게 가지만, 학급 구성원의 동의를 얻지 못하는 경우엔 고생은 고생대로 하고 원망은 원망대로 듣는 상황에 놓이기도 한다. 그리고 최 선생님이 추진하는 행사는 '안전사고' 문제 때문에 관리자들이 이런저런 핑계를 대면서 허락하지 않는 경우도 많다. 실제 교실에서 모둠별로 비빔밥 만들어 먹기를 한다고 했더니, "침이 섞이면 균을 옮길 수 있으므로 안 된다"라는 말을 들은 적도 있다. 그 이후에는 보고하지 않고 몰래 해 먹었다.

학교에서 가장 인정받는 교사는 봉 선생님이다. 학교가 원하는 것은 학생들이 '겉으로 아무 사고 없이 조용히 학교를 왔다 갔다' 하는 것이다. '왔다 갔다'라고 표현한 것은 학교에서 수업 시간에 어떤 배움이 있건 없건, 학교는 큰 관심이 없다는 뜻이다. 그저 수업 시간에는 교실에 앉아 있고, 쉬는 시간에는 학교 건물에서 큰 사고 치지 않고 있다가 하교 시간이 되었을 때 겉보기에 멀쩡한 상태로 집에 돌아가면 된다. 대다수의 아이들은 봉 선생님 같은 교사를 만나 자신의 넘치는 에너지를 시간에 따라 잘 배분하여 이용하는 방법을 배우고, 종이 치면 자리에 앉고, 다시 종이 치면 일어나 나가는 '파블로프형' 인간이 된다. 이런 억압 속에서 아이들의 에너지는 분출되지 못하고 자기 학대 방식으로 몸 안에 쌓여 있다가, 조금 허용적인 담임을 만났을 때 폭력적인 방식으로 분출된다. 그래서 허용적인 담임은 '문제아'를 만드는 '무능한 담임'이 되는 것이다.

나는 담임의 노동을 통해 학교 체제가 노리는 바를 정확히 알게 되었다. (실제 이 선생님과 박 선생님의 노동은 잘 표가 나지 않고 성과화되기 어렵고, 최 선생님의 경우엔 책임 문제 때문에 학교장이 부정적으로 여기는 경우도 많다.) '통제하지 않으면 위험한 10대의 에너지를 체제 순응적으로 만드는 것'과 '교육 전체의 실패인 아이들의 문제 행동을 담임 교사에게 덮어씌우기'가 바로 그것이다.

교사의 권위 벗어던지기

물론 내가 싫어했던 유형의 교사와 지금의 내가 완전히 똑같지는 않다. 나는 아이들이 스스로 느끼고 해냈다는 성취감을 얻거나 자기들끼리 싸우고 좌절하는 그런 경험이 그들에게 어떻게 의미 있는 일이 되는가에 관심을 기울이고 내가 어느 순간에 어떻게 개입해야 할지 항상 긴장하고 있다. 하지만 나의 이런 선한 의도도 나의 영혼을 지키지는 못했다. 하루에 10분 보면서 적어도 12시간 보는 부모와 동일한 책임을 요구받는 교사의 '담임 노동'은 나의 이러한 긴장감을 '감시'와 '불안'으로 바꾸기도 하고, '불안'을 떨치기 위한 나의 의도적 무관심은 아이들에게 '보기보다 무관심하다'는 평가를 받기도 했다.

책임과 권한의 이러한 불균형은 교사가 학생들을 지켜보지 못할 때 일어나는 범죄를 예방하기 위한 수사망인 고자질이 일상화되게 만들었다. 그러고도 사건이 발생하면 본 것을 백지에 다 쓰라고 하고, 적당히 넘겨짚은 후 다른 애들도 다 썼다고 협박하는 추측 수사와 학생부에서 체벌을 통한 자백으로 이어지게 했다. 마치 그 땅을 경작하지도 않고 그 근처에 살지도 않지만 소유권을 인정받는 부재 지주처럼, 현장에 없는 순간에도 권력이 행사되어야 하는 이 특이한 제도의 정점에 내가 서 있다는 것이 이상할 뿐이다.

나는 오히려 '담임'이라는 제도의 권위를 벗어던졌을 때 아이들과 인간답게 만날 수 있었다. 가르치려 하지 않는 나를 통해 아이들이 뭔가를 배우는 듯한 느낌이 들기도 했다. 한 아이는 담임이 이렇게 해도 별 탈 없이 반이 돌아간다는 게 신기하다는 반응을 보이며 자유로워도 혼란스럽지 않다는 사실을 알게 되었다고 했다.

아이들은 믿을 만한 어른을 필요로 한다. 스스로 판단하기에 어느 것이 믿을 만한 정보인지, 자신이 꿈꾸는 것이 가능성이 있는지 없는지, 묻고 싶은 게 많기 때문이다. 단, 그 믿을 만한 어른은 개인적인 고민을 들어 주고 들은 이야기를 섣불리 발설하지 않는 진중한 사람이며, 자신의 경험을 강요하기보다 자신의 시행착오를 구체적으로 설명하고 스스로 판단하도록 돕는 사람이며, 원하는 것을 얻기 위해 필요한 자원을 끌어모을 수 있는 정보가 어디에 있는지 알려 주는 사람이다. 담임이 이러한 어른이 되려면 담임의 권력을 내려놓아야 한다. 아이들의 안전을 보장할 의무를 다하기 위해 아이들이 조금이라도 위험한 행동은 못 하도록 규제하는 권력을 행사하느라 진을 빼지 말고, 의무의 내용으로 점철된 권력을 내려놓고 아이들의 삶의 영역을 아이들에게 돌려주어야 한다.

아마 그렇게 되면 아이들끼리 권력 다툼이 심해질 것이다. 그때 다툼의 룰을 보여 줄 제도를 교육하는 것이 민주시민교육이라고 생각한다. 그리고 그 제도를 운영하는 개인의 태도를 교육하는 것이 인권교육이라고 생각한다. 이것은 민주시민교육이 학교 교육과정에 포함되고 학생 자치가 보장되면 시행착오를 거치면서 해결될 문제라고 생각한다.

교육의 모순을 은폐하고, 교육력의 부재를 개인의 헌신으로 메우는 마름이 될 것인가? 교육의 모순이 드러나는 것을 두려워하지 않고 학생들과 어깨를 겯을 것인가? 오늘도 나에게 던지는 질문이다.

2009년 2월

교사는 친구인가,
조정자인가, 멘토인가?

권위가 무엇인지 사전을 찾아보았다. 권위는 '지식과 통찰력, 포용과 조정 능력을 바탕으로 하는 것'이고 지위는 '부차적인 것'이라고 한다. 그런데 권위주의는 '지위에 따른 권력을 앞세움으로써 사회를 억압적인 방식으로 통치하는 것'이라고 한다. 이렇듯 권위와 권위주의는 차이가 있는데도 우리 사회에서는 철저히 권위주의의 형태로 권위가 행사되어 왔기 때문에, 사회의 영향을 가장 직접적으로 받는 학교에서 권위는 이제 원래 좋은 의미의 '권위'의 뜻으로 해석되기에는 너무나 많이 오염되어 있다.

이를테면 권위는 힘이 있는 사람이 논리적으로 밀릴 때 하는 말이 되어 버렸다. 예를 들어 애들 야단치다가 아이들의 대꾸에 할 말이 없으면 "너 선생님한테 이래도 되는 거야?"라고 하거나 교무 회의 시간에 "당신, 교감한테 이래도 되는 거야?" 하는 식으로 애처로운 상황의 방패막이로 전락한 것이다. 그런 말을 할 때의 상황은 대략 이러하다. "네 말이 옳아. 그런데 내가 너보다 지위가 높아서 네가 옳고 내가 잘못했다는 것을 공개적으로 인정할 수가 없구나. 공개적으로는 이 정도에서 끝내자."

행정 기관이 아닌 친구로서의 교사

내가 생각하는 권위는 가장 기본적으로 '영향을 끼치는 것'이다. 무서워서든 미안해서든 좋아서든 자신의 행동을 결정할 때 우리는 권위의 영향을 받는다. 겉으로 보기에 '무서워서 영향을 받는 것'은 효과가 바로 나타난다. 교사를 일종의 행정 기관이라 본다면 원칙에 따라 아이들을 무섭게 대하는 것이 가장 효과적인 방법이다. 하지만 나는 행정 기관이 되고 싶은 마음이 없다. 행정은 어쩔 수 없이 필요할 때 해야 하는 일이다. 그래서 내가 영향을 끼치는 방식이 '좋아해서' 또는 최소한 '미안해서'가 되기 바란다. 물론 이 방식은 에너지가 많이 든다. 특히 학기 초나 상반기에 가장 많은 에너지를 소모한다. 하지만 1년 내내 동사무소로 살 수 없는 나는 차라리 이 방식을 선택한다.

그래서 내가 아이들을 야단칠 때 쓰는 말은 이렇다. "넌 네 친구한테도 이렇게 하니? 네 친구는 아니지만 너에게 그와 비슷한 관계가 될 수 있도록 난 이렇게 노력했는데 내 노력이 부족했나 보구나." 물론 이렇게 말한다고 해서 당장 사태가 수습되지는 않는다. 다음번에 비슷한 일이 발생할 때 밑거름이 될 것이라고 나 혼자 믿는 것이다.

그래도 이 방법을 사용하는 이유는 아이들이 담임 말은 무시해도 친구 말은 무시하지 못한다는 것을 깨달았기 때문이다. 청소 시간에 도망갔을 때 담임이 한마디 하면 '잔소리'로 듣지만 친구가 하면 아이들은 '미안함'을 느낀다. 친구끼리는 소통하고 있으며 자신이 맡은 일을 다하지 않았을 때 친구가 더 많은 일을 한다는 것을 인식할 수 있기 때문이다. 그리고 그 결과는 앞으로 그들의 공동 생활에 영향을 끼치게 된다. 공적인 생활의 규칙은 사실 이 정도 수준에서 강제할 수 있다고 생각한다. 그런 뜻에서 학급 생활에서 지켜야 할 규칙은 아이들끼리 정하고 지키게 하는 것이 의미 있다고 본다.

갈등 해결의 원칙을 확인하는 조정자로서의 교사

그런데 이것을 모두 아이들에게 맡겨 버리면 가끔 아이들 사이에 의견 대립이 생길 때가 있다. 예를 들어 청소를 안 하고 도망간 사람에게 어떤 벌을 주기로 했다. 그런데 그 친구가 도망간 것이 아니라 교무실에 갔다가 조금 늦게 올라왔고, 친구들이 그동안 청소를 다 했다면? 이런 상황에서 아이들은 분쟁에 시달리는데, 그때 조정하는 역할이 필요하다. 즉 청소 시간에 도망간 아이에게는 벌을 준다는 규칙을 정할 때 우리가 중요하게 생각한 것이, 청소할 때 그 사람의 존재 유무인지 청소에 빠진 행동의 고의성 여부였는지를 확인하고 어느 것이 합리적인지 가릴 수 있게 이끄는 것이다.

규칙을 만들기 위한 원칙에는 여러 가지가 있다. 그 규칙이 모든 사람에게 공정해야 한다든지, 실천 가능한 것이어야 한다든지(가령, 벌칙을 학생들에게 제안해 보라고 하면 학생들은 물건 창밖으로 던지고 찾아오기, 비 오는 날 비 맞고 10분간 서 있기 등을 제안한다), 즉시 준수 가능한 것이어야 한다든지……. 그런데 원칙을 적용할 때 학생들의 판단이 대립하면 교사는 그것을 조정하는 역할을 할 수 있어야 한다. 개인적으로 우유부단한 나는 이런 역할을 가장 못 하는데, 그래서 동료 교사들로부터 애들한테 끌려다닌다는 평을 받고 아이들한테는 민주적이라는 평을 받는다. 이럴 때 '스스로 결정한 것은 스스로 지킨다'는 점을 강조하면 담임이 행사해 왔던 힘의 공백 부분에 자치의 권위가 생기게 된다. 물론 언제나 성공하는 것은 아니다. 그렇게 되도록 노력할 뿐이다.

또래 경험을 넘어서는 멘토로서의 교사

그 밖에 경험의 크기가 비슷한 사람은 뛰어넘을 수 없는 문제가 있다. 집안 환경으로 인한 문제라든지, 연애 문제라든지, 공부 문제라든지, 진로에 대한 문제라든지. 이런 것에서는 멘토의 역할이 필요하다. 중요한 것은 멘티가 될 그 아이들이 먼저 말하고 싶은 마음이 들어야 한다는 것이다. 아이들은 말하고 싶지도 않은데 교사가 먼저 이야기하는 것은 내가 볼 때 멘토가 아니다. 따라서 제대로 된 멘토 역할을 하려면 아이와 관계를 맺고 먼저 아이의 말을 들어야 한다. 그리고 아이들을 잘 관찰하여 그들이 필요로 하는 것을 가끔은 먼저 알아채서 말해야 한다. 그러면 아이들이 깜짝 놀라 마음을 열기도 한다.

그런데 솔직히 나를 비롯한 많은 교사들은 이렇게 하는 것도 버겁다. 딱히 해결 방안이 없을 때가 많기 때문이다. 어느 해에는 우리 반에 사는 게 힘겨운 아이가 유달리 많았다. 한부모 가정에서 생계 때문에 관심을 받지 못하는 아이, 폭력에 시달리는 아이, 성관계 경험 때문에 괴로워하는 아이⋯⋯. 나는 내가 그 아이들의 고통을 알고 있다는 것이 괴로웠다. 아이들은 조잘조잘 얘기하지만, 난 그저 들어 주고 웃어 주고 울어 주는 것밖에 할 수 있는 것이 없었기 때문이다. 그러나 지금 생각해 보면 그렇게 들어 주는 게 멘토의 역할이었지 싶기도 하다.

 전 사회적으로 제도적 권위가 해체되는 것은 시대적 흐름이다. 대통령의 발언조차 공격할 수 있는 시대에 하물며 교사야. 그렇다면 새로운 권위를 어디에서 어떻게 찾아야 하나 고민이 필요한 시점이다. 나는 친구, 조정자, 멘토 역할에서 새로운 권위의 상을 찾아보려 했다. 물론 이런 과정이 쉽지만은 않다. 이 순간에도 우리 반은 내가 계속 조용히 해 줄 것을 부탁해야 하고, 내 수업은 3월인데도 학기가 모두 끝난 7월 분위기가 나며, 우리 반은 학급 규칙을 세우느라 회의를 빙자한 싸움을 하고 있다. 그러나 이렇게 혼란스러워도, 아마도 이게 옳겠지?

2007년 4월

계급장 떼고
만나는 즐거움

교사가 될 때부터 소원이 있었다. 아이들하고 계급장 떼고 한판 붙는 것. 나약한 주제에 서로 무시하고 짓밟는 행동을 일상적으로 반복하고, 오히려 존중하는 교사를 짓밟는 그런 '찌질한' 아이들과 한판 붙고 싶었다. 그런데 그럴 수가 없었다. 그들이 약했기 때문이다. 아이들은 나와 동등하지 않았다. 그래서 싸울 수가 없었다.

그런 아이들의 머리를 쥐어뜯어 주고 싶었다. 소리굽쇠 같은 것으로 때려 주고 싶었다. 머리가 띵 울리도록. 시험, 잔소리, 체벌, 그런 것들에 눌려 스스로 좀비가 되어 가는 줄도 모른 채 좀비가 되는 아이들에게 남의 피 그만 빨고 다시 인간이 되자고 말하고 싶었다. 하지만 학교에서는 그러기 어려웠다. 50분 수업하고 10분 쉬는 것이 반복되는 일상은 생각을 멈추고 좀비가 되는 습관을 들이기에 적당했고, 나의 잔소리 또한 그 좀비가 만들어지는 공정 속에서 이루어졌기 때문이다.

답답했다. 아이들을 만나긴 만나야 하는데…… 나도 이런 교육은 하기 싫다고 말하고 싶은데……. 일제 고사에 반대한다면서 모의고사 유형의 문제 풀이를 하고 있는 나에게서 조금씩 몸이 굳어 가는 병에 걸린 듯한 느낌을 받기도 했다. 아이들도 이렇겠지? 살아나고 싶지만 '학교 - 학원 - 집'이라는 쳇바퀴를 돌며 몸이 점점 더 굳는 것을 느끼고 있겠지.

청소년 해방 공간 만들기

이런 고민을 하면서 청소년인권에 관심을 두던 중 '따이루'를 알게 되었다. 중2 때부터 학교의 모순을 느끼고 청소년인권 활동가가 된 그는 학교에는 6교시 끝나기 5분 전에 가면서 교육공동체 나다에서 하는 청소년 아카데미에는 꼬박꼬박 간다는 것이었다. 도대체 학교를 지옥이라고 생각하는 듯한 표정으로 살아가는 그가 피같이 여기는 버스카드를 쓰면서 그곳까지 가게 하는 그 힘은 무엇일까?

어느 날 따이루가 듣는 수업을 들어 보러 청소년 아카데미에 갔다. 마침 그날의 주제는 '명박산성[1]과 게임 이론'이었다. 2008년 '촛불 항쟁'이 한창이던 그때 그렇게 많은 사람이 모였는데 왜 '명박산성'을 넘지 않은 것일까? 이 의문을 게임 이론으로 풀어 보는 것이었다. '명박산성을 넘을 것인가, 넘지 않을 것인가?' 찬성과 반대 팀으로 나누어 각각의 입장을 세운 후에 토론하는 것이었다. 그 후 실제로 전경과 시위대 팀으로 나뉘어 서로 물

---

1) 2008년 6월 10일 서울에서 100만 촛불 대행진이 계획되자 경찰이 시위대의 청와대 난입을 원천 차단하기 위해 도심 곳곳에 설치한 컨테이너 박스를 도심 곳곳에 설치해 만든 바리케이드를 뜻하는 말로 당시 대통령의 이름인 '이명박'과 '산성(山城)'을 이어 만든 합성어이다.

총 쏘기 놀이를 하기도 했다. 엽기적이면서도 얼마나 속이 후련한가? 한참 그렇게 논 후에 그들은 담배를 피우러 밖으로 나갔다. 프로그램을 진행하던 '양아치'와 함께 말이다('양아치'는 이른바 학교에서 말하는 수업 진행자, 교사의 역할을 하는 사람이다).

문득 이런 해방감을 학교가 아니라 전교조 지회 사무실로 옮겨 볼 수 없을까 싶은 생각이 들었다. 마침 그 무렵은 촛불 시위의 파고가 지나간 후라 광장을 달구던 나이 어린 촛불 좀비들을 다시 만날 수 있겠다는 기대감도 들었다.

수업 시간에 촛불 이야기를 하면 눈을 빛내고 선생님들한테는 적당히 개길 줄 아는 아이들을 암암리에 모집했다. 우리의 안내와 상관없이 놀기 좋아하는 아이부터 학생회장까지 다양한 아이들이 참여했다. 그들은 학교의 거짓말에 대해, 세상의 거짓말에 대해 서로 이야기를 나눴다. 사실 학교의 거짓말을 대행하는 노동을 꽤 많이 하는 사람으로서 학교의 거짓말을 같이 읊는, 민망한 순간이 많이 연출되었다.

나의 대답은 그저 이랬다. "너네 일은 너네가 싸워야지. 개겨 봐. 아니면 잘 견디면서 다른 식으로 답답함을 해소하든가." 이런 말을 하다 보니, 오히려 나의 모순된 상황에 따른 부담이 해소되는 듯하였다. 전교조 활동을 하면서도 학교에서는 무력한 나의 모습과 학교에서는 좀비 같지만 다른 어떤 공간에서는 인간으로 깨어나는 그들의 모습이 겹쳤던 것이다.

강좌마다 아이들 구성은 달랐지만 꾸준히 오는 아이들이 조금씩 생겨 연인원이 50명 정도 되었다. 마지막에 '좋은 교사란 있는가'라는 주제로 토론회를 했는데 무척 재미있었다. 학교의 모순이 드러나서 부끄럽기도 했지만 그만큼 위선을 벗어던지는 시원함이 있었다. 그리고 나의 '찌질함'이 드러난 만큼 우리 교육이 이렇게 된 데는 너희 책임도 있다고 말할 수 있어서

속 시원했다.

　새 학기가 시작된 후, 우리는 '시즌 2'를 기획했다. 세를 불려 보겠다는 야심 찬 기획으로 청소년들의 흥미를 끌 만한 문화적인 주제로 시작했으나 일제 고사가 미뤄지면서 일제 고사 반대 선전전과 여러 다른 투쟁 일정에 밀려 제대로 조직할 수가 없었다. 그런데도 시즌 2는 망하지 않았다. 10명의 든든한 원군과 그들이 데려온 친구들이 그 자리를 메워 주었던 것이다. 가장 인상 깊었던 일은, '인문학 강좌' 따위에 관심이 없을 거라는 편견을 가졌던 공부방 친구들의 참여와 일제 고사 반대 학교 앞 선전전에서 일제 고사 반대 운동 단체인 세이노Say-No에 대해 알게 되고 그것을 계기로 청소년 아카데미까지 끈이 닿은 친구를 만난 일이다.

　공부방 아이들의 경우는 일부러 공부방을 찾아가 조직한 것이 아니라, '시즌 1' 멤버 중 한 명이 새 학년에 올라가면서 만난 친구가 우연히 공부방 학생이었고, 그 친구가 공부방의 여러 친구에게 이 강좌를 소개한 것이었다. 그들이 처음 왔을 때는 친구 소개로 왔을 뿐인 빈곤한 중학생들이 영화, 음악 같은 문화적 주제를 놓고 벌이는 토론에 관심이 있을까 싶었다. 그래서 한 번 나오고 안 올 줄 알았다. 그런데 그들은 다른 누구보다도 자신들의 삶에 대해 솔직하게 토론에 참여했다. 자기 삶과 관련되거나 재밌는 부분이 나오면 정말 열심히 이야기했고, 재미없는 부분은 열심히 하지 않고 간식과 자유로운 컴퓨터 사용에서 즐거움을 얻었다. 즉 아카데미 자체의 주제나 내용만 그들을 끌어당기는 것이 아니라 자유로운 분위기와 자신들이 뭔가를 할 수 있는 자유로운 공간에 대한 접근성(실제 우리 학교 아이들은 시험 기간에 지회 사무실에서 친구와 공부를 하기도 한다), 맛있는 간식 등이 그들을 끌어당기는 요인이었던 것이다. '재미있을까, 없을까?'는 나의 기우였을 뿐, 그들은 그들 나름의 방식으로 아카데미를 즐겼다.

'참교사'의 굴레에서 벗어나다

아카데미 시즌 2가 모두 끝난 후 '핸드폰'에 관한 토론도 했다. 두발 자유나 체벌 금지는 담론 수준에서는 정리가 된 문제인데 휴대전화 사용은 대안학교에서도 규제하는 경우가 많기 때문이다. 토론 주제는 '핸드폰 사용을 제한해도 되는가?', '핸드폰은 규제주의자들 말대로 소통을 방해하는가?'였다. 이 역시 휴대전화 사용을 죄악시하는 학교 분위기에서 금기를 넘나드는 주제였고 다소 어렵지 않을까 예상했는데, 토론을 통해 어른들과 얘기할 때 하는 문자질은 "앞에 있는 당신과 소통하기 싫고 물리적으로 떨어져 있는 나의 친구와 소통하고 싶다"는 표현이라는 것을 알게 해 주었다. 역시 소통을 막는 것은 물리적인 도구가 아니라 권위적인 관계의 벽이었다.

나는 사실 공부방에서 아이들을 만나는 방식이 시혜적인 면에 그치거나 구조의 모순을 은폐하는 데 일조하는 것 같아 좀 부정적인 생각을 품고 있었다. 그러면서 한편으로는 공부방에 있는 빈곤 청소년에 대해 '빵과 장미' 중 '빵'만을 원하는 아이들이라는 모순된 생각도 했던 것 같다.

그런데 지회에서 하는 청소년 아카데미 역시 복지 차원에서 만들어진 공부방에 비해 빈곤한 학생들의 기본적인 결핍을 채워 주지 못하다 보니, 결국 그런 결핍으로부터 상대적으로 자유로운 부르주아 계층의 아이들만 만나게 되는 것이 아닐까 내심 꺼림칙한 면이 있었다. 그런데 이번 기회를 통해 중요한 것은 가난한 아이들을 만나느냐 중산층 아이들을 만나느냐가 아니라, 만날 때 그들을 대하는 '관점'과 태도이며, 그들의 삶을 대하는 나의 방식이라는 것을 알았다. 즉 그들에게 내가 무언가를 나눈다고 하면서 그들의 삶을 내 방식으로 재단하고 참견하면서 "너는 가난하니까 ~해야 해", "너는 부잣집 아이니까 ~해야 해"라고 말하는 것이 아니라, 그들의 삶을 있는 그대로 인정하고 구조적인 시선으로 그것을 재구성해 볼 수 있도록 돕는 것이라는 점을 알았다.

청소년들은 모임의 주제가 어떻든 자유롭게 시간을 보낼 수 있는 가까운 공간과 먹을 것, 그리고 자유롭게 마음에 있는 말을 털어놓을 수 있는 분위기를 원했다. 그것이 보장된다면 그들은 왔다. 사실 이것은 우리가 교육부나 교육청에 바라는 점이 아닌가? 돈은 지원해 주되 간섭하지 않고 우리가 하는 교육적 시도들의 위험에 대해 책임져 주는 것. 그런데 이것이 가능하려면 우선 돈을 대 주니 뭔가 나와야 한다는 성과주의와, 돈을 대 주면서 우리는 너희가 욕하는 그 꼰대들과는 다른 참꼰대니까 우리 말을 들어라, 하는 우리 안의 '교육청스러움'이 없어져야 한다. 그리고 그런 권위적인 구조가 사라져야 청소년들과 잘못된 부분에 대해 계급장 떼고 만날 수 있게 된다. 그런 면에서 '좋은 교사란 있는가'라는 토론회는 우리 안의 참꼰대 기질을 되돌아볼 수 있는 소중한 자리였다. 참교사가 되기 위해서는 내가 참교사라는 생각부터 버려야 한다는 깨달음을 주었기 때문이다.

청소년 아카데미는 10년 가까이 나를 옭아맸던 참교사의 멍에로부터 나를 해방시켜 주고 나에게 다음과 같은 사실을 알려 주었다. 나에게 필요한 것은 슈퍼맨 같은 참교사가 되는 것이 아니라, 서로를 비인간적으로 만드는 시스템 속에서 아이들과 인간적인 관계를 복원하는 아주 상식적인 일이라는 것을. 그리고 그것을 가능하게 만드는 것은 아이들과 함께 이 세계의 음모와 비밀을 공유하는 일이라는 것을.

미친美親 파티는 정말 미친crazy 파티였을까?

'미친 파티'는 '거짓말'(남부청소년아카데미)에 참여했던 아이들과 축제에서 자원 봉사 활동을 하고 싶었던 아이들이 모여서 계획한 파티였다. 강의를 계속하는 것이 좀 지루하기도 하고 아이들이 축제 준비를 하고 싶다고 해서 꾸린 것이다. 남부 지역 중고생 아이들이 중심이 되어 한 20명 정도의 기획단이 꾸려졌다. 이름을 정하는 것부터 시작하여 여러 가지 축제 마당과 역할을 나누는 것 모두 학생들이 준비하였다. 미친美親 파티라는 이름도 '아름다움과 친해지며 미친 듯이 놀아 보자'는 의미로 지었다.

우리가 꾸렸던 기획은 공연 마당, 놀이 마당, 먹거리 마당이었다. 공연 마당은 B-Boy, 밴드 등 남부 지역의 학생 동아리들이 맡았고, 놀이 마당에서는 풍선 다트, 삼선(슬리퍼) 신고 뛰어라, 퀴즈 대회, 금붕어 잡기 등의 코너가 있었다. 먹거리 마당은 복불복 코너를 마련하여 게임을 하고 받은 쿠폰으로 먹거리를 먹거나 복불복에 걸리는 것이었다. 이런 기획이나 준비물 마련은 다 아이들이 하고 선생님들은 연대의 정신으로 조수 역할만 했다. 금붕어를 안 죽이면서 게임도 즐겁게 하는 방법은 뭘까? 뭐 이런 것을 한창 재밌게 고민하면서 하루하루 준비해 가던 어느 날이었다. 어느 중학교에 붙은 포스터가 교장의 눈에 걸리면서 파티 이틀 전에 장소로 빌렸던 '하자센터'로부터 교육청의 압력으로 장소를 빌려주지 못하겠다는 연락이 온 것이다. (이유는 이것이 축제가 아닌 정치 행사라는 것이었다.) 그리고 그 중학교에서는 '미친 파티'라는 집회에 참여하지 말라는 교내 방송을 내보냈고, 학부모들에게도 문자 메시지로 연락이 갔다.

아이들은 대책 회의를 했고, 세 가지 안이 나왔다. 1) 그냥 쳐들어간다. 1)-1. 하자센터 앞에서 파티에 온 학생들에게 왜 축제를 못 하게 되었는지 설명하고 작은 문화제를 연다. 2) 장소를 바꾸어 시행한다. 3) 내년이나 다음 기회로 넘긴다. 3시간 동안 회의가 계속 진행되었는데, 1)과 2)가 격론을 벌이다가 예산이나 장소 문제로 2)가 불가능하다는 결론을 얻고 1)-1로 의견이 모아졌다. 아이들은 이런 입장을 다음과 같은 대자보로 만들었다.

'헐… 미친美親 파티라매… 이딴 거 가지고 놀라는 거야?'라고 생각했겠지만, 원래 미친 파티는 이런 게 아니었긔. ㄱ- 처음엔 우리의 모습이 공부에 찌든, 공부만 하는 똥덩어리가 아닌, 여러 사람과 친해질 수 있고 공부 외에도 충분히 아름답다는 걸 보여 주고 싶어서 미친 파티를 준비했삼. -3-
우리를 공부 기계로밖엔 안 보고 공부로 고문하는 사회를 비웃어 주기에 앞서 우리끼리 놀고 즐기고 단합하는 그야말로 미친 파티지. 두 가지 뜻을 담고 있어. 그래 봤자 어른들은 미쳤다고 생각하겠지…
근데 마침 교육청과 서울시청이 포스터 내용 중 '이명박 바보'라는 멘트가 대통령을 모욕하는 집회라고 우기면서 하자센터를 협박했고 장소 예약은 강제 취소, 우리는 파티 바로 전날 일방적인 통보로 모두 다 쫑친 거삼-_- 우린 쫌 놀겠다는 것뿐인데 왜 지들끼리 오바임? 스스로 뜨끔하는 거야-_-?? 아무튼… 이렇게 와 줬는데… 아무것도 보여 주지 못해서 미안해… 정말 우리도 너무 허무하고 어이없다…하…^^ 과연 이 분위기에서 또 할 수 있을진 모르겠지만 내년에 이런 파티를 다시 기획할 거고 그땐 꼭 제대로 한번 놀아 보자!
ps. **이** 아름다운 세상/ **명**쾌한 세상/ **박**수를 보내자/ **즐**거운 세상~

물론 포스터를 처음 보았을 때 우리도 '이명박 바보'가 마음에 걸리지 않은 것은 아니나 아이들의 생각을 검열하는 것이 싫어서 그냥 넘어갔다.
11월 15일, 비가 와서 우리는 문화제를 하지 못했다. 하자센터 앞에서

위에 쓴 글을 유인물로 나눠 주고 미리 준비한 샌드위치와 음료수를 나눠 주었다. 비가 오는 가운데 조금 슬픈 기분도 들었지만 이런 부당한 일에 대해 아이들끼리 같이 토론하고 책임지는 과정은 나에게도 신선했다. 여기에 대해서도 여러 선생님들의 의견이 달랐다. 어떤 선생님은 세상을 아는 우리들의 눈으로 사전 검열하여 승리의 경험을 주는 것이 필요하다고 했고, 어떤 선생님은 함께 벽에 부딪치고 그것을 극복하는 경험을 하는 것이 가짜 승리보다 소중하다고 했다.

미친 파티는 아직 끝나지 않았다. 기말고사가 끝나고 이미 섭외된 팀들과 정말 파티를 하기로 했기 때문이다. 물론 아이들이 시험 끝나고 귀찮아진다면 이조차도 어찌 될지 모르는 일이다. 이 모든 것은 아이들 스스로 결정할 일이다.

'다 너희를 위해서야'라는 마음으로 뭔가를 하도록 영향을 끼치는 것이 교육이라고 생각했던 나에게 미친 파티는 세상 경험과 자본력이라는 문화 자본을 앞세워 아이들을 이끌려 하지 않고 동등한 관계의 연대를 꾸리는 실험을 하는 과정이었다. 사랑하는 스승과 제자가 아니라 서로 어깨를 겯는 동지로 거듭나는 것, 이것이 내가 학급에서도 '사랑'의 차원을 넘어서 아이들과 올바른 관계를 맺는 바탕이 될 것이다.

2008년 11월

토론회

'좋은 교사'란 있는가?

> 제1회 남부청소년아카데미의 마무리 활동으로 '좋은 교사란 있는가'라는 주제로 토론회가 열렸다.
> 우선 '좋은 교사'란 있는가라는 질문에 찬반 양 팀으로 나눴다. '좋은 교사란 있다' 팀이 6명, '좋은 교사란 없다' 팀이 10명이었다.

사회자 학교에서 가장 이상한 일에는 뭐가 있어요?
영지 마이 위에 마이보다 얇은 겉옷 입으면 걸리고 껌 떼요.
경수 실내화 안 신으면 걸리고, 선도부에 100원 내고 빌려 신어요.
유은 교문 지도 꼭 해야 되나요?
사회자 원산폭격 장면 사진을 본 외국인이 "동양 아이들은 아침마다 요가 하나?"고 물어서 상황을 설명해 주었더니 "경찰은 교사의 그런 행위에 아무 제재도 하지 않는가?" 하고 말했다고 해요.
주민 우리 학교는 스쿨 폴리스가 학교에서 애들 실내화 검사해요.
진영 가장 이상한 광경은 어떤 선생님이 애들 때리는데, 맞는 애들이나 보는 애들이나 때리는 교사나 모두 웃어요.
영윤 학생다움의 기준이 없어요. 피어싱 하느라 신경 쓰는 시간보다 어른들과 싸우느라 뺏기는 시간이 더 많아요. 우리는 스스로 학생이라고 말한 적이 없는데 자기들이 우리를 학생이라고 만들어 놓고 학생다워야 한다고 해요.

영지 정말 이상한 건 초6까지 신경 안 쓰다가 갑자기 중1 되면 모든 게 안 돼요.

사회자 이런 거 외에 이상한 거 없어요?

수정 노래 틀어 주고 수행 평가 하는 거요. 느낌을 점수로 매기는 게 이상해요.

혁규 종 치면 교실에 앉아 있어야 되는 거.

주민 종 치면 앉아 있으라 하고 끝나는 시간은 자기 맘대로예요.

경수 교육청에서 전화 와서 늦었다 하면서, 우리한테 화풀이해요.

혜성 뭔가를 잘못했을 때 상황을 설명하면 오히려 화를 내요. 태어났을 때부터 곱슬인데, 엄마 뱃속에서 스팀 파마를 하고 나왔을 뿐인데……

산영 교복에 이름표 박아야 되는 거, 처음에는 옷 벗고 다니는 느낌이었는데 요즘엔 둔감해졌어요.

영윤 한 번에 복장, 신발, 명찰, 머리, 다 따로따로 검사해서 벌점이 5~6점씩 쌓여 10점이 넘으면 푸른 교실 가요.

사회자 '푸른 교실'이 뭐야?

영지 가면 껌 떼고 벌 받고.

혁규 삼청교육대 같은 곳이라던데ㅜ

유은 그러면서 선생님들이 옛날 얘기 하면서 지금은 좋아졌다고 해요.

사회자 좋은 선생님은 없어?

진영 정말 있었다면 학교가 이렇게 되지는 않았을 거야.

영윤 학교가 이 모양인 게 교사만의 잘못일까? 이런 데 저항하는 선생님도 있어요. 강 모 선생님이 있었는데 아이들을 학대하는 생활지도부 선생님을 인권위에 제소했어요.

영지 그건 좋은 사람이지, 좋은 교사는 아닌 것 같아. 그 사람도 다른 곳에서는 어떤 의미로든 아이들을 감시하고 억압해야 될 테니까. 진짜 좋은 사람이라면 교사가 되기 힘들 거야. 매일 누군가를 감시하고 혼내는 일을 해야 되니까.

주민 그럼 좋은 교사는 뭔데?

유은 직업으로서 교사 역할을 다하고 학생 편에 서 주면 좋은 교사지.

진영 난 교사가 직업으로 있는 게 이상한 것 같아. 교사가 직업적으로 하는 일이 시험 잘 치게 하고 나대지 않게 하고 이 학교라는 시스템을 잘 굴러가게 하는 일이잖아. 인권위에 신고한 교사도 내내 그런 일을 하다가 한 번 착한 일 한 거야.

혁규 근데 그게 다 교사 책임이야? 수준별 수업 하고 주입식 교육하고 그런 걸 강요받는 거잖아. 그리고 옛날보다 좋은 선생님 많아졌어. 옛날에는 선생님이 신이었는데 지금은 친구 같은 선생님도 많아. 어차피 공부를 해야 하는데 너무 떠들어서 따끔하게 혼내는 건 이해해야 돼. 그리고 교사가 통제하지 않으면 공부하고 싶은 애들이 피를 보니까 인간적으로 하는 데까지 하다가 매를 드시는 거야. EBS 강의도 들으시고 준비 많이 하신다구.

혜성	안 떠들게 하려면 억지로 잡아 두지 말아야 하는데 억지로 잡아 두는 게 문제야.
영윤	주입식 교육이나 수준별 수업을 하는 교사가 문제라면 그걸 조용히 받는 학생도 문제지.
진영	교사가 어쩔 수 없는 것은 이해하지만 '어쩔 수 없다'는 것이 합리화해 주지는 않아. 지하철에서 다섯 번 떠든다고 때리지는 않잖아. 그 교육을 받고 싶지 않은 아이들이 있는데, 그 교육 제도를 바꾸지 않으면서 아이들을 억압하는 것은 나빠.
영윤	수준별 수업으로 욕구가 다른 것을 해결할 수 있어.
혜성	수준별 교실에서 하반 애들을 억지로 공부시키긴 마찬가지야. 가둬 놓는 것 자체가 문제 아니야?
영윤	학생들보고 나가라 하면 애들이 안 나간다고.
진영	계속 학교에 다녀야 한다는 주입식 교육을 받아서 학교 밖으로 나가는 것에 대한 공포가 있어. 갈 데가 없고, 먹고살 길이 없어서 그런 거야.
혁규	공부를 하고 싶어 하는 아이들도 공부 자체를 좋아한다기보다 어른에게 인정받는 것이나 경쟁에서 이기는 것을 좋아하는 게 아닐까?
영윤	이 시기에는 괴롭지만 배워야 할 것이 있는 게 아닐까? 사회에서 살아가기 위해서 공부는 필요하다고 생각해. 다만 강제로 할 필요는 없는 거지.
진영	지금과 같은 시스템에서 공부를 할지, 안 할지 선택권을 준다 해도 공부를 해야 된다고 강요하는 사람들이 이기게 되어 있

어. 공부를 안 하는 사람이 많아지면 이 시스템은 무너질 거라고 생각해. 공부를 선택하지 않으면 죽는 거나 다름없는 상황이 되니까 공부를 선택할 수밖에 없는 거지. 진정한 선택이 아니야.

유은 공부는 어떻게, 무엇을 배우는가가 중요하다고 생각해. 사회에 나가서 '2차 방정식'을 쓰지 않는데 배워야 하는 게 이상해.

진영 공부는 단순히 배움의 문제가 아니라 결국 '권리'이자 '선택'의 문제가 되잖아. 공부를 포기하면 엄청난 사회적 박탈을 경험하게 되고 또 나이를 먹으면 공부할 수도 없고 말이야.

사회자 사실 초등학교 때 삶에서 필요한 모든 걸 다 배우는데 중·고등학교 6년 동안 하는 교육의 목적이 뭘까?

혜성 '포기하지 않는 사람이 이긴다'는 것을 보여 주는 것? 중·고등학교에서 배우는 것은 창의성 같은 것과는 관계가 없고 승패를 가리기 위해 배우는 것 같아.

경수 승자와 패자가 없는 것은 공산주의야.

진영 '패배'라고 말할 때 '패배'의 기준이 뭘까? 자기가 하는 일에 자부심이 있다면 행복한 것이 아닐까? 나는 '패배'했다고 생각하지 않는데 우리 부모들은 '패배'했다고 말해. 정확한 '패배'가 있다기보다는 '패배'에 대한 사회적인 시선이 있다고나 할까?

혁규 '사회주의', '공산주의'의 이상이 실현된 적은 별로 없지만 이런 현실을 당연하게 생각한다면 차별은 지속될 수밖에 없어.

경수 근데 우리가 이렇게 떠들어서 바뀌는 게 뭐야?

진영	"권력이 있다면 바꿀 수 있다"고 말하면서 "권력이 없으니까 그냥 이렇게 있자"는 건 좀 아닌 것 같아. '권력'을 인정해 주면 계속 이렇게 갈 수밖에 없는데……. 청소년은 쓸모없는 노동을 하면서 자신이 노예인 줄도 모르지. 이 학교라는 시스템에서 벗어나서 살 수도 있는 우리가 사실 이걸 선택하고 있는 거지.
경수	대부분의 사람들은 이 시스템을 벗어나 살 수 있는 용기가 없어.
혁규	나는 이 시스템 안에서 내 꿈을 찾았어. 스타일리스트가 될 건데, 청소년들이 자기 꿈을 찾지도 않으면서 이 사회를 탓하는 건 나쁜 것 같아.
사회자	모든 사람들이 처한 조건이 다르니까. 어떤 사람은 공부에, 어떤 사람은 알바에 매여 있기도 하고, '똑같은 교육을 받으면 똑같은 결과가 나온다'는 전제가 잘못된 걸 수도 있고. 이렇게 보면 교사란, 노예와 권력자 사이의 대리인 정도인데 이쯤에서 '교사'의 의견을 들어 볼까?
은성	초년병 때 엄청나게 쏟아부었는데 상처 많이 받았어요. 아이들에게 허용적으로 대해도 아이들은 존중해 주기보다는 "저 선생 만만해" 뭐 이런 식이고 허용해 주는 것 자체가 교장과 교감의 눈치를 볼 수밖에 없는 것이다 보니 잠깐 동안에도 마음이 천 갈래 만 갈래로 찢어져요. 그래서 자꾸 구조적인 문제를 생각하게 돼요. 이건 좋은 교사와 나쁜 학생, 또는 나쁜 교사와 좋은 학생 뭐 이런 개인적인 문제가 아니라는 생각을 하게 되었죠. 그래서 전교조에 가입해서 이렇게 활동하고 있는

데, 활동을 해도 일상은 일상대로 버티면서 살다 보니 좋은 교사가 아니라는 생각을 많이 해요. 저는 스스로 '간수'라고 인정하고 살아요. '좋은 교사'로 살기는 어렵다고 생각해요. 학생들을 '위한다'는 생각 때문에 죄책감이 생기는 것 같아요. 교사도 마찬가지지만 학생들도 스스로 나서서 해결해야 한다고 생각해요.

영선   저는 학교에서 굉장히 불행해요. 애들도 불행하니까 저도 이 정도는 불행해야 된다고 생각해요.

진영   아직 교사들은 죄책감을 벗어서는 안 돼요. '교사의 학교'와 '학생의 학교'는 굉장히 다르니까요.

사회자   교사가 학생들을 '세계'에 무관심하게 만들고, 학생들을 '교사'에게 의존하게 만들어요. 여기에 온 친구들도 결국 학교 선생님에게 의존하고 있잖아요. 이 자리에 온 것도 선생님들이 한번 오라고 한 거니까 와 본 것 아니에요?

주민   '좋은 교사'는 없어요. 억지로 공부를 가르치는 건 나쁘죠. 우리를 위하는 척하면서 자기네들끼리 잘 지내고, 학생들을 이렇게 만드는 게 자기네들이면서 마음에 안 들면 바꾸라고 하고.

산영   어떤 사람들은 우리 위해 주는 척하고 뒤에서 편먹고 교사 편들어요. 그래도 여기 온 교사가 상대적으로 좋은 교사인 것 같아요.

영선   저도 그런 생각 많이 해요. 시스템 안에서 상대적으로 좋은 교사로 머무르려고 하느냐, 시스템을 붕괴시키거나 그 밖으로 나가려 하느냐 늘 고민을 해요. 영화 〈매트릭스〉에 나오는 '네

오'처럼 시스템을 붕괴시키려고 하지만 알고 보면 시스템의 오류를 조금씩 수정하면서 체제를 영속시키는지도 모르죠. 교육을 개혁하려는 운동이 없었다면 공교육 자체가 훨씬 일찍 더 많이, 빠른 속도로 망가졌을지도 모르죠. 그러면 더 비참해졌을까? 아니면 새로운 체제가 생겨났을까?

2008년 10월

2부

학생들의 목소리를 공부하자

일반고 교사인 나는 학생들에게
자사고·특목고 폐지에 대한 의견을 물었다.
학생들이 당연히 찬성 의견을 낼 것이라고
예상했지만, 아니었다. 학생들은 침묵을
지켰다. 나는 조심스럽게 다시 물었다.
"왜 별…… 관심 없……어?" 용기를 낸
한 친구가 말했다. "당연히 없어졌으면 좋겠죠.
저는 그냥 중학교를 졸업해 근처 고등학교에
온 건데, 괜히 2등 시민 된 거 같고, 대학은
다 간 거 같고……. 근데 저도 (자사고)
시험 봤다가 떨어졌거든요. 실력으로든
돈으로든 다닐 능력이 없으니까 배 아파서
하는 소리라고 할 거 같아요."

아이들의 꿈을
응원해 줄 수 있을까?

중간고사 성적표가 나오고 난 후 성적표 일기를 쓰게 했다. 보통은 부모님께 사인을 받아 오라고 하지만, 왠지 그게 '한번 혼나고 와라' 하는 의미밖에는 없는 것 같아서 아이들이 스스로 자신의 성적표를 분석하게 해보고 싶었다. 항목은 대단하지 않다.

전체적으로 본다면?
- 시험 보기 전 자신의 기대와 비슷하게 나왔는지 안 나왔는지
- 중학교 때에 비해서는 어떤지
- 왜 그렇게 나온 것 같은지

과목별로 본다면?
- 잘했다면 무엇 때문인지

(　　　) 과목에서
1. 중학교 때보다 공부를 더 많이 해서
2. 수업 시간에 집중도가 더 높아져서
3. 기타 (　　　)
• 잘 안 되었다면 무엇이 안 되었는지
(　　　) 과목에서
1. 기초 실력이 부족해서
2. 평소에 공부를 안 하고 당일치기를 해서
3. 특별한 일이 있어서 (연애, 집안일 등)
4. 기타 (　　　)

자신의 진로와 지금 성적이 사이가 좋은지 안 좋은지
• 안 좋다면 진로를 바꿀까? 성적을 올릴까? 대책은?

나 자신을 격려하고 위로하는 말 - 나의 장점 10가지

　　그냥 막연히 좋은 대학 가면 되지 하는 아이들의 마음을 진로와 함께 좀 더 구체적으로 고민하게 하고 싶었고, 성적표가 자신을 속상하게 하는 그 무엇이 아니라 그냥 숫자로 보이게 하고 싶은 마음도 있었다. 대부분 아이들의 반응은 후회와 자책으로 가득했다. 우리 반은 다른 반보다 학습 열기가 높은 편인데, 그런 만큼 중학교 때보다 좋지 않은 성적 때문에 많이 좌절하고 있었고, 대부분의 책임을 중학교 때처럼 당일치기를 하려 했던 자기 자신에게 돌리고 있었다.

삐삐 핑계라고 대기도 뭣하지만 학기 초라 정신없이 놀았던 것 같다. 그래서 시험을 늦게 준비하게 되었다. 기대도 안 했지만, 막상 거지 같은 점수와 등수를 보니 뭔가 씁쓰름했다. 점수와 등수 모두 중학교 때보다 떨어졌다. 이유는 중학교 때처럼 벼락치기를 했기 때문인 것 같다. 습관은 정말 무서운 것 같다. 3월에 처음엔 새로운 맘으로 잘하다가 4월쯤 되니 느슨해지고 친구도 사귀고 공부와는 조금 멀어졌다. 중3 겨울 방학에 고1 되면 공부 열심히 해야겠다고 다짐했지만 오히려 더 안 하게 되고 하기 싫어졌다.

수업 시간 집중도는 옛날이나 지금이나 비슷한 것 같다. 전체적으로 다 잘 못 봤지만 내가 기초 실력이 부족해서는 아닌 것 같다.

나의 꿈은 수학 선생님이나 간호사다. 성적이 더 좋다면 약사도 하고 싶다. 꿈과 나의 성적은 매우!! 매우!!! 사이가 좋지 않다. 지금 성적으로는 막노동밖에 못 한다. 무조건 성적을 많이 많이 올려야 한다.

나의 장점은 잘 웃는 것, 밥 잘 먹는 것, 활발한 성격, 웃긴 말 잘하기 등등. 잘 생각이 안 난다.

캔디 저는 시험 보기 전 저의 기대와 비슷하게 나온 과목도 있고 그렇지 않은 과목도 있습니다. 중학교 때에 비해서는 확실히 많이 떨어졌습니다. 제가 공부를 안 한 만큼이겠지만 그래도 왠지 제 자신에게 서운한 마음이 듭니다. 제일 점수가 낮은 과목은 기술·가정입니다. 그리고 저는 제가 하고 싶은 일과 진로가 무엇인지 잘 모르겠습니다. 그냥 하고 싶은 것은 사진 작가지만(사진 찍는 것이 좋아서), 현실적으로 부족한 성적이지만 의사가 되었으면 좋겠습니다. 그러므로 성적을 올려야겠지요.
아 파이팅!

저의 성적 외에 나의 장점 10가지는 잘 웃는 것, 잘 먹는 것, 끈기 있는 것, 낙천적인 것, 화나도 금방 풀리는 것, 그리고 별로 장점이 없는 것 같습니다.

나나 시험 보기 전 기대도 안 했는데, 그 낮은 기대보다도 안 나왔다. 왜냐하면 시험이 어려웠고, 공부도 안 했고 고딩 올라와서 처음으로 시험 본 거라 잘 본 과목은 도덕ㅋㅋ. 중딩 때보다 늦게까지, 새벽 3~4시까지 했는데 성적은 안 올랐다. 국사, 수학, 과학 빼고는 집중을 했다. 수학, 영어의 기초 실력이 많이 부족한 것 같다. 나는 미용 쪽 일을 원한다. 근데 정말 좋은 대학을 가려면 지금 성적으로는 안 된다. 성적이 안 좋지만 진로를 바꿀 생각은 없다. 성적을 올려야 한다.
아, 괜찮아!! 다음이 있잖아. 노력하자.

1. 만들기를 잘한다. 2. 꼬마 아이를 잘 돌본다. 3. 코디를 잘한다. 4. 춤 쪼끔 춘다. 5. 쪼끔 착하다. 6. 어른들 말씀 잘 듣는다. 7. 고민 상담 잘해 준다. 8. 요리를 쪼끔 할 줄 안다. 9. 상상력이 풍부하다. 10. 한자리에서 어떠한 일을 계속할 수 있다.

꿈과 성적 사이, 그 아득한 거리

삐삐와 캔디는 성적이 반에서 중간 정도이고, 나나는 바닥권이다. 삐삐는 수학 교사나 간호사가 되고 싶다고 했지만, 실은 예술적인 에너지가 넘치는 아이다. 목소리가 매우 크고 친구들을 아주 창의적인 방법으로 웃긴다. 나는 이 아이가 학교나 병원 같은 곳에서 잘 적응할 수 있을지 걱정이 된다. 더 걱정이 되는 것은 수학 교사나 간호사가 되려면 3년 안에 성적을 엄청나게 올려야 하는데, 그 스트레스를 삐삐가 견뎌 낼 수 있을까 하는 점이다.

캔디 역시 그림에 재주가 있고, 독특한 각도로 사진을 찍기 때문에 그 아이에게 사진을 맡기면 재미있는 사진이 많이 나온다. 그런데 갑자기 의사라니. 사진작가와 의사 사이에 어떤 연관성이 있을까? 물론 텔레비전에 나오는 것처럼 낮에는 의사로 일하고 취미로 사진을 찍겠다는 그런 그림을 그리고 있겠지만, 사실 먹고사는 일만 하기에도 힘든 세상이라는 걸 우리는 다 알지 않는가? 그리고 지금 캔디 성적으로 의대에 가려면 쉬는 시간에 그림 그리고 친구들과 웃고 떠들며 지내는 지금의 생활 습관에서 단어장만 보는 독한 아이로 거듭나야 한다. 그래야 꿈이라도 조금 꿔 볼 수 있을까?

나나는 고등학교에 입학할 때부터 직업반에 대해 질문을 했던 아이다. 그 누구보다 성실하지만 성적이 받쳐 주지를 않는다. 직업반을 염두에 두고 지금 학교에서 개설한 자격증 반에서 메이크업을 배우고 있다. 사실 공부가 아니라면 스트레스 받을 일이 없는 아이인데, 인정받는 미용사가 되려면 대학을 가야 한다고 생각해서 공부 때문에 스트레스를 받고 있다.

결국 내가 이 아이들과 진로에 관한 면담을 한다면 삐삐와 캔디에게는 진로를 바꾸는 게 낫겠다고 말할 것이고, 나나에게는 미용 일을 하는데 대학에 꼭 가야 할까 질문을 하게 될 것 같다.

내 짝꿍 선생님은 그렇게 객관적인 숫자로만 보게 하기에 '자신의 진로와 지금 성적의 사이가 좋은지, 안 좋은지'는 너무 치명적이지 않냐고 물으셨다. 성적표 일기를 쓰게 한 나의 의도는 아이들이 자신의 상황을 객관적으로 점검해 보도록 하려는 것이었는데 결국 면담 결과는 성적과 숫자로 끝나게 된다는 것이다.

여기에 일일이 소개하지 않았지만 대부분의 아이들이 교사, 간호사, 공무원, 의사를 선호한다. 물론 진정으로 그 일을 하고 싶다기보다는 '그럭저럭 먹고살 수 있는 정도'의 안정적인 직업을 원하는 것이다. 물론 너무너무 의사가 되고 싶은 아이도 있다. 그런데 성적이 안 된다면 더 큰 비극이다. 자신의 적성을 능력이 따라 주지 못하는 상황이니 말이다. 그런 직업을 가질 수 있으려면 우리 학교에서 최소한 전교 30등 안에는 들어야 한다. 반에서 1, 2등 해야 된다는 이야기다.

이런 직업과 관련 없이 남에게 명함을 내밀 수 있는 '인 서울'에 가는 아이는 한 반에 5~6명 정도다. 나머지 30명은 결국 자기가 도달할 수도 없고 그렇게 원하지도 않는 꿈을 위해 대학 입시에 전념하는 것이다. 그러다 지방대나 전문대까지 어디든 꾸역꾸역 대학에 들어가고 나서 학벌 세탁을 하거나, 학벌이 등록금의 값어치를 하지 못할 때 학교를 관두고 집안 형편이 어려운 아이들은 마트, 주유소, 패스트푸드점에서 비정규직으로 사회생활을 시작하고 집안 형편이 좀 되는 아이들은 공시족(공무원 시험 준비생)이 된다.

맷집 강한 당당한 아이들을 꿈꾼다

이런 상황에서 사실 자기 꿈을 아는 것은 더 큰 절망이 될 수도 있다. 사진작가가 꿈인데 사진작가로 사는 것도 사실 비정규직 프리랜서의 삶이고, 그렇다고 의사를 하자니 능력이 따라 주지 않는다. 노력을 밑천으로 입시에 배팅을 하지만 상대 평가 시스템에서 노력으로 상승할 수 있는 확률은 그리 높지 않다. 다른 애들이 놀 때 공부하면서 약간의 왕따 생활을 감수해야만 조금 길이 보이는 것이다. 자신의 꿈도 모른 채 그저 안정적인 직업을 택한다고 아이들을 한심하게 여기지만 꿈을 알게 된들, 안정적으로 먹고살 수 있는 직업의 숫자가 줄어만 가니 그 꿈을 선택할 수 없는 게 현실인 것이다.

그래서 나는 아이들이 자신의 진정한 꿈을 알고 그것을 실현하려 할 때 동시에 느껴야 할 절망감에 가슴이 먹먹해진다. 자신이 하고 싶은 것을 알아내는 것 자체가 80 대 20 사회의 실체를 알아 가는 과정이자 무기력에 빠지는 과정이 될 수 있기 때문이다. 물론 그 과정에서 이렇게 하나 저렇게 하나 확률이 적기는 마찬가지니, 맷집이라도 기르자며 용감한 선택을 하는 아이들이 생겨나기를 바란다. 자기가 하고 싶은 일을 하며 비정규직의 삶을 받아들이는 아이들 말이다. 그런 맷집을 기르려면 아이들에게 진로교육보다는 노동교육을 해야 할 것 같다. 하고 싶은 일을 하며 아르바이트로 먹고살든, 자기의 꿈에 관계없이 비정규직으로 사회생활을 시작하든, 인간으로서 존중받아야 할 자신의 노동의 소중함과 그에 대한 정당한 대가를 요구할 수 있도록 말이다.

2008년 6월

가르쳤던 학생 유○○가 그린 캐리커처.
만화를 배우는 특성화 고등학교에 가고 싶었지만 부모님의 반대에 부딪혀 인문계 고등학교에 와서 교실에 말없이 박혀 있다. 하지만 풍물을 열심히 하며 만화 그리는 것을 좋아하고 즐긴다. 어른들이 바라는 희망과 비전 따위로 포장하지 않은 〈나는 잉여다〉라는 멋진 자서전을 써서 나를 놀라게 했던 이 친구가 어느 날 내 사진을 찍어 가더니 이렇게 멋지게 그려 주었다.

"학교 오는 시간이
너무 아까워요"

　　　　　나는 수업 시간에 학생들에게 돌아가면서 '수업일기'를 쓰게 한다. 그 수업 시간에 일어난 일들이나 수업 시간에 생각했던 것을 일기로 쓰는 것이다. 그리고 다음 수업을 시작하기 전에 수업일기를 읽고 수업을 시작한다. 한 학기에 한 번이라도 그 아이가 내 수업을 어떻게 이해하는지 유일하게 알 수 있는 기회이기에 나는 11년째 수업일기를 쓰게 한다.

　　　　　지난해 수업 시간 내내 거의 엎드려 자는 학생이 있었다. 그 학생이 수업일기를 쓸 차례가 되었을 때 나는 내심 불편한 마음을 다스리려 애썼다. 그 학생은 그 전에도 계속 잤고, 자신이 일기를 쓸 차례일 때도 잤으니 일기를 제대로 쓸 리가 없다고 생각했기 때문이다. 그런데 그 학생이 이런 일기를 썼다.

　　　　　선생님은 오늘도 똑같이 "인사하겠습니다"라는 말과 인사로 우렁차게 수업을 시작하였다. 오늘 '논술 쓰는 방법'에 대해 수업을 했다. 아니 그런 것 같다. 내가 그 수업을 '열심히 들었다'라고 쓰면 거짓말이다. 나는 여느 때와 마찬가지로 수업 시간에 잤다. 하지만 선생님은 수업 시간에 잘 웃으신다. 웃으면서 수업을 하시기 때문에 나는 좋은 기를 받으며 잘 수 있었다.

나는 학교에 오는 시간이 무척 아깝다. 배우고 싶지도 않은 것을 억지로 들으면서 앉아 있어야 하기 때문이다. 내 생각에 나는 대학을 갈 수 있을 것 같지도 않다. '인 서울' 대학에 가지 않으면 사실 대학 갈 필요도 없다. 엄마는 아무 데라도 들어가라 하지만, 멀리 가 봤자 돈만 들고 졸업장 딴 보람도 없다. 우리 반에서 '인 서울' 대학 갈 수 있는 애는 한둘이다. 나는 죽었다 깨도 거기에 못 갈 것이다. 근데 내가 왜 학교에 다녀야 할까? 아침부터 교문에서 선도부 때문에 스트레스 받으면서 들어와 왜 듣고 싶지도 않은 수업을 주구장창 들으면서 시간을 죽여야 할까? 고등학교 졸업장은 따야 된다고 하는데, 정말 학교에서 버리는 시간이 너무 아깝다.

학교에서 잠자는 아이들

이 수업일기를 보고 무척 놀랐다. 이 아이가 생각을 하는 살아 있는 존재였다는 사실을 새삼스레 깨달은 것이다. 나에게 이 아이는 거의 그 반의 '가구' 같은 존재였다. 처음엔 그 아이를 깨워 봤지만 몇 분 지나지 않아 다시 쓰러졌다. 화장실을 다녀오라 해도 다녀와서 다시 쓰러졌다. 아이들도 원래 모든 시간에 자는 아이니 신경을 끄시라고 말했다. 수업이 끝나는 종이 울려도 일어날 줄 모르고, 아이들 말에 따르면 점심시간에는 일어나 식당에 가는데, 갔다 오면 다시 잠이 든다고 했다.

나는 사실 그 아이에게 똑같은 말을 하고 싶었다. 이렇게 중요한 시기에 학교에 와서 잠만 자면 어떻게 하냐고. 너희 부모님은 네가 이렇게 학교에 와서 자는 걸 알고 계시냐고. 그런데 그 아이는 이미 알고 있었다. 매일 자기의 소중한 시간이 흘러가고 있다는 것을 누구보다도 절실하게 느끼고 있었다. 이 아이가 잠을 자는 것은 그냥 졸려서가 아니라 어떤 집요한 '선택'이라는 생각마저 들었다. 자기가 배우고 싶은 것을 가르치는 것이 아니라 입시에 나오는 것만 가르치는, 그래서 입시에 관심이 없는 자기와 같은 사람에게는 필요 없는 수업에 대한 일종의 준법 투쟁.

수업 시간에 자는 행위는 올바르진 않지만 타인에게 피해를 주지 않기에 유일하게 용인되는 행위다. 그래서 학생들은 수업을 거부하고 싶을 때 잠을 잔다. 수업을 시작할 때는 그래도 잠에서 깬다. 그러다 선생님이 어떤 수업을 준비해 왔는지 간을 보고, 수행 평가에 들어가거나 재밌어 보이거나 쉬워서 할 만해 보이면 조금 관심을 보인다. 수업 내용이 너무 어렵거나 들을 필요를 못 느끼면 쓰러지기 시작한다. 상습적으로 자는 학생들도 최소한 어떤 흐름으로 수업이 진행되는지는 알고 있다. 하지만 그들은 자는 척한다. 아무도 건드리지 않는 어떤 상태로 가기 위해서. 그리고 그들이 의미 있다고 생각하는 활동을 하는 시간에 자신의 에너지를 쓴다. 어른들이 늘 뭐라고 하는 친구들과 돌아다니는 시간, 사실 그 시간에 에너지를 쓰기 위해 다른 시간에는 에너지를 비축한다.

학교와 아이들이 벌이는 시간 투쟁

인간은 누구나 자기가 소외되지 않고 의미 있게 시간을 보내기를 바란다. 노동 시간 단축을 외치는 것도 의미 없는 노동 시간을 줄이고 창의적인 노동, 즐거움과 함께하는 소외되지 않는 시간을 얻기 위해서다. 노동의 '시간'을 둘러싸고 자본과 투쟁한 역사가 곧 노동운동의 역사이고, 하루 8시간 노동을 쟁취한 것이 노동절의 기원이 아닌가?

아이들 역시 마찬가지다. 대부분의 시간을 보내는 학교에서 개성을 표현하고, 친구들과 추억을 쌓고, 배우고 싶은 것을 배우기를 원한다. 학교가 그런 것을 제공하지 못하거나 자기를 소외시키는 입시 위주 학습 노동을 강요할 때는 그것을 거부한다. 억지로 무의미한 것을 듣느니, 휴대전화를 만지작거리며 재미라도 찾고, 잠이라도 청해 휴식을 청한다. 이 전쟁은 방과 후에도 멈추지 않는다. 야간 학습을 강제로 하는 학교는 땡땡이치는 학생들과 전쟁을 벌인다. 학교는 아이들에게 그들이 동의하지 않는 '야근'을 강제하기 위해 호통치고 아이들은 자신의 시간을 되찾기 위해 골몰한다.

학생들 중 포토샵 등을 다루는 아이들은 처방전이나 학부모 확인증을 만들어 주는 '흥신소'를 차리기도 한다. 야간 학습을 강제하지 않는 학교에 다니는 아이들은 자신들을 불러들이는 학원과 전쟁을 한다. 그들은 불러들이는 곳과 전쟁하기 위해 아프기도 하고, 부모님께 큰일이 생기기도 하고, 할머니가 아프시기도 하다. 아이들은 오늘도 '시간'을 둘러싼 치열한 투쟁을 하고 있다. 학교는 아이들의 이 투쟁에 어떤 대답을 하고 있을까. 아니, 이 사회는 아이들의 신호에 어떤 대답을 준비하고 있을까.

2011년 3월

아이들로부터
진실을 배운다

나는 1년에 한 번 정도는 토론 수업을 한다. 그나마 아이들의 목소리를 듣는 일을 합법적으로 할 수 있는 통로이기 때문이다. 또 학교 수업에서 토론 수업을 처음 접해 보는 아이들은 토론 수업을 하고 나면 만족스러워하고 나도 평소에 들을 수 없었던 아이들의 목소리를 들을 수 있다.

청소년이 '사랑'해도 될까?

민철 사람들은 연애를 하면 성적이 떨어진다고 하는데, 연애는 삶에 활력소가 됩니다. 그러므로 공부도 잘할 수 있습니다.
규민 이성 교제 하는 시간이 아깝습니다. 학창 시절엔 공부를 해야지 무슨 연애입니까? 그리고 돈도 많이 듭니다.
민철 연애를 하면서 도움이 되는 점도 많기 때문에 그만한 가치가 있습니다. 예를 들어, 연애를 하다 보면 이성이 어떤 성격을 가졌는지, 어떻게 대해야 하는지 그런 것을 배울 수 있습니다.

규민　사람과의 관계는 다른 관계에서 배우면 됩니다.

정식　제가 원래 개자식이었는데 여자 만나고 나서 인간 됐습니다. 이성 교제도 공부만큼 중요합니다.

규민　이성 교제를 하다 보면 미혼모가 생깁니다.

준효　이성 교제 한다고 다 애가 생기는 것도 아니고 피임 기구를 잘 사용하면 됩니다.

상오　피임 기구도 100퍼센트 임신을 막을 수 없습니다.

찬기　임신을 해서 인생을 망치는 사람은 소수입니다.

민수　지금은 임신하면 수술하거나, 아이를 낳아도 어디 보내야 되고, 인생 망하는 사람이 대부분입니다.

민규　나라에서 미혼모들을 위한 시설을 많이 만들면 됩니다.

상오　미혼모를 위한 시설을 많이 만들면 돈이 많이 들고요. 무책임하게 애를 낳은 것도 국가가 책임져야 합니까?

찬기　서로 사랑해서 애를 낳은 게 왜 무책임합니까? 사랑해서 낳은 거면 무책임한 게 아닙니다. 애 키우는 것만 국가에서 도와주면 됩니다.

정재　그렇습니다. 요즘 저출산 때문에 말이 많은데 국가가 키워 주면 저출산 문제도 해결됩니다.

민규　청소년이 서로 사랑하는 걸 이상한 눈으로 보니까 애들도 자꾸 이상한 짓을 하는 겁니다. 이상한 눈으로 보지 맙시다.

청소년이 담배 피워도 될까?

선민 내 몸이 나빠지는데 뭐가 문제입니까?

해철 자기 몸은 상관없지만 간접흡연으로 남에게 피해가 갑니다.

선민 학교에 흡연실을 만들면 됩니다.

동범 학교는 교육 시설이 필요한 곳인데 교육에 도움이 되지 않습니다. 돈만 낭비입니다.

선민 교실 뒤에 서 있는 책상(졸거나 떠드는 아이들을 위한 일종의 '생각하는 의자') 살 돈으로 흡연실 만들면 됩니다.

지한 흡연실 만든다는 건 담배를 계속 피우는 걸 허용한다는 것인데, 본인 말고도 가족들이나 주위 사람들에게도 피해가 갑니다.

선민 건강은 운동으로 미리 챙기면 됩니다. 담배랑 상관없습니다.

요한 미국의 연구 결과에 따르면 18세 이하의 흡연이 건강에 더 치명적입니다.

해철 흡연도 대물림이라 조사 결과 부모가 담배를 피우면 자식도 피우는데, 나중에 자식이 담배 피우면 좋겠습니까?

선민 대물림의 영향보다는 친구를 잘못 만난 것일 확률이 높습니다.

동범 자기가 결정하는 것이라면서요? 결국 친구 말만 듣고 겉멋으로 피우는 것 아닙니까? 자식이 피운다면 가만있을 겁니까?

병기 자기 몸 나빠지는 거죠. 제 자식도 자기 몸은 자기 거라고 생각합니다.

선민 친구가 담배를 권하는 것을 듣고 그 말을 들을까 말까 결정하는 것도 자기 결정입니다. 성인들은 규제 안 하면서 애들만 규제하는 건 차별입니다.

해철 밖에서 피우면 뭐라고 안 하는데 학교에서 피워서 왜 남에게 피해를 줍니까?

병기 학교에서 선생님들도 피웁니다.

해철 그건 잘못하시는 선생님들이고 학교에서는 모두 피울 수 없습니다. 그리고 선생님들은 성인입니다.

민식 나이의 규제가 없다면 애들도 사탕 빨듯이 담배를 피울 것입니다.

창희 콜라 등의 청량음료, 커피 등 몸에 안 좋은 게 정말 많은데 흡연만 규제하는 게 말이 안 됩니다. 피시방 청소년 출입은 시간이 정해져 있는데 왜 흡연만 담배를 사지도 못하게 완벽히 규제합니까?

진혁 규제를 하는데도 청소년 흡연이 이렇게 늘어나는데, 규제를 안 하면 어떻게 되겠습니까?

해철 청소년은 공부하는 시기입니다.

병기 청소년은 성장하는 시기입니다. 그리고 흡연으로 공부하면서 쌓인 스트레스를 푸는 겁니다.

동범 다르게 스트레스를 푸는 방법도 있는데 스트레스를 푼다고 담배나 술을 하는 건 건강만 해치게 됩니다.

병기 스트레스를 푸는 방식은 개인이 선택하는 것입니다. 질풍노도의 시기이므로 학교에서도 너그럽게 이해해야 됩니다.

수준별은 '수준'을 배려한 것인가?

수영 우리 모둠은 수준별 수업에 찬성한다. 왜냐면 이해도나 난이도를 조절할 수 있어 실력이 향상되기 때문이다. 수준별 수업을 안 하면 산만하고, 공부 흥미도 떨어질 수 있다. 공통반에서는 수업에 참여하지 않으려고 하는 학생들이 수업 분위기를 떨어뜨릴 수 있는데, 수준별로 하면 수업 분위기가 좋아지고 실력이 향상된다.

미영 우리 모둠은 반대한다. 수준별 이동 수업은 단순히 성적으로 수준을 나누고 차별 교육을 하는 불평등한 교육이고, 우열반은 열등감을 조장할 수 있다.

혜영 수준이 다른 학생들이 같이 수업하면 오히려 더 수업하기 힘들다. 낮은 반에서는 열등감이 생기기보다 오히려 동기 부여가 되고 능률이 오른다.

유리 상반 학생이 하반 학생을 공부 못한다고 무시하게 되고, 그러면 하반 학생은 자신감이 줄고 공부에 대한 흥미가 줄 것이다.

은혜 낮은 반이라고 해서 열등감을 느끼기보다는 같은 반에서 이해도가 떨어지는 것이 더 열등감을 느낄 수 있다. 그리고 공통 반에서 수업을 하면 공부를 안 하는 학생이 공부를 하려는 학생을 방해하게 된다.

유리 수준별 수업의 효율성이 당초 계획과 달리 낮게 나타났다는 연구 결과가 있다. 수준별 수업을 실시한 학교와 시행하지 않은 학교의 성적 차이가 거의 나지 않았다. 효과가 없다.

미영 수준별 수업을 하게 되면 공정한 교육에서 벗어나는 것이 아닌가 생각된다. 왜냐하면 반이 나눠짐으로써 수업 방식 또한 차이가 생기고 아이들이 공정한 교육을 받지 못하게 된다.

은혜 획일적인 수업으로 인해 교육 내용을 한 가지 방법으로 전달하게 된다. 미국이나 일본 등도 수준별 교육을 추진하고 있고, 이것이 세계적인 동향이다. 학생들 개개인의 수준 차이와 학습자의 수준에 적합한 교육 내용이 제공될 때 가장 효과적이다. 차별이라고 볼 수 없다.

지선 차별이 아니라고 했는데, 광주 일부 중학교에서 학생 수준에 따라 교사의 질을 다르게 편성했다. 이건 차별이다.

수영 그런 차별은 일부 학교의 이야기다. 지금 우리 학교만 해도 선생님들이 학기마다 교체된다.

지선 작년에 수준별 수업을 한 A반을 보면 높은 점수가 90점대이고 낮은 점수가 40점대였다. 이렇게 한 반에서 점수 차이가 크게 나면 아무 효과가 없을 것이다.

유진 모든 학생이 똑같은 수업을 받는다고 해서 모두 같은 효과가 있는 것은 아니다. 8모둠에서 소수 학생의 점수가 오른다고 했는데, 그럼 수준별 수업으로 인해 소수의 학생이 성적이 오른다면 그건 효과가 있는 것이 아닌가?

은지 찬성 쪽 의견을 보면 수업 분위기가 좋아진다고 했는데, 작년 수업을 얘기해 보면, 수업 분위기가 B반 같은 경우는 교사도 포기하고 애들 또한 포기하고 수업을 듣지 않는 상태였다. C반 역시 수업을 안 듣고 잡담하는 친구들이 많았다.

수라 우리 학교만 해도 교사들이 낮은 반을 무시하고 차별한다.

혜영 수업을 안 하고 잡담하는 친구가 있다고 했는데 그것은 개인의 의지 문제지 수준별 수업의 문제는 아니다.

미영 개인의 의지 문제라면 수준별 수업을 하지 않을 때에도 상위권 학생들이 수업 분위기와 상관없이 열심히 할 수 있을 텐데 왜 굳이 수준별 수업을 하려고 하는지 모르겠다. 상위권 학생이 효과가 있으면 좋은 것이 아니냐고 했는데, 하위권 학생은 점점 성적이 떨어지니 더 안 좋다. 내가 작년에 수학 60점이었는데, A반이었다. 이런 수준 차이에도 A반을 배정받으니 솔직히 효과가 없다고 생각한다.

지선 수준별 수업으로 인해 공부를 잘하는 친구끼리 친해지고, 공부를 못

하는 친구끼리 친해질 수 있다. 또한 수준별 수업을 하지 않는다면 공부의 수준이 섞여서, 공부를 못하는 친구가 잘하는 친구에게 배울 수 있다.

지민 공부를 잘하는 아이들의 학습에 방해를 줄 수 있다.

지연 공부를 못하는 아이도 공부를 잘하는 아이에게 가르쳐 줄 것이 있으며, 공부를 잘하는 아이도 못하는 아이에게 공부를 가르쳐 주면서 복습을 할 수 있는 기회가 될 것이다.

지민 학교는 공부하러 오는 곳이지 친구 사귀러 오는 곳이 아니다.

지은 학교는 공부만 하러 오는 곳이 아니다. 또 공통 수업 때 못 한 질문은 수준별 수업 때 할 수 있다고 했는데, 공통 수업 때 질문 안 하는 애들이 수준별 수업이라고 질문하지 않는다.

혜영 공통 수업을 하게 되면 낮은 수준에 맞춰 수업을 하게 되므로 하향 평준화가 되어 수업의 질이 낮아진다. 그러면 공교육이 부실해져 사교육비가 더 늘 것이다.

유리 사교육비는 오히려 수준별로 인해 더 든다. 왜냐면 하반 학생들이 수준을 올려 상반으로 올라가려 하기 때문이다.

은혜 어차피 수능이란 시험으로 대학에 진학하는데, 이걸 대비하기 위해 수준별 수업으로 자신의 수준을 알 수 있고, 경쟁을 일으켰을 때 더 효과가 크다.

미영 경제협력개발기구에서 발표한 학업 성취도 연구 결과에 따르면, 성적이 다양한 학생들을 모아 놓고 수업할 때 오히려 학업 성취도가 올라간다.

유리 수준별을 해야 경쟁 의식이 든다 했는데, 우리 쪽 생각은 오히려 하위권이 더 부담되고, 학업 성취도도 오르지 않을 것이라는 거다.

두비 잘했던 학생을 하위반으로 보내고 못했던 학생을 상위반으로 편성했더니 하위반이었던 학생이 오히려 성적이 더 오르고 원래 상위반이었던 학생은 성적이 떨어졌다.

수민 카이스트 자살 사건만 해도 차별화 교육으로 인해 등록금 차등 지급이나 장학금 등 하위권 학생들이 보충 수업을 더 많이 하면서 지나치게 경쟁이 과열돼 이런 부정적 효과를 낳았다.

세라 카이스트 자살 얘기는 등록금으로 경쟁이 과열된 경우이고, 수준별은 지나친 경쟁 교육이 아니다. 그리고 입시 제도가 바뀌지 않은 상황에서 수준별 교육을 먼저 바꾸는 것은 잘못된 것이다. 지금 상황에서 수준별 교육은 필요하다.

유나 못하는 학생들을 더 주눅 들게 하고 공부에 흥미를 잃게 만들므로 수준별 수업이 공평하지 않다고 생각하여 수준별 수업에 반대한다.

청소년은 어떤 복지 사회를 원할까?

현민 우리에게는 평등한 사회가 필요하다. 복지의 사각지대에 있는 사람들을 위해 더 필요하다.

수영 선별 복지가 여론의 지지를 더 많이 얻고 있다. 저소득층이 오히려 선별 복지를 더 원하고 있다. 그 이유는 무상 복지를 하려면 세금이 늘어날 수 있기 때문이다.

지연 세금이 늘어날 수 있다고 하는데, 시에서 무상 급식 반대하는 데 쓰는 광고 비용이 더 많다. 쓸데없는 예산을 감축하면 재원 마련이 가능하다.

지선 다른 나라는 복지 예산이 전체 예산의 10퍼센트가 넘는데, 우리나라는

10퍼센트도 안 된다. 세금 인상 없이 현실성이 없다.

현민 세금을 많이 내게 되는 건 맞지만, 삶의 질을 높일 뿐만 아니라 국가의 이익을 봐야 한다고 생각한다. 장기적인 사회 안정을 생각하면 필요한 예산이라고 본다.

정희 나라의 안정을 생각해서 말하는 건데, 우리나라는 빈부 격차가 크다고 느낀다. 저소득층에 더 집중하는 선별적인 복지가 필요하다. 잘사는 사람도 지원하는 것은 현실적으로 빈부 격차를 그대로 유지하는 일이라고 생각한다.

지연 부모가 부자지 자식이 부자는 아니다. 무상 복지는 누구나 다 받아야 할 권리다.

나영 정부가 부자들에게 세금을 더 걷으면 된다.

한민 부모님이 급식비를 내는 것이기에 아빠가 부자면 학생도 부자다. 부자에게 급식비를 안 거둬 급식비가 남으면 자녀 교육에 투자한다. 그리고 고소득층은 탈세를 잘하기 때문에 정부가 세금을 걷으려고 해도 이리저리 안 낼 확률이 높다. 2,500원짜리 급식 먹겠다고 몇십억씩 세금을 더 내겠는가? 내가 부자여도 그렇게 안 할 것이다.

지연 그건 부분만 가지고 전체를 보는 것이고, 복지 혜택은 모두에게 줘야 한다. 특히 증명서가 없는 차상위 계층에게는 꼭 필요하다. 스웨덴은 부모들의 삶의 질이 좋아서 자식들에게도 가난이 대물림되는 일이 없어서 좋다.

지선 스웨덴은 우리나라보다 세금이 2배 더 많다. 결론은 스웨덴과 우리나라는 정부 재원이 많이 차이 난다.

나영 지금은 개발보다는 복지가 먼저라고 생각하고 제도를 바꿔 나가면 된다. 우리가 흔히 알고 있는 건강 보험처럼 급식 보험을 시행하여 소득 수준대로 보험료를 내고 무상 급식을 하면 된다.
현민 저출산 문제를 해결하기 위해서라도 무상 복지가 되어야 한다. 저출산은 안 낳는 사람의 문제가 아니라 모든 소득층에 있는 사람들에게 일어나는 상황이다. 디자인 거리, 한강 르네상스 할 돈으로 하면 된다.

학교 시험은 필요한가?

수정 시험은 사람을 차별하는 제도 같다.
병훈 자신들이 그런 차별을 당하지 않으려고 더 공부하게 되고, 따라서 공부 실력도 늘게 된다.
수정 그렇지만 사람들은 각자 잘하는 것이 다른데, 시험이라는 것 하나로 사람을 나눈다는 것은 불공평하다.
병훈 만약 공부에 관심이 없거나 공부 외에 다른 쪽으로 나가는 아이라면 시험이라는 것에 대해서 그다지 신경 쓰지 않는다.
수정 그렇지만 학교 선생님은 재능 있는 아이보단 공부를 잘하는 아이를 더 좋아한다. 그렇다면 공부에 관심을 기울여야 하지 않는가?
병훈 그래도 학교라는 곳은 일단 공부를 해서 대학에 가는 것이 목적이다.
수정 음…… 그렇다면 공부하는 것을 꼭 시험을 봐야 하는가? 시험 없이는 공부할 수 없는가?
병훈 그렇게 하면 좋지만, 그게 안 되니까 시험을 봐서까지 하는 거다.
수정 아…… 인정한다. 그렇지만 대학 가는 데 꼭 시험을 보고 가야 하는가? 뛰어난 재능이 있는데도 공부를 못해서 대학에 못 가는 경우도 있다. 시험 대신 자신의 능력을 살려서 대학에 갈 순 없는가?

병훈 공부 말고 다른 쪽으로 가는 애들 경우엔 그렇지. 그런데 공부하는 애들은 대학에서 그에 맞는 능력을 갖춘 애들을 뽑기 때문에 그 능력을 가려내는 시험을 보는 것이다.

수정 대학에서 그에 맞는 능력을 갖춘 애들을 뽑는다면 대학교 가서는 무엇을 배우는가? 이미 다 갖춘 아이들을 뽑는다면…… 집이 가난한 아이들은 따로 어떠한 수업도 받지 않으므로 다 갖춘 아이들이 될 수 없다. 그렇다면 이 아이들은 대학에 갈 수 없는가? 그리고 각자 모두 다른 학생들을 단 하나의 똑같은 시험으로 나눈다는 것은 말이 되지 않는다.

병훈 뭔 말인지 모르겠어! 너 말이 맞아.

남녀 사이에 우정이 존재하는가?

민규 남녀 사이에 우정은 존재하지 않는다고 생각한다.

지현 남녀 사이에도 우정은 존재한다!!

민규 우정으로 가다가 사랑이나 다른 관계로 가는 게 대부분이다.

지현 아니다. 우정은 우정일 뿐, 사랑으로 가지 않는다. 그건 당신 이야기.

민규 내 이야기가 아니라, 우정이라 믿고 만나서 술 먹고 정신 줄 놓으면 어느 남자가 여자를 친구로만 보겠나. 꼭 그렇지 않더라도 내가 남자라서 아는데 그럴 남자는 거의 없다.

지현 아니다. 세상에 그런 남자는 처음부터 우정이 아닌 여자로 보고 다가온 게 분명하다. 내가 남자를 아는데, 우정은 정말 끝까지 우정이다.

민규 그래, 그대가 왕년에 남자 좀 꼬신 거 안다. 하지만 처음에는 우정이었다가 사랑으로 가는 경우를 내가 너무 많이 봤다. 나도 그런 적 있었다.

지현 그건 그런 애들만 그러지. 그럼 세상의 모든 남녀가 사귀어야 맞는 얘긴가?

민규 나는 우정이 없다고 말하는 게 아니다. 완벽한 우정은 존재하지 않는다고 말하는 거다.

지현 난 지금 완벽한 우정을 쌓고 있는 남자가 있다.

민규 그 사람을 안다. 하지만 나는 때때로 당신과 그 사람을 볼 때 꼭 사귀는 거 같을 때가 많았다.

지현 니가 뭘 압니까. 나랑 그 아이는 친해서 둘이 얘기하고 매점도 가는 건데 그걸 보면서 사귀는 거 같단 생각을 하는 당신의 생각이 이미 비뚤어져 있는 게 분명하다.

민규 아니다. 다 필요 없고 대학 가서 남자와 술을 먹어 봐라.

지현 먹어 봤다! 하지만 내 친한 친구는 절대 늑대 짓을 하지 않았고 진심으로 걱정해 주며 날 집까지 데려다주었다. 억지 부리지 마라!!

민규 고삐리가 뭘 하겠나. 대학 가서 술을 먹어 보란 말이다. 대학 가서도 만약 그렇다면 당신은 반성해야 할 것이다. 왜냐면 그 남자가 볼 때 당신이 얼마나 여자로서 매력이 없었음 그러겠느냐.

지현 이런 삐리리가 어따 대고 지적질이야. 니가 대학 가 봤어? 너도 남자니까 대학 가서 여자랑 술 먹고 덮칠 거냐?

민규 닥쳐라 이 마녀야. 결론은 났다. 당신이 우정이 있다고 믿는 이유는 한 번도 남자가 그대를 그렇게 생각한 적이 없다는 건데, 그 이유는 그대가 매력이 없어서다. 변명할 필요가 없다.

지현 장난하냐? 네 말대로라면 매력 있는 모든 여자들은 자기와 친한 남자랑 다 사귀겠네? 우기지 마? ㅅㅂ

민규 나는 사귄다고 말하는 게 아니다 돌대가리야. 말 좀 이해해라 --^ 남자가 그 이성에게 순간 폭발적인 매력에 충동을 느끼는 것도 이미 우정이 되기 힘들다 말하는 것이다.

지현 웃기지 마라. 그럼 남녀 사이에 우정이 존재하지 않고 사귀지도 않는다면 우리 둘은 무슨 사이냐. 친구도 아니고 사귀지도 않는데 그럼 모르는 사이니? 친구라는 건 우정이 있기 때문에 친구가 되는 거야. 알아듣겠니?

다음은 토론을 하고 나서 아이들이 쓴 글이다.

청소년 이성 교제, 잘 알지도 못하면서

민철 솔직히 청소년 이성 교제, 이런 주제로 토론하는 것이 우습다. 그냥 사랑하면 사랑하는 거지 그걸 뭐 다른 사람이 왈가왈부하는지 모르겠다. 그렇다고 안 하나? 사랑에 빠지면 그냥 빠지는 거지. 그리고 자꾸 미혼모 얘기하는데, 청소년이 미혼모가 되는 원인이 다 이성 교제인가? 성폭행이나 뭐 그런 다른 이유도 많다고 들었다. 근데 왜 이성 교제 하면 미혼모 얘기만 하는가? 미혼모 만들고 싶나? 그리고 이성 교제 했다가 임신을 했다 치자. 그게 뭐 욕먹을 일인가? 서로 사랑해서 애기 만들었다는데 잘 키우게 주변에서 도와주면 된다. 사랑 없이 애기를 만들면 문제겠지만 서로 사랑해서 만든 건 축하해 줄 일이다.

나는 솔직히 내 맘대로만 하고 다른 사람의 입장 따윈 생각도 안 하는 막장이었다. 그런데 여자 친구 사귀고 나서 맘 상하는 게 뭔지도 알고 다른 사람 생각하는 게 뭔지도 알게 되었다. 그러면 좋은 거 아닌가? 못 하게 하면 더 하고 싶은 거다. 그렇게 몰래 만나다가 애 만들고 그러는 거다. 알지도 못하면서.

수준별 수업, 누구를 위한 것인가?

삐삐 수준별 수업, 이런 눈 가리고 아웅식 교육 정책을 나는 싫어한다. 나는 얼마 전 신문에서 이런 기사를 보았다. '청소년들의 꿈이 없는 나라'에 대해 순위를 매겨 보았는데 어이없게도 우리나라가 1등을 하였다. 수준별 수업으로 인해 열등감에 빠져서 아이들이 꿈이 없는 것은 아닐까라는 생각을 해 보았다. 왜냐하면 나도 그들 중 하나이기 때문이다.

나는 아이들을 열등감에 빠지게 하는 수준별 수업을 반대한다. 사실 1학년 때 수준별 수업을 낮은 반에서 듣게 되었다. 그때는 자꾸 놀게 되고 공부를 하려고 하지도 않았다. 하지만 지금은 높은 반에 있어서 적지 않게 자신감을 얻었고 공부도 조금은 하게 되었다. 이처럼 반의 수준을 단계화하여 표준화해 놓는다면 자신감을 얻거나, 혹은 열등감에 빠지게 할 수도 있다는 말을 하고 싶다.

내가 이런 말을 한다면 "청소년들을 꿈이 없게 만든 게 수준별 수업뿐인가?"라는 말을 하는 분들이 계실 것이다. 물론 수준별 수업이 단기적으로는 "실력 향상과 학업 분위기 조성을 위해 꼭 필요하다"라는 분들도 계시지만 장기적으로 수준이 낮은 아이들끼리 모아 놓으면 공부를 하지 않게 되고 자괴감, 열등감에 빠져 '나는 안 되는구나'라는 인식을 심어 줄 수도 있다고 생각한다. 또한 공부 외에 많은 장기를 가진 아이들을 구속한다고 본다.

그리고 나는 이 수준별 수업이라는 것이 기득권층을 위한 것이라고 생각한다. 아니, 정확히 말하자면 자기 자식들의 이익만을 생각하는 더러운 자식 농사라고 생각한다. 수준별 수업은 학업 성적을 가지고 단계를 나누어 수업을 하는 것이다. 실제로 지금 우리나라의 좋은 대학을 가는 아이들은 대부분 강남, 목동에 집결돼 있다는 것을 알 수 있다. 즉 지역적으로 수준별 수업을 하고 있는 것이다.

수준별 수업으로 인해 자기 자식을 잘하는 곳에 놓아 경쟁을 시켜 실력을 향상시킨다면 잘하는 아이들 사이에서도 오히려 열등감에 빠지는 아이들이 있을 것이고, 못하는 아이들은 아예 공부에 손도 대지 않을 것이다. 하물며 강남, 목동 지역이 아닌 아이들은 아예 지역 전체적으로 포기하고 공부도 하지 않을 것이다. 사실 수준별이라는 이유로 우리는 지역적으로도 차별을 하고 있는 것이다.

이렇게 기득권층의 자녀만 혜택을 받고 기득권층이 자신들만을 위한 제도를 만든다면 우리나라는 절대 발전할 수 없다. 나는 이런 기득권을 위한 제도인 수준별 수업을 적극적으로 반대한다.

비흡연자 입장에서 청소년의 흡연도 보장되어야 한다

병준 숨어서 몰래몰래 담배를 피우는 학생들의 모습은 더는 영화 속에만 존재하는 이야기가 아니다. 어쩔 수 없는 사회 현실이다. 실제로 우리 학교에도 상당수의 흡연자가 존재하지만 그들은 지나치다 싶을 정도로 가혹한 규제로 인해 점점 비흡연자의 품속으로 파고들어서 몰래몰래 흡연을 계속한다. 나는 초등학교 때까지는 학생의 흡연은 무조건 규제되어야 하는 줄 알았지만 고등학생이 되어서 지나친 규제로 인해 비흡연자들 속에 숨어들어서 간접흡연의 피해를 주는 학생들을 보고 과연 흡연을 융통성 없이, 각박하게 규제만 해야 하는지 생각해 보게 되었다.

나는 청소년 흡연 규제를 반대한다. 담배는 기호 식품이기 때문이다. 몸에 해로운 기호 식품은 라면, 콜라, 인스턴트 식품 등이 있으며, 청소년에게도 기호 식품을 즐길 권리는 있다.

이 토론에서 논쟁이 되었던 점은 '청소년 흡연 규제가 간접흡연의 피해를 효과적으로 막을 수 있는가?'였다. 먼저 청소년 흡연 규제를 찬성하는 쪽은 철저하고 각박하게 규제를 하면 간접흡연의 피해를 막을 수 있다고 했고, 청소년 흡연 규제를 반대하는 쪽은 각박한 규제가 아닌 융통성 있는 포용과 인정으로 분리된 흡연실을 따로 만드는 것이 간접흡연의 피해를 막는 길이라고 했다. 나는 후자가 간접흡연을 막는 효과적인 방법이라고 생각한다. 왜냐하면 규제에는 늘 한계가 있어서 그 규제의 구멍으로 빠져 나가는 사람들이 있기 때문이다. 그러므로 흡연실을 만드는 것이 흡연자나 비흡연자에게 모두 긍정적인 조치일 것이다.

이 토론을 통해 발견한 인간과 사회에 대한 질문은 "청소년에게 해로운 것을 판단할 분별력이 있는가?"였다. 청소년은 삶을 배우는 과정에 있다. 그러므로 체계적으로 분별력을 키우는 교육을 한다면 어른과 마찬가지로 흡연을 규제하지 않아도 될 것이다.

청소년 흡연의 시작은 지나치고 각박한 규제에 대한 반항인 경우도 적지 않다. 그러므로 교육을 통해 분별력을 키우고 건강과 쾌락 중 선택할 자유를 주는 것이 청소년 흡연율과 간접흡연의 피해를 낮추는 데 효과적이며 민주적이다. 따라서 각박한 규제는 융통성 있는 인정과 포용으로 변화되어야 한다.

무상 교육, 무상 복지는 확대되어야 한다

혜민 곽노현 교육감이 서울시 전면 무상 급식을 제시하면서 무상 교육, 무상 복지에 대한 관심이 높아졌다. 급식비 때문에 어려운 적은 없었지만, 알게 모르게 상처받는 아이들을 볼 때면 마음이 편치 않았다. 같은 나라, 같은 학교에서 급식으로 구별되는 아이들. 과연 이게 정당할까? 전 국민의 당연한 권리인 '복지'에 대해 많은 생각을 하게 되었다.

무상 복지는 지금보다 더욱 확대되어야 한다. 왜냐하면 현재 우리나라에서 이뤄지고 있는 선별적 무상 복지는 그 자체가 '차별'이기 때문이다. 선별적 무상 복지의 대상자를 가려내는 과정은 '누가누가 더 가난한가'의 답을 찾는 것에 불과하고 차상위 계층에게 상대적 박탈감을 주는 행위밖에 되지 않기 때문이다. 이 토론에서 논쟁이 되었던 점은 "우리나라 현 복지 제도는 확대해야 하는 수준인가, 조절해야 하는 수준인가"였다. 무상 복지 찬성 쪽은 북유럽 국가를 복지 제도가 확대된 대표적인 예로 들어 말했다. 북유럽 국가들은 복지에 드는 예산이 많아 경제 성장이 늦을 거라는 예상을 깨고 선진국 대열에 합류했으며, 국가 부채도 선별적 복지 국가보다 훨씬 적다. 이에 비해 우리나라는 그에 훨씬 못 미치는 수준이다. 그리고 찬성 쪽은 무상 복지로 인해 배움의 기회가 늘어날 것이고 저출산의 대책이 될 것이라고 주장했다. 반면 선별적 복지가 이루어져야 한다는 쪽은 무상 복지가 확대되면 교육과 복지의 질이 떨어질 것이고, 예산과 세금 부담이 늘어날 것이라고 했다. 또 부유한 사람들에게도 혜택을 주는 것은 불합리하다고 말했다. 즉 빈민층에게만 돌아가는 선별적 무상 복지가 더 효율적이라는 것이다.

하지만 선별적 복지가 빈민층의 근본적인 문제를 해결해 주지는 못한다.

오히려 그들은 혜택을 받는 대상으로서만 만족하며 주저앉아 버릴 수도 있다. 또 예산이나 세금 부담이 늘어나 국민들이 반기지 않을 것이라고 하는데, 현 정부의 예산 집행을 보면 그런 의견들은 사라질 것이다. 쓸데없는 토목 공사로 낭비되는 예산이 서울시에서만 몇천억이라고 한다. 그리고 소위 부자들은 부동산 투기 등 여러 가지 방법으로 탈세를 하고 있다. 이러한 것들을 적발하면 늘어나는 예산은 얼마나 될까? 세금이나 예산 문제로 인해 무상 복지를 확대할 수 없다는 것은 핑계다.

이번 토론을 통해 인간과 사회에 대해 발견한 질문은 "인간이 먹고사는 데 필요한 기본적인 것은 개인의 책임인가, 사회가 보장해야 하는가?"였다. 물론 개인의 책임도 있겠지만 기본적인 것은 사회가 보장해야 한다. 한 나라의 국민으로서 기본적인 복지도 누리지 못한다면 그 사회에 대한 소속감을 느끼지 못할 것이다. 또 우리나라 헌법에도 의무 교육은 무상으로 해야 된다고 나와 있다.

무상 복지를 확대해서 피해를 본다고 생각한다면 향후 자신에게 돌아올 것을 보지 않았기 때문이다. 민주주의 국가에서 모두가 차별이 아닌 차별을 받고 있다. 그런 것은 고쳐져야 하며 바로잡기 위한 정책은 활성화되어야 한다. 따라서 무상 교육, 무상 복지는 확대되어야 한다.

2011년 4월

토론 수업이
내게 가르쳐 준 것들

중학교에 있다 고등학교에 와서 가르치면서 강의를 많이 해야 한다고 생각했다. 좋은 강의 한 번이 과제 여러 번보다 많이 남는다고 생각했기 때문이다. 그런데 대학원에 다녀 보니 내가 평소에 흠모했던 신영복 선생님이나 한홍구 선생님이나 김동춘 선생님의 강의도 매주 과제와 함께 들어야 할 때는 좀 사정이 달랐다. 매 시간 감동적인 강의가 이어졌지만 학교 생활에 짓눌려 있다가 지친 상태로 대학원 수업에 들어간 나는 그 감동을 졸음과 함께 날려 보내고 말았던 것이다. 그나마 그 시간에 내가 조금이라도 뭔가 떠들거나, 발제라도 하면 버틸 수 있었지만 그러지 않은 날은 꼭 졸음과 함께 수업을 마무리하였다.

고등학교에 와 보니 아이들도 마찬가지였다. 아이들이 수업에 적극적으로 참여하면 아이들의 말이 많아져서 내가 수업을 진행하기 어려웠고, 그렇다고 아이들이 조용한 날이면 금서 모두 잠들기 일쑤였다.

그래서 나는 교과서 진도를 대충, 빨리 마치고 배심원 토론을 해야겠다고 생각했다. 잘될 수도 있고 잘 안 될 수도 있지만, 그래도 자기가 떠들면 졸음은 피할 수 있던 학생으로서의 나의 경험을 떠올린 것이다.

〈KBS 열린 토론〉의 진행자 정관용 씨는 "토론이란, 자신의 생각을 바꾸기 위해 다른 사람의 말을 듣는 것"이라고 했다. 아마 여러 가지 민감한 주제를 놓고 서로 판이하게 입장이 다른 사람들이 벌이는 토론을 진행하면서 서로 '다른' 의견을 지닌 사람들이 서로를 '인정'하기가 얼마나 힘든가를 절실하게 느껴서 한 말일 것이다. 나도 2년 전에는 아이들과 토론할 때 '말은 사랑과 평화의 도구'라고 정의하면서 말로 서로 다른 의견을 조정함으로써 평화를 이룰 수 있다고 가르쳤다.

우아함을 잃으면 토론에서 진다?

하지만 솔직히 말해 토론을 통해서 내 생각이 바뀌는 경험을 해 본 적은 거의 없다. 토론 초기에는 '사실' 확인을 두고 서로 반론을 펴지만 토론이 계속되면 결국 '가치'와 '신념'의 문제에 부딪히기 때문이다. 사실이라는 것도 결국 각자 자신이 지닌 가치관의 프레임으로 '확인'하는 것이기에 서로 다르게 읽는 경우가 많았다. 그래서 말이 '사랑과 평화의 도구'라고 가르치는 것이 왠지 위선처럼 느껴졌다. 올해 내가 아이들에게 제시한 토론의 정의는 '우아한' 싸움이라는 것이다. 토론이 싸움이기는 하지만 서로 폭력을 쓰지 않고 우아하게 싸우자는 것이다. '우아함을 잃는 순간 토론에서는 지는 것'이라고 가르쳤다. 아마 나는 '우아함' 정도는 모두가 지녀야 할, 그래서 내가 가르쳐야 할 가치라고 생각한 것 같다.

이런 생각으로 내가 아이들에게 제시한 주제는 '청소년에게 술·담배를 허용해도 되는가?' '영어 공용화는 필요한가?'와 '대학 평준화가 필요한가?'였다. 두 번째와 세 번째는 공부를 좀 해야 하는 주제였지만, 첫 번째는 공부하기 싫어하는 아이들도 참여할 수 있는 주제라고 생각해서 제시한 것이다. 실제로 가장 열띤 토론이 이루어진 것은 첫 번째 주제였다. 이른바 '노는' 것처럼 보이는 학생들이 찬성 모둠에 모여서 직간접적인 경험에 의지하여 전혀 밀리지 않고 자신의 의견을 발표한 것이다. 찬성 쪽 아이들의 주장은 이러했다.

"어차피 어른 돼서 해도 건강에 나쁘기는 마찬가지인데, 일찍 한다고 해도 별 상관이 없습니다. 사실 어른들이 우리를 얼마나 괴롭힙니까? 학교에 있으면 이거 하지 마라, 저거 하지 마라. 집에 가면 학원 가라, 공부해라. 술·담배로 이런 스트레스를 풀면 학교생활을 더 잘할 수도 있습니다. 그리고 친구 관계도 좋아집니다. 어른들은 싸우고 나면 '술 한잔 하지' 하면서 푸는데 우리도 친구랑 술 한잔 하면 모두 친해지고 왕따 문제도 없앨 수 있습니다."

이에 대해 반대 모둠은 이렇게 주장했다.

"어른도 알코올 중독이 될 정도로 술·담배를 적당히 조절하기가 쉽지 않은데, 아직 충분히 성숙하지 않은 청소년은 더 많은 문제를 일으킬 수 있습니다. 그리고 어른들도 서로 싸우고 나서 풀려고 '술 한잔 하지' 했다가 술에 취해서 더 큰 싸움이 나기도 합니다. 결정적으로 청소년은 성장기에 있기 때문에 장기가 아직 다 자라지 않은 상태입니다. 어른이 되어서 건강을 해치는 것보다 훨씬 더 나쁜 결과를 가져올 수 있습니다. 또 청소년들이 스트레스를 많이 받는다고 했는데, 사회생활을 하는 어른들이 더 많이 스트레스를 받습니다."

여기까지는 그나마 귀엽고 아기자기한 토론이었다. 그런데 이 주장에

흥분한 찬성 모둠 아이들이 "너네는 공부를 잘하니까 학교생활에서 스트레스가 없지, 우리처럼 학교에서 인정 못 받는 애들은 하지 말라는 것도 많고 얼마나 스트레스 만빵인 줄 알아?"라고 분노를 터뜨리고 말았다. 우아함을 잃어버린 것이다.

세 번째 주제인 '대학 평준화가 필요한가?'에서도 마찬가지였다. 반대 모둠은 공부를 잘하는 아이들이 많았고, 찬성 모둠은 공부를 못하는 아이들이 많았다. 반대 모둠은 신자유주의 물결을 타고 대학 평준화가 흔들리고 있는 프랑스와 독일의 경우까지 상세히 조사해서 반대 논리를 펼쳤다. "독일은 시민단체가 주도해 대학을 평준화했습니다. 하지만 지금 독일의 대학 수준은 상당히 떨어져 있습니다. 그래서 독일도 대학 평준화를 허무는 것을 국가의 정책 의제로 세울 정도로 평준화를 후회하고 있습니다. 프랑스도 평준화되어 있다고 하지만 법대와 경영대가 있는 대학은 대학 입시가 치열합니다. 어차피 우리는 자본주의 사회에 살고 있습니다. 공산주의가 아닌 이상 우리는 경쟁을 당연히 받아들이고 살아야 합니다."

대학 입시 없이 대학 갈 수 있다고 좋아했던 찬성 모둠 애들이 결국 흥분하여 "야! 시험 보다 토 나와. 그래도 경쟁이 좋냐? 그리고 지금 입시에서 구로동 출신인 우리가 압구정동 애들 이기고 대학 갈 거 같아?"라고 말하고 말았다. 우아함을 지키기엔 현실이 너무 분노스러웠던 것일까?

더 논리적이면 더 진실한 것일까?

수업 전에 우아함을 잃으면 토론에서 지는 거라고 말했기 때문에 나는 '청소년 술·담배 불가', '대학 평준화 반대' 모둠의 손을 들어 주고 말았다. 하지만 순간 내 마음 한쪽이 휑해지는 느낌을 받았다. 사실 반대편 모둠 아이들의 주장은 우아함은 잃었지만 '진실'이 아닌가?

그런데 나는 "너네는 공부를 잘하니까 학교생활에서 스트레스가 없지, 우리처럼 학교에서 인정 못 받는 애들은 하지 말라는 것도 많고 얼마나 스트레스 만빵인 줄 알아?"라는 진실을 "청소년들은 자유가 없기 때문에 스트레스를 더 많이 받을 수도 있습니다"라고 고쳐 말하라고 지적하고 "야! 시험 보다 토 나와. 그래도 경쟁이 좋냐? 그리고 지금 입시에서 구로동 출신인 우리가 압구정동 애들 이기고 대학 갈 거 같아?"를 "지금 입시 제도는 특정 계층에게 유리한 불공평한 제도입니다"라고 교정해 주면서 "진실이라도 우아함이 없으면 지는 것"이라고 가르치고 있었다.

못난 것들의 말을 잘난 사람들은 알아듣지 못한다. 알아들을 필요가 없기 때문이다. 사람들은 의사소통이란 서로 마음을 전하는 것이라 하고, 서로 마음이 전해질 수 있도록 소통하는 방법을 가르치는 것이 국어교육의 목표인 듯 말한다. 하지만 마음이 느껴져도 받아들일 수 없는 말은 못 알아 듣는 척하는 것이 진실이다. 이랜드 비정규직 해고자들이 300일 동안 서울 상암동 홈에버 매장 앞에서 시위하는 모습을 보며 그들을 쫓아내는 관리자들이 그들의 고통을 모르지는 않을 것이다. 고통을 함께 느끼더라도 자기의 이익과 상반되기 때문에 안 들으려 하고 못 들은 척하는 것이다. 알아들을수록 고민이 커지는 의사소통을 누가 하려고 하겠는가?

안타까운 것은 그들의 고통을 느끼면서도 물가가 계속 오르는 현실에서 100원이라도 싼 라면을 사야 하는 처지 때문에, 시위하는 사람들과 망해 가는 이웃 구멍가게를 뒤로하고 홈에버 매장으로 들어가는 사람들의 모습이다. 이들의 발걸음을 주춤거리게 하는 것은 "비정규직 문제는 사회 양극화를 심화시키므로 정부와 기업은 이 문제를 적극 해결해야 한다"라는 말일까, 아니면 "똑같은 일 하고도 비정규직이라고 반 토막 월급 받는 주제에 100원 싼 라면 사려고 비정규직 짓밟는 마트에 들어가냐? 투쟁해서 정규직 되자고. 그래야 동네 슈퍼 개똥이네서 라면 200원 더 주고 사지"라는 말일까?

사실 못난 것들의 말은 같이 동지가 될 필요가 있는 못난 것들만 알아들으면 된다. 공감과 분노라는 감정은 합리성으로 재단되어 왔지만 실제로 우리 마음을 움직이는 것은 정말로 그렇게 논리적이고 합리적인 말들일까? 이렇게 생각하면 오히려 내가 가르치려는 그 '우아함'이 아이들의 소통을 방해하는 것은 아닐까 싶기도 하다.

다시 학습 목표를 들여다본다.

언어를 매개로 삼아 집단과 집단, 사회와 사회가 시대를 초월하여 의사소통할 수 있음을 이해한다.

내가 가르치는 의사소통은 어떤 집단과 집단을 소통시키려 하는 것일까? 공부를 잘하는 애들과 못하는 애들? 가진 자와 못 가진 자? 갑자기 머리가 멍해진다. 그들은 소통 가능한 사람들인가? 아니, 토론은 서로를 소통시키는 수단인가? 나는 어떤 집단에서 누구와 소통하고 있을까?

2008년 4월

누가 아이들을
'무서운 10대'로 만드는가?

"엎드려뻗쳐 5초 시켰다고 교사 징계에 반발"
"휴대전화 압수한 교사 폭행 사실 뒤늦게 밝혀져"

연일 학생이 저지른 교사 폭행 사건이 언론을 도배했다. 기사의 논조는 대부분 체벌 금지 이후 무서울 것이 없어진 아이들이 교사를 만만하게 보고 정당한 지도도 우습게 보고 교사에게 대들다가 폭행에까지 이른다는 것이다. 참 재밌는 논리다. 정말 학생들이 교사를 우습게 볼 수 있는 상황이라면 폭행까지 할 상황에 이를까? 그 전에 교사의 지시를 무시하고 자신이 원하는 대로 할 것이다. 그렇게 무시당하기 싫은 교사가 학생이 자신을 무시할 수 없도록 뭔가 강압적인 조치를 취하니까 그 강압적인 조치에 반발해 폭행이 일어나는 것이다.

일반적으로 폭행 사건은 뭔가 갈등이 극으로 치달아 힘이 아니면 그 갈등을 해결할 수 없을 때 일어난다. 그래서 양자 간에 폭력이 발생한 경우 개인이든 국가든 폭력이 발생한 원인을 살펴보고, 그런 상황이라면 나 같아도 한 대 쳤을 것 같다고 심정적으로 동조하기도 하고 아무리 그렇더라도 폭력은 안 된다고 하는 판결을 내린다. 그리고 폭력에 대해 벌을 주는 대신 그런 상황이 다시 발생하지 않도록 원인을 분석하고 구조적인 대안을 내놓는다. 그런데 학생이 교사에게 폭력을 쓴 사건은 원인을 분석하지 않는다. 오직 '학생'에 의한 '교사'의 폭행 사실만 부각된다. 마치 노동자 파업이 일어날 때 파업의 원인이 아니라 파업 자체만을 문제 삼는 것처럼.

폭력을 휘두르는 아이들

체벌 금지 이전에 교사의 지도와 학생의 반항이라는 갈등의 끝은 체벌이라는 이름의 폭력이었다. 즉 말로 훈계하다가 안 들으면 "너 나와" 하거나 "우선 맞자" 하고 때린 후에 "너의 잘못을 알겠니?" 하고 묻는 것이었다. 그런데 그렇게 끝을 마무리하던 폭력이 금지되자 다른 결말을 보게 되는 것이다. 이전과 똑같이 체벌을 하다가 '징계'를 당한다든지, 아니면 폭력의 주체가 교사에서 학생으로 바뀐다든지……. 즉 지금 언론을 도배하는 상황은 그렇게 새로운 상황이 아니다. 갈등을 해결하는 방법을 배운 적이 없는, 아니 폭력이 아닌 다른 방법으로는 갈등을 해결할 줄 모르는 우리 사회가 길러 낸 아이들의 모습일 뿐이다.

어쨌든 그렇게 아이들이 짐승처럼 구는 게 사실이라면, 왜 아이들이 짐승처럼 굴까? 짐승처럼 구는 모습이 그 아이의 전체 모습일까? 학교라는 특정 장소에서 교사라는 특정 존재에게만 짐승처럼 구는 것은 아닐까?

사실 괴물 같은 체제의 일부로서 교사 역할에 충실했을 때 나 역시 학생들에게는 권력의 주체일 뿐이었다. 대한민국 학교가 '교사'라는 직책에 요구하는 것들, 즉 아이들의 용의·복장을 단정하게 하는 것과 공부에만 집중시키는 데 주력할 때 나는 아이들에게 권력의 주체였다. 돌봄이나 배려가 필요 없는 존재였다. 그래서 학생에게 반항의 대상이기도 했고, 비웃음과 놀림의 대상이기도 했다. 그런데 내가 학생들을 '존중'하게 되자 학생들은 나를 인간적으로 배려하고 때로는 관리자로부터 나를 보호하기도 했다.

다음은 우리 학교의 '괴물'이었던 어떤 아이의 글이다.

학기 초에 흡연하다 몇 번 걸렸는데 다시 걸리면 학교를 못 다닌다고 했다. 이미 한 번 잘렸다가 다시 들어와서 다시 쫓겨나는 것이 싫었다. 선생님한테 혼날 때마다 담배 생각이 났지만, 그래도 내가 형인데 애들도 놀리고 해서 학교에선 진짜 안 피웠다. 어느 날 배가 아파서 똥을 싸고 화장실에서 나오는데 학생부 선생님이 내 주머니를 뒤지더니 라이터를 꺼내고 나를 학생부로 데리고 갔다. 갑자기 나보고 '흡연 적발 1차'라 했다. 너무 억울했다. 피우지도 않았는데……. 그래서 학생부 선생님들에게 성질을 냈다(사실 "x발 학교 안 다니면 될 꺼 아니야!"라고 하며 학생부를 뛰쳐나갔다). 그러다가 학교 못 다닐 뻔했다.

그리고 담임 선생님에게는 선생님이 애를 감싸니까 애가 저 모양이라고 했다. 그런데 담임 선생님은 억울한 나의 마음이 충분히 이해된다고 했다. 하지도 않았는데 범죄자처럼 취급받는 것이 속상했을 거라고 했다. 하지만 담배를 피울 자유랑 바꾸기에는 학교를 안 다니는 것 때문에 받는 손해가 더 크다고 했다. 나는 선생님까지 욕을 먹는 건 아니다 싶었다. 억울했지만 벌을 받았다. 그리고 우리 담임 선생님은 욕하지 말라고 했다. 그리고 학교를 다녔다.

이 글을 보고 울컥했다. 늘 적대적인 눈빛을 하고 자리에 앉아 자거나 떠들기를 반복하던 저 아이가 이런 마음을 품었다는 것이 믿어지지 않았다.

약자의 폭력과 강자의 폭력

나는 나뿐 아니라 많은 교사들이 이런 경험을 하길 원한다. 짐승처럼 보였던 아이들이 마음을 열고 인간적 배려를 하는 모습을 발견하게 되길 원한다. 더 나아가서는 주민 발의가 성사된 서울 학생인권조례가 통과되어 이 아이가 아무 때나 주머니를 수색당하는 일이 일어나지 않기를 바란다. 그래서 선생님 앞에서 욕을 하며 막가는 짐승으로 변신하는 일이 일어나지 않기를 바란다.

또 하나, 내가 자랄 때 역시 폭력은 무조건 나쁘다고 배웠다. 그런데 사회에 나와 보니 약자의 폭력과 강자의 폭력은 다르게 대접받았다. 삼성이 노조를 없애기 위해 도청을 하고 협박을 하는 폭력은 감춰졌지만, 용산참사 때 공권력의 폭력으로 희생된 사람들의 방어적 폭력은 오히려 과장되어 보도되었다. 지금 역시 마찬가지다. 무리한 4대강 사업으로 희생된 사람과 자연에 행해진 국가의 폭력은 감춰지고, 한진중공업에서 생사를 넘나들며 크레인을 지키는 투쟁은 노조원들과 용역 깡패 사이의 '충돌', 쌍방 간 폭력으로 매도된다.

학교와 사회를 망치는 폭력의 주범으로 언론을 도배하는 아이들의 모습은 진실일까? 아이들의 폭력은 누구에 의해 어떻게 묘사되고 있는가? 스스로의 입장을 대변할 언론도, 힘도, 언어도, 논리도 갖추지 못한 아이들이 타자에게 묘사되는 모습을 진실이라고 믿는 우리가 유독 노동자의 투쟁에만 쌍심지를 켜는 언론을 비판할 자격이 있을까?

2011년 7월

어린
'2등 시민'의 체념

자사고·특목고 폐지에 대한 논란이 뜨겁다. 처음 자사고가 생길 때 취지는 이랬다. '독립적인 재정으로 운영하며 교육과정의 자율성을 극대화해 학교 다양화의 견인차 구실을 하기 위한 것.' 이러한 취지가 무색하게, '독립적'인 재정을 뒷받침할 수 있는 계층의 자녀들끼리 '자율적'으로 입시 위주 과정에 '몰빵'하는 학교가 되어 버렸다.

폐지를 반대하는 이들은 학교를 만들고 운영한 사람의 문제이지, 이런 학교(제도) 자체가 문제는 아니라고 반발한다. 현재 자사고·특목고를 다니고 있거나 입시를 준비 중인 학생들은 '우리 학교를 제발 없애지 말아 달라'고 항변한다. 이들의 목소리가 커지면서 자사고·특목고를 폐지하는 게 폭력적인 정책인 것처럼 인식되고 있다.

그렇다면 자사고·특목고 폐지 반대 목소리가 커지는 이유는 무엇일까? 정확히 말하면 자사고·특목고 폐지 반대 목소리가 더 많이 울려 퍼지는 이유는 무엇일까?

일반고 교사인 나는 학생들에게 자사고·특목고 폐지에 대한 의견을 물었다. 학생들이 당연히 찬성 의견을 낼 것이라고 예상했지만, 아니었다. 학생들은 침묵을 지켰다. 나는 조심스럽게 다시 물었다. "왜 별…… 관심 없……어?" 용기를 낸 한 친구가 말했다. "당연히 없어졌으면 좋겠죠. 저는 그냥 중학교를 졸업해 근처 고등학교에 온 건데, 괜히 2등 시민 된 거 같고, 대학은 다 간 거 같고……. 근데 저도 (자사고) 시험 봤다가 떨어졌거든요. 실력으로든 돈으로든 다닐 능력이 없으니까 배 아파서 하는 소리라고 할 거 같아요."

기득권을 실력으로 치환해 버린 학교

우리 사회는 무엇을 비판하든 '자격'을 요구한다. 학생들이 인권을 주장할 때도 그럴 만한 자격이 있는지 되묻는다. 학벌을 비판할 때도 '그건 네가 지잡대를 나와서 그렇지'라는 비아냥이 꼭 따라붙는다. 대다수 사람이 갖출 수 없는 자격을 모든 사람에게 강요하면서 그 자격을 갖추지 못한 이들을 침묵할 수밖에 없도록 만들어 버리는 것이다.

사실 자사고와 특목고가 폐지되면 가장 아쉬울 이들은 자사고와 특목고를 다니고 있거나 그 입시를 준비할 수 있는 경제적 여력이 있는 일부 계층이다. 이 일부 계층만의 학교는 초등학교 졸업해서 중학교 가고, 중학교 졸업해서 고등학교 가는, 평범하게 자신의 행복을 이루려는 사람들을 학창 시절부터 '2등 시민'으로 만들어 버린다. 그 대다수 2등 시민은 그 리그에 끼지 못했기 때문에 그들만의 리그를 끝내라는 말조차 할 수가 없다. 일부 사람들만을 위한 리그는 계속되고, 거기에 끼지 못하면 말을 못 하고, 그러다 보니 계속 유지되어야 한다는 목소리만 '스피커'를 통해 재생산된다. 악순환이 반복되는 것이다. 이렇게 자사고·특목고는 기득권을 실력으로 치환하는 데 성공했다.

그들만의 리그에서 사는 사람은 평범한 사람들의 삶을 이해할 리 없다. 그 극단적인 예가 멀리 있지 않다. 민중을 '개돼지'라거나 '솔직히 조리사라는 게 별것 아니다'라고 자신도 모르게 본심을 내뱉는 것도 이런 특권의식 탓이다.

1968년 프랑스 사회를 뒤흔든 68혁명은 '상상력에 권력을'이라는 기치를 내세웠다. 그 상상력은 68혁명 이후 교육 현장에서도 현실화했다. 파리의 국공립대학들이 파리1대학, 파리2대학, 파리3대학 등 대학 이름에 숫자를 붙이는 형태로 바뀐 것이다. 기득권의 정점인 대학 서열화를 깬 것이다. '87년 6월항쟁' 30주년이 된 2017년 우리는 교육 현장에서 어떤 상상력을 발휘해야 할까? 오늘도 교실에서 자신의 무능과 부모를 탓하며 주눅 들어 가는 어린 촛불들의 체념이 가슴을 친다.

2017년 7월

인권이
학교에 질문하는 것들

교육과 인권은 서로 좀 무관한 사이였던 것 같다. 교육과 인권이라는 말보다는 '학생인권'이라는 말이 먼저 들어왔고, 학생인권이 들어오면서 이것이 교육과는 어떤 관계에 있는가에 대한 고민이 생겼다는 말이 정확할 것 같다. 그런데 교육과 인권 둘 다 왠지 서로 반대말 같지는 않은데 이 둘에 대해 왜 말이 많은 걸까? 학생인권조례운동본부의 홍보지에는 "가장 인권적인 것이 가장 교육적이다"라고 쓰여 있다. 그런데 조·중·동은 사설에서 "김상곤 경기 교육감의 학생인권조례는 반反교육이다"라고 했다. '인권'은 보편적인 것인데 왜 교육 현장과 만나면 이렇게 상반된 목소리를 내게 되는 것일까?

여러 교육학자를 열거하지 않더라도 임용 시험을 준비할 때 외우게 되는 대표적인 교육의 정의는 '인간 행동의 계획적 변화'이다. 또 피터스의 정의는 '미성숙한 아동을 문명화된 삶의 형식으로 입문시키는 과정'이다. 물론 이 외에도 루소, 뒤르켐, 페스탈로치 등 교육을 정의 내린 사람은 많지만, 학교 현장에 뿌리내린 교육의 모습은 다음과 같다.

첫째, 가르치는 사람과 배우는 사람이 분리되어 있다.

둘째, 배우는 사람은 어떤 열등한 점이 있고, 가르치는 사람은 그 열등한 점을 우월하게 변화시키는 역할을 한다.

셋째, 학교는 아직 미성숙한 존재의 '성숙'을 이끌어 내기 위해 일반적인 생활과 분리된 공간이다.

학교에서 교사들은 학생과 '다른' 존재이고, 그 '다름'은 '열등함'과 '우월함'으로 서열화되어 있다. 대부분의 경우 그 '우월함'은 지식으로 증명된다. 이런 전제에 따라 수업 영역에서는 가르치는 존재인 교사가 학생들에게 지식을 쏟아 내고, 학생들은 그것을 수용한다. 생활 지도 영역에서도 교사는 학생들이 문제 행동을 하는 것은 그것이 잘못인지 몰라서 하는 행동이라 전제하고, 왜 문제인지 가르친 뒤 그 가르침을 알아들은 증거로 반성문을 쓰게 하거나 벌을 준다. 그런데 가끔 말로 해도 그게 왜 문제인지 모르는 학생이 있으면 체벌이라는 수단을 사용하기도 한다. 왜냐하면 교육은 행동의 변화를 이끄는 것인데 학생이 깨닫지 못하고 변화하지 않는다면 교육이 실패한 것이기 때문이다. 즉, 성공한 교육을 위해 체벌이 허용되었던 것이다. 그리고 학교는 미성숙한 존재를 성숙시키는 특별한 공간이기 때문에 그 성숙이라는 목적을 위해 학교 밖에서는 이루어지지 않는 두발이나 용의·복장의 규제 같은 것이 허용되었다.

이러한 학교 현장에 '학생인권'이 들어오면서 이전에는 당연했던 것들이 당연하지 않게 되었다. 우선 '교육'을 위한 체벌이 금지되고, '성숙'을 위한 일시적 제재인 두발, 용의·복장 규제에 반대한다. 도대체 '인권'은 학교에 등교하여 어떤 질문을 하는 것일까?

배우는 사람은 인권을 이야기할 수 없다?

인권이 교육에 묻는 첫 번째 질문은 "학교에서 배우는 사람, 사회적으로 나이가 어린 사람은 어떤 존재인가?"이다. 청소년을 가장 단순하게 정의하여 '나이가 어린 인간'으로 볼 때, 이전에는 '나이가 어린'에 주목했다면 '학생인권'은 '인간'에 주목해 달라고 주문한다. 이에 대한 기성 세대의 대답은 이러하다. "인간답게 굴어야 인간다운 대접을 해 주지." "너네가 어리니까 면제받는 게 얼마나 많은데, 그럼 그런 것도 다 포기해. 그래야 공정한 거 아니야?" 이러한 대답에 숨어 있는 마음은 이런 것들이다. "인간다운 대접은 모든 인간이 다 받는 게 아니야. 자격이 있는 사람만 받는 거야." 이거 들어 본 얘기 같지 않은가? 여성이 성차별을 이야기할 때, 이주 노동자들이 노동권을 이야기할 때, 비정규직이 정규직과 같은 노동 조건을 요구할 때, 똑같이 대답한다. "여자들도 군대 갔다 와. 자격을 갖추라는 거지. 우리나라 국민이 아닌데 무슨 똑같은 월급이야. 세금을 내서 자격을 갖춰야지. 비정규직 주제에 어떻게 정규직을 넘봐. 정규직 시험을 봐서 자격을 갖춰야지."

1970년 전태일 열사가 외친 것도 "우리는 기계가 아니다. 근로기준법을 준수하라"였다. 이 외침은 단순히 노동 시간 단축만을 주장한 것이 아니라 노동자도 '인간'임을 외치는 선언이었다. 노동자들도 두발 자유를 외쳐야 했던 시절이 있었다. 1980년대 현대중공업에서 일하는 노동자들은 회사 규정에 따라 모두 스포츠머리를 해야 했다. 매일 아침 출근하는 회사 정문 앞에서 덩치 큰 경비대원들이 손에 '바리깡'을 든 채 두발 단속을 벌였다고 한다. "중공업 출근하려면 간도 쓸개도 정문에 빼 두었다 퇴근할 때 찾아간다"라는 얘기가 나올 정도로 노동자들은 심한 굴욕감을 느꼈다. 1987년 수만 명의 현대중공업 노동자들은 노동조합을 만들고 "인간답게 살고 싶다. 민주노조 인정하라!"라고 소리 높여 외쳤다. 이때 노조가 노동자를 상대로 가장 원하는 변화가 뭔지를 물어보는 설문 조사를 했는데, 1순위로 꼽힌 것이 '월급을 올려 달라!'가 아니라 바로 두발 자유였다. 왜 온갖 고난과 탄압을 무릅쓰고 간신히 만든 노조가 가장 먼저 해결해 주었으면 하는 과제가 '한낱' 두발 자유였을까? 당시 노조위원장이었던 이갑용 씨는 이렇게 회상했다. "(그때) 우리들에게 머리카락은 단순한 머리카락이 아니었다. 굴종, 체념, 부끄러움, 억울함, 그런 것들의 상징이었다." 당시 노동자들에게 두발 자유는 단지 머리를 기를 권리가 아니라 사람으로 대접받을 권리(인격권)이자 내 몸을 내 뜻대로 결정할 권리(자기결정권)이기도 했던 것이다. 바로 '사람'이 될 권리였던 셈이다.

인권은 이러한 현실에 대해 질문하면서 인간다운 대접을 하지 않으면서 인간답게 만드는 교육이 가능한가에 대해 질문하는 것이다.

규제를 통해 문제 행동을 고칠 수 있을까?

지금까지 교사는 인성에 있어서도 지적인 우월자로서 미성숙한 존재들이 알지 못하는 잘못된 행동을 판별하고 지적한 후 벌을 주어 그것이 교정되도록 하는 존재였다. 그러다 보니 학생들이 주로 잘못하는 행동을 '판단'하고 '지적'하고 '벌을 주는 것'을 자신의 역할로 삼는 경우가 많았다. 그런데 그런 교육 방식은 한계에 다다르고 있다.

우선 학생이 교사의 '판단'을 전적으로 신뢰하지 않는다. 그래서 교사의 지적에 "왜요?"라고 먼저 묻는다. 그리고 지적의 내용보다는 '교사'가 지적했다는 사실에 꿀리지 않으려고 더 센 척을 한다. 그래서 교실에서는 지적을 받아들이지 않다가 교무실에 와서는 잘못했다고 한다. 학생들이 이러한 모습을 보이는 이유는 교사를 같은 인간이 아닌 권력의 대상으로 보기 때문이다. 자신을 같은 인간으로 존중해 주는 존재가 아니라 자신의 잘못된 점을 찾아내어 지적하는 데 집중하는 존재, 때로는 자기 스스로도 어찌하지 못하는 자신의 약점을 들춰내어 고치겠다고 자신에게 명령을 하는 존재로 생각하기 때문이다. 그러다 보니 지적한 내용에 집중하지 않고 그 존재를 배척하는 데 더 많은 에너지를 쓰게 된다. 교사는 자신에게 강압을 쓸 수 있는 존재니까 교사에게 반말이나 욕설 등 인간적인 상처를 줘도 죄책감을 못 느끼는 것이다. 즉 평등한 관계여야 상호 배려가 가능한데 지금의 배려는 순종이나 복종으로 읽히기에 울림이 없고, 서로 인간다운 관계를 맺는 데 실패하게 되는 것이다.

인권은 인간이 서로 존중하며 관계를 맺는 데 관심을 둔다. 그 관계의 전제는 '수평적인 관계'이다. 따라서 인권은 우선 교육에서 '판단'의 역할을 교사가 독점하는 데 의문을 갖는다. 사람이 사는 세계에는 어디에나 사회를 유지하는 데 필요한 규칙이 있다. 규칙이 필요한 이유는 개인의 자유를 보장하기 위해서다. 즉 개개인이 최대한의 자유를 누리려면 그 자유가 다른 사람의 자유를 침해해선 안 되기 때문에 그 선을 규칙으로 정하는 것이다. 따라서 그 규칙은 모두가 자신의 자유를 향유하는 가운데 어떤 것이 남의 자유를 해치는지 고민하는 상황에서 정해져야 한다. 그래서 헌법에서도 개인의 자유와 행복을 최우선 가치로 두고 국가의 안전을 위협할 때 등에만 제한적으로 개인의 기본권을 제한할 수 있게 했다. 그런데 학교는 어떠한가? 학생의 인권을 명확한 근거 없이 억압하는 것을 교칙으로 삼고 있다. 이런 상황에서는 자신을 억압하는 상황에 대한 답답함에만 관심이 쏠려 오히려 자신의 문제 행동에 심각성을 느끼지 못한다. 그러니까 하기 싫은 공부를 해야만 하느냐는 불만에만 집중하여 자신이 떠드는 행동이 다른 사람에게 어떤 방해를 주는지 깨닫지 못한다는 뜻이다.

문제 행동을 적발하고 지적하며 벌을 주는 것에 그치는 것이 아니라, 왜 그런 문제 행동을 하게 되는지 원인을 살피는 일이 필요하다. 수업 시간에 떠드는 문제 행동을 한다면 왜 수업 시간에 집중을 못 하는지, 이해를 못 해서인지, 교사-학생의 관계 맺음이 제대로 안 되어서인지, 정서적 불안감이 있는 것은 아닌지 등 문제 행동을 일으키는 다양한 원인을 수집할 수 있어야 하는 것이다. 그런데 체벌이 있기에 그 원인을 수집하고 어떤 교육적 조치가 필요한가를 고민할 필요가 없었다. 체벌을 쓰면 눈앞에서는 그 문제 행동이 없어진 것처럼 보이기 때문이다. 그래서 체벌을 하는 교사든 안 하는 교사든 체벌의 영향력으로 학생들이 문제 행동을 감추는 체벌의 우산 속에 숨으려는 것이다. 하지만 문제 행동은 체벌이 없는 곳에서 반복된다.

이렇게 볼 때 체벌은 문제 행동의 원인을 제거하는 것과 관계없이 '신체적 고통'을 통해 문제 행동에 대한 경각심을 불러일으켜 문제 행동을 억제하려는 모든 시도를 뜻한다. 논란이 되고 있는 간접 체벌 역시 이러한 점에서는 체벌이다. 즉 체벌 금지에서 중요한 것은 때리느냐 안 때리느냐가 아니라 체벌이 문제 행동의 근본 원인을 제거할 수 있는 벌이냐 아니냐 여부인 것이다. 예를 들어 지각을 하는 이유는 다양하다. 아침에 챙겨 줄 사람이 없는 가정 환경이나 오래된 습관 등 단시일 내에 고칠 수 없는 것이 많다. 그 원인을 찾아내어 지각이 드러내는 더 심각한 상황에 대처하는 것이 교육이라는 뜻이다. 즉 인권은 판별하고 적발하여 벌을 주는 방식의 교육에서 문제 행동의 원인을 찾는 교육으로 방향이 바뀌어야 한다고 질문하는 것이다. 물론 이렇게 하자는 목소리가 없었던 것은 아니다. 원인을 찾자는 목소리가 있었음에도 실천이 되지 않았던 것은 학생들의 기본권을 박탈함으로써 통제하는 손쉬운 방법이 있었기 때문이다. 원인을 찾아 문제를 해결하는 것은 가장 근본적인 해결책이지만 학급당 학생 수 감축 등 교육 환경의 혁명적 변화를 요구한다. 그렇기 때문에 두발, 용의·복장 지도로 아이들의 문제 행동 지수를 판별하고 그것을 기준으로 학생들에게 엄벌을 주어 문제 행동의 기운을 힘으로 제압하는 수공업적인 방식으로 버텨 왔던 것이다. 학생 지도의 어려움은 학교 붕괴가 유행어였던 10년 전부터 꾸준히 거론된 일인데도 학생인권의 바람이 불자 마치 학생인권 때문에 학생 지도의 어려움이 갑자기 가중되어 학교가 무너진다는 듯이 갖가지 볼멘소리가 나오는 이유가 여기에 있다.

하지만 교육 환경의 혁명적 변화는 아직 일어나지 않았고 학생인권은 더는 묵과할 수 없는 문제가 되었다. 이 현상을 어떻게 받아들여야 할까? 지금 현재 교칙에 따르면 교사들이 지도해야 할 것이 너무 많다. 아침에 오자마자 지각, 두발, 용의·복장, 폭력, 흡연, 급식 질서 등 하루 종일 학생을 보고 지적하고 야단치고 다시 같은 일이 일어나지 않도록 반성을 하도록 만들어야 하는 일이 수십 가지다. 한 사람의 교사가 학생 몇십 명을 대상으로 이런 모든 영역을 지도하는 것은 불가능하다. 그래서 체벌과 같은 완력으로 분위기를 제압한 후 모든 영역에서 순종하게 하는 것이 지금까지의 생활 지도 방식이었다. 이것을 근본적으로 고치려면 우선 지금까지 교육의 관행상 또는 교사 집단의 판단으로 지도 대상으로 삼았던 것들을 다시 점검하여 지도해야 할 문제 행동의 개수를 줄여야 한다. 그리고 이제 '지도해야 할 덕목'을 교사는 지적하고 학생은 고쳐야 할 문제 행동이 아니라 공동체의 구성원이라면 누구라도 지켜야 할 원칙으로 탈바꿈시켜야 한다. 체벌 금지는 "학교라는 공동체에서 누구도 어떤 명목으로도 폭력은 쓸 수 없다"는 메시지다. 실제 어떤 대안학교에서는 교사, 학생, 학부모가 서로 자신들이 폭력으로 고통받았던 경험을 공유하고, 서로 어떤 상황에서라도 폭력적인 방식을 사용하지 않도록 약속한다고 한다. 이렇듯 공동체를 유지하는 데 누구라도 지키는 것이 꼭 필요하다고 생각하는 규칙을 합의에 따라 정하고 누구에게나 똑같이 적용한다면 생활 문화로 정착될 수 있을 것이다. 그리고 이런 규칙을 지켜야 하는 공동체 생활이 어려운 사람의 경우에는 원인을 찾아 사회 복지적 접근이든 심리 치료든 그 문제를 해결하기 위한 특별한 교육과정이 필요하다.

눈에 보이는 변화로 교육의 성패를 판단할 수 있을까?

인권이 교육에 두 번째로 질문하는 것은, 정해진 시간 안에 눈에 보이는 변화를 이끌어 내야 한다는 집착과 만족에 대한 의문이다. 한 교사가 담임으로서 학생을 만나는 시간은 1년이다. 학교와 교사는 학생들의 문제 행동이 그해에 고쳐지기를 바란다. 예컨대, 올해에는 우리 반에서 지각이 '근절'되기를 바란다. 하지만 흡연이나 지각 등 습관성 행동을 1년이라는 단시일 내에 고치는 것은 불가능하다. 그런데도 학교는 두발이나 용의·복장, 지각, 흡연 등에 대해 눈에 보이는 문제 행동을 없애는 데에만 힘을 기울인다. 그리고 교사는 눈에 보이는 변화를 단시일에 이끌어 내기 위해 체벌이나 부모님 소환 등 강압적인 수단을 사용한다. 두발, 용의·복장 등 눈에 보이는 모습이 단정하면 그 학생에게는 아무 문제가 없는 것처럼 판단하는 것이다.

1970~1980년대에는 '껄렁한 옷차림=문제 학생=깡패'라는 도식이 통했다. 두발, 용의·복장을 문제 행동의 징후로 읽어 낼 만한 사회적 맥락이 있었다. 그런데 요즘은 두발, 용의·복장이 깔끔한 모범생 아이가 은밀하게 학급의 한 친구를 왕따시키는 일이 빈번하다. 상황이 이러다 보니 학생들은 문제 행동과 관계없는 데에 학교가 집착한다고 생각하게 되고, 그래서 눈에 보이는 곳에서만 그러한 행동을 안 하면 된다고 생각한다. 즉 규칙이 필요해서 지키는 것이 아니라 걸리지 않기 위해 지키는 것이다. 그러니 걸리고 나서도 죄책감보다는 '재수 없다'는 생각을 더 많이 하게 된다. 흡연이나 지각 역시 담임 선생님에게만 안 걸리면 해도 되는 행동이 되는데, 걸린다고 해도 선생님 눈앞에서만 반성하는 태도를 보이면 된다고 생각한다. 사실 그것이 학교가 요구하는 선이기도 하다.

다른 한편으로는 두발, 용의·복장 지도에 따르는 반발 때문에 정말 문제적 행동에 대해서도 관용적인 태도를 보이기도 한다. 예를 들어, 두발, 용의·복장이 불량하고 수업 시간에 엄청 떠들어 교사에게 매일 혼나는 학생이 있다고 치자. 학생들 입장에서도 그 학생은 피해를 주는 학생이 분명하다. 하지만 불합리한 규제로 매일 혼나는 친구 모습을 보며 규칙을 지키는 학생들도 '혼나는 학생' 편을 든다. 그 친구가 때로는 나에게 피해를 주기도 하지만, '두발, 용의·복장 규제'라는 불합리한 규제에 유일하게 저항하는 학생이기 때문이다.

학생 스스로 배움의 분위기를 만들어 가려면 학생들 사이에 분화가 일어나야 한다. 학생들 스스로 이건 해도 되는 것이지만 이건 하면 안 되는 것이라는 토론이 일어날 수 있어야 한다는 것이다. 그런데 규칙에 대한 판단, 적발, 벌에 관한 모든 권한을 교사가 독점한다면 그런 토론의 여지조차 생길 수 없다. 즉 정의를 판단하고 집행하는 역할을 독점하는 교사의 역할이 오히려 학생 대 교사의 대립 구도를 만들어 학생들로 하여금 옳지 않은 행동도 교사에게 반항하는 것이면 다 멋있는 것으로 생각하게끔 만들고 있다. 즉, 교사가 말하는 '정의'는 '우리의 정의'가 아니라 '당신들의 정의'가 되어 학생이 공동체의 정의를 만드는 주체로 서는 것을 가로막고 있다는 뜻이다.

인권, 네가 진짜로 원하는 게 뭐야?

이렇게 말하면 도대체 인권이 말하는 교육이 무엇인지 물을 것이다. 교육이 뭔가 정답을 요구하는 것이라면, 인권은 질문을 만드는 것이다. 왜냐하면 인권의 역사는 당연한 권리를 누리지 못하는 사람이나 상황에 대해 "왜 안 되나요?"라고 질문해 온 역사이기 때문이다. 인권은 '인권적 교육이라는 건 이거다'라고 정답을 말할 수는 없지만, 교육을 할 때 인권의 공기가 흐르게 하려면 이런 것을 고민해야 한다고 말할 수는 있다. 이런 면에서 인권은 질문이자 최소한의 가이드라인이다.

인권은 인간이 누려야 할 여러 권리 중 가장 기본적인 것으로서 누구에게나 어느 순간에도 침해받아서는 안 되는 것을 정의한 것이다. 예를 들어 지금까지 학생의 권리가 없었던 것이 아니다. 학교에 순종적이고 공부를 잘하고 학부모가 학교운영위원회에서 활동한 학생들은 예나 지금이나 학교생활이 어렵지 않다. 대부분 학생들은, 똑같이 교칙을 어겨도 이런 학생들은 학교가 더 관대하게 지도하는 것에 학교가 학생들을 차별한다며 울분을 터뜨리는 경우가 많다. 학생인권은 학생들 사이에서도 물리적 힘이든 권력이든 성적이든 가진 자만 누렸던 특권을 전체 학생이 모두 누리도록 하자고 말한다. 따라서 인권은 어느 사회든 그 사회의 기득권자가 누구고 약자가 누구인지 판별하기를 요구한다. 어떤 이유에서든 일부만 누리는 권리가 있다면 그것은 특권이다. 인권은 가장 기본적인 권리를 약자라는 이유로 침해당하는 상황에 대해 가장 민감하게 문제를 제기한다. 인권을 가르칠 때도 가장 중요한 것은 어떤 정체성에 있어서는 나 역시 소수자라는 것이다. 소수자는 숫자로서 적은 수의 집단에 속한다기보다는 그 사회에서 인정받지 못하는 정체성을 가지고 있어서 차별받는 집단이라고 볼 수 있다.

예를 들어 얼굴이 예쁘고 공부를 못하고 집안 경제력은 보통이고 레즈비언인 여학생이 있다고 치자. 그 학생은 외모와 집안의 경제력에서는 다수자다. 하지만 학교 성적과 성적 정체성에서는 소수자다. 성적이나 성적 정체성이 드러나지 않는 한 그 학생은 학교생활에 별 불편함을 느끼지 못할 수도 있다. 그런데 자신의 성적이 공개되거나 자신의 성적 정체성이 아웃팅되면 엄청난 차별에 시달릴 수 있다. 누구에게나 소수자로서의 정체성이 있다. 자신의 소수자로서의 정체성을 깨닫는다면 소수자에 대한 차별에 맞서는 일에 더 동참하기 쉬울 것이다. 즉 인권적으로 산다는 것은 자기가 처한 맥락과 처지에서 자기가 누리는 권리가 특권일 때 내려놓고, 자기가 소수자로서 차별을 받아 권리를 침해당하는 존재일 때 인권을 주장하며 사는 것이다.

이런 교육이 가능하려면 권리 의식이 높아져서 이것도 내 권리, 저것도 내 권리라고 깨닫는 과정이 필요하다. 처음에 인권교육을 하면 애들이 싸가지 없어진다는 말을 많이 한다. "인권 침해 아닌가요?"라는 아이들의 말 속에 엄청난 이기주의가 숨어들어 있는 느낌을 받는다는 뜻이다. 하지만 그런 권리에 대한 개념이 생기면 네가 소중히 여기는 바로 그것이 다른 사람에게도 소중하다는 것을 교육할 여지가 생긴다. 주장하는 수많은 권리 가운데 '이권'과 '인권'을 구분해 내는 것이 가능하다는 뜻이다. 학생들이 교실에서 원하는 자리에 앉고 싶어 하는데 왕따 학생 때문에 자리 뽑기를 강제한 적이 있다. 인권에 대해 주야장천 말해 왔기 때문에 학생들은 당장 원하는 자리에서 공부하는 것도 자신의 권리라고 말하였다. 원하는 자리에서 공부할 권리와 자신이 왕따라는 사실이 공개되지 않아야 할 권리 중에 어느 것이 더 기본적인 권리냐고 질문하였다. 우리 반 학생들이 그 학생과 거리낌 없이 앉는 분위기가 형성되기 전까지 자리를 뽑고 그런 분위기가 형성되었다고 함께 판단할 때 자리 배치를 자유롭게 하자고 결정하였다.

　사회적으로 강요된 욕망과 인간의 존엄성을 지키기 위한 조건을 가려내는 연습도 필요하다. 예를 들어, 학교가 학생인권을 존중하는 분위기와 입시에 몰입하는 분위기는 전혀 다를 것이다. 실제로 학생인권을 존중하는 분위기 때문에 학업 분위기가 흐트러질 것을 우려하는 학부모들 때문에 경기도의 인권 시범 학교는 학교 홍보 때 인권 시범 학교라는 사실을 학부모들에게 숨긴다고 한다. 학생인권이 학업 분위기를 해친다고 주장하는 사람들은 입시에서 좋은 성과를 거두려고 공부하는 것도 학습권이라고 한다. 그들이 상상하는 이상적인 수업 풍경은, 교사는 입시에 나오는 문제를 잘 풀 수 있는 수업을 하고, 학생들은 눈을 반짝이며 그 수업에 몰입하는 것이다. 인문계 고등학교에서 수능 시험 문제 풀이 수업을 따라갈 수 있는 학생은 10퍼센트 정도다. 40명 중 4~5명 정도라는 뜻이다. 그리고 이 학생들이 소위 말하는 '천안권'까지 통학 가능한 대학에 간다. 그 아래 서열 대학에 가는 학생들은 졸업하고 대학에 진학한다 하더라도 학교를 끝까지 다니지 못한다. 살인적인 등록금에 비해 졸업장이 주는 가치가 못하다고 여기기 때문이다.

이러한 사실을 아는 학생들은 수업 시간에 자거나 딴짓을 한다. 어차피 '천안권' 아래의 대학은 공부를 안 해도 갈 수 있고, 가도 소용이 없다고 느끼기 때문이다. 그런데도 우리는 5명의 학습권을 위해 35명을 조용히 시키고 '학습권을 보장'한다고 말한다. 이때의 학습권은 '인권'일까? 공부를 잘하든 못하든, 집안의 경제력이 좋든 안 좋든, 누구나 보장받는 것이 가능한 보편적인 권리일까? 그런 학습권이 보장하는 배움은 모든 인간을 존엄하게 만들까?

인권은 무엇보다도 그 사람 자체를 중심에 둔다. 그가 어떤 상황에 있든 존재 자체만으로도 인간다운 대접을 받을 가치가 있다고 말한다. 이러한 전제에서 인권이 갖는 믿음은 인간을 구원할 수 있는 것은 그 '자신'이라는 것이다. 그런데 개인이 여기에 필요한 모든 것을 감당할 수 없기에 국가가 인권을 보장해야 한다는 것이다.

인권이 교육에 바라는 것은 뭘까? 그건 다른 모든 교육을 차치하고 어떤 성별, 인종, 사회적 배경, 성적 정체성, 외모, 지역 등 어떤 요소에 의해서도 차별받지 않게 학교에서만큼은 인간으로서 최고의 대접을 해 달라는 것이다. 그래야 정글 같은 사회에 나가서도 그렇게 서로에게 인간으로서 최고의 대접을 했던 기억과 습관을 되살리며 살 수 있을 것이다. 현재의 학교는 이러한 기대를 갖기엔 너무 멀리 가 버린 걸까? 아니 우리 사회에 이런 기대와 믿음을 품는 것이 너무 욕심을 부리는 일일까?

2011년 7월

학생 글

외국에는 왜 학생인권조례가 따로 없을까?
K고 정○○

학생인권조례가 경기도에서 처음으로 채택되고 교육감이 바뀌면서 최근 학생인권 수준이 예전에 비해 매우 높아졌다. 일단 체벌이 금지되고 두발이나 복장에 대한 규제가 완화되는 등 여러 가지 제도가 확립되었기 때문이다. 하지만 아직도 우리나라의 학생들은 권리를 제대로 보장받지 못하고 있다. 지금부터 우리나라 학생인권 보장이 얼마나 심각한지에 대해 중학교 과정을 뉴질랜드에서 마친 학생으로서 설명해 나가겠다.

먼저 뉴질랜드의 학교는 한국 학교와 별반 다를 게 없다. 커리큘럼이나 학년제도 거의 대부분 비슷하다. 하지만 그곳에서는 오래전부터 학생들에게 체벌이라는 행위를 하지 않았다. 한 가지 예를 들자면, 같은 반이었던 학생들이 심한 사고를 치자 선생님이 "이 녀석들 오면 엉덩이를 때려 줄 테다"라고 말한 적이 있는데 그때 반 아이들 모두가 충격을 먹었다. 선생님이 학생에게 체벌을 하면 바로 구속감이었다. 반면 우리나라는 우리에게 체벌이란 제도를 전수해 준 일본조차 폐지한 체벌 제도를 겨우 작년에 폐지했는데, 그런 면에서 참 선진국답지 못한 듯하다. 많은 사람들이 이번에 체벌이 금지되고 학생인권조례가 실시되면서 교권이 크게 추락할 것이라고 하였다. 왜냐하면 선생님들이 폭력으로 아이들을 규제하고 제압하던 기존의 행위를 더는 할 수 없기에 아이들이 선생님을 무시할 것이라고 생각했기 때문이다. 하지만 내가 뉴질랜드에서 생활했을 때 선생님이 아이들을 존중하였기에 아이들도 선생님을 존중하였다. 체벌도 없고 선생님이 학생들에게 욕조차 할 수 없는 체제 속에서도 아이들은 선생님에게 대들거나 반항하지 않았다. 이 점이 바로 체벌로만 아이들을 규제하려 했던 한국 선생님과 아이들에게 체벌 이외에 상담이나 반성문 등으로 자신의 잘못을 깨닫게 하는 뉴질랜드 선생님의 차이가 아닌가 싶다. 그렇다고 그곳의 아이들이 우리나라 아이들보다 훨씬 순수하고 착할 것이라고 생각한다면 잘못이다. 오히려 한국 학생들이 훨씬 얌전했고 무난했다. 내가 있던 반만 보더라도 결손 가정, 빈민가 아이들, 심지어 마약 하는 아이들도 있었다. 하지만 선생님의 교육 신념이 달랐기에, 현재 우리나라에서 일어나고 있는 학생과 선생님의 빈번한 갈등이 뉴질랜드에서는 소수에 불과한 것일 수도 있다.

뉴질랜드 학교가 체벌만 금지했던 것은 아니다. 복장 규제도 없었고 아이들의 머리색을 지적하는 일도 없었다. 학생들이 화장을 진하게 하는 것에 대해 지적을 하는 선생님들 또한 보지 못했다. 그렇다고 내가 학생들이 머리를 염색하고 화장을 진하게 하는 것을 바라는 것은 아니다. 나는 단지 학생들의 차림새로 그 학생의 도덕성까지 평가하는 우리나라 선생님들의 편견이 잘못되었음을 알리고 싶은 것이다.

뉴질랜드 학교에서 '스피치 콘테스트'에 나가서 한국의 학교와 학생들을 주제로 발표를 한 적이 있었다. 내 스피치의 내용은 대략 이러했다. "한국 학생들은 날마다 시험에 치여 공부를 하고 밤까지 학원에 남아 있다. 그리고 선생님들은 학생들을 어떻게든 체벌할 수 있고 화장, 염색 등의 불손한 행동은 일절 허용되지 않는다." 그때 내가 어려서 그랬는지는 몰라도 반 아이들이 내 연설을 듣고 경악을 금치 못하는 것에 대해 나는 너희들과 다르다라는 왠지 모를 자부심이 느껴져 매우 뿌듯해했다. 지금 생각해 보면 내가 왜 그 아이들에게 한국의 자랑스러운 전통 문화나 사람들의 좋은 면모를 알리지 못하고 굳이 문제가 많은 우리나라 교육을 주제로 이야기했을까 하는 후회도 든다.

분명 다른 나라에서 태어나고 다른 기후에서 생활하고 다른 문화, 다른 피부를 가지고 있지만 똑같이 꿈과 희망을 가지고 있는 학생임이 확실한데, 왜 우리는 그들에 비해 이렇게 다른 대우를 받을까? 내가 말하고 싶은 것은 서양의 학생인권을 맹목적으로 따라 하자는 것이 아니라 충분히 논란거리가 되었던 심각한 우리나라 교육과 학생인권의 현실을 그냥 지켜보기만 하기보다는 좀 더 시야를 넓혀 현재의 학생인권을 개선해 나가자는 것이다. 내가 알기로는 뉴질랜드에는 학생인권조례조차 없다. 모든 학교에서 학생들이 권리를 보장받는 것이 당연시되어 있기 때문에 학생인권조례 같은 것을 굳이 만들 필요성조차 느끼지 못하는 것이다. 우리나라는 날이 갈수록 선진국으로 도약하고 있다. 고도로 성장한 문화, 정보, 무역, 경제 등은 우리나라가 세계에 내세울 만한 자랑거리다. 하지만 유난히 교육 제도 면에서는 아무런 실마리를 찾지 못하고 제자리걸음을 하고 있다. 학생들은 우리나라의 미래이자 희망이다. 정작 그런데 한 나라의 새싹인 우리가 우리의 권리를 찾지 못하고 자유를 억압받는다면 그것이 바로 우리가 앞으로 개선해 나가야 할 첫 번째 과제일 것이다.

학생인권이 바꾸는
학교의 풍경들

    2010년 10월 5일 경기도 학생인권조례가 공포되었고 11월 1일 서울시 교육청의 체벌 금지 조치가 발효되었다. 경기도는 학생인권조례가 공포된 이후 각 학교가 생활 규정 개정을 진행하여 90퍼센트 이상의 학교들이 개정을 마쳤다고 보고했다. 몇십 년 동안 변하지 않은 학교에 '학생인권'이 현실적인 제도로 들어온 지 이제 5개월쯤 된 것이다. 학생인권은 학교에 잘 등교하고 있는가? 아니, 우리 사회는 '학생인권'을 잘 받아들이고 있는가?

    사실 5개월 정도밖에 안 된 상태에서 학교 현장에 이를 묻는 것 자체가 어불성설이다. 경기도의 경우 '학생인권조례가 통과되었다'는 소문만 무성한 채 규정을 개정하기에 바빴고, 서울에서도 역시 체벌이 금지되었다는 언론의 보도와 그 후에 교권이 추락했다는 선정적인 언론의 보도만 있었을 뿐, 실제 학교에 어떤 변화가 있었는지 학교 밖에서도, 심지어 안에서도 잘 알지 못한다.

학생인권은 아직 오지 않은 '유령'

서울에 있는 인문계 고등학교 교사인 나에게 학생인권은 일종의 '유령'과 같은 느낌이다. 체벌 금지 조치가 내려지고 나서 교무실에서 내가 들은 이야기는 "쳇, 이제 체벌 금지라고? 애들 안 건드리면 잘못되든 말든, 이제 니 인생이요, 가만두면 좋지 뭐"라는 냉소의 말, "교육이 잘못된 게 우리 탓이야? 아니 교육감의 첫 번째 조치가 왜 체벌 금지야?"라는 원망의 말, "네가 뭔데 때리라 마라 난리야?"라는 분노의 말이었다. 이런 와중에 몇몇 학생인권에 호의적인 선생님들은 우리한테는 별것 아니지만 애들한테는 큰일일 것이고, 이게 개혁의 시작일 거라고 다른 선생님들을 다독이기도 했다.

사실 체벌 규정 삭제는 그냥 '삭제'만 하면 되는 것이기에 '토론'할 여지가 별로 없었다. 대안을 토론하라고는 하지만, 결국 '성찰 교실'로 할 것이냐 '벌점제'로 할 것이냐밖에는 선택의 여지가 없었기 때문이다. 문제는 '성찰 교실'은 아직 경험해 보지 않은 것이라 무엇인지 잘 몰라서 토론하기가 어려웠고, 벌점제는 결국 벌점의 항목 중 비인권적인 것이 다 남아 있는 상황에서 체벌만 없앤 것이기에 '진전되었다'는 느낌이 없었다. 다른 학교의 경우 용의·복장 규정이 조금 완화된 수준에서 벌점제가 전면적으로 도입된 학교가 많았다.

이미 많은 아이들이 점수의 노예가 되어 가는 상황에서 "선생님 이거 들어 드릴까요?" 하고선 "상점 좀……"이라고 말하는 상황이 너무나 싫었던 나는 우리 학교에 벌점제가 전면 도입되지 않게 하려고 소극적으로 굴었다. 원래 교육청 지침에는 벌점 항목과 점수를 학생과 합의해서 정하기로 되어 있었으나 그에 대한 논의를 본격적으로 하게 되면 학교에 전면적으로, 또 합리적으로 벌점제가 안착할까 봐 두려웠기 때문이다.

또 교장은 교장 나름대로 학생들의 의견이 반영되어 벌점 항목에 용의·복장 규제가 다른 학교보다 빨리 완화될까 봐 두려워 성찰 교실 쪽으로 의견을 모으고, 생활 규정에 대한 토론은 하되 체벌 규정 외의 생활 규정 개정은 '학생인권조례 공포' 이후로 미룬 것이다. 학생들은 규정 완화에 대한 토론을 다 해 놓고 실행 시기를 미룬 점을 매우 불만스러워했지만 모든 것의 해답은 '조례 제정' 이후였다. 즉 서울에서 학생인권은 교사에게는 아직 오지 않은 불편한 유령이고, 학생들에게는 온다고 하면서 오지 않아 실체가 없는 유령이었다.

이런 동상이몽 속에 조용히(?) 규정을 개정한 이후 우리 학교에는 성찰 교실을 담당하는 상담 선생님이 상주하게 되었다. 성찰 교실에 학생들을 보내는 선생님들은 많지 않았고, 성찰 교실을 경험해 본 몇몇 학생들에게 물어보니 "못 알아듣는 수업 듣는 대신 무슨 학습 능력 검사도 하고 간식도 주고 그래서 괜찮다"라고 했다. 체육 특기자여서 중학교 때부터 수업 시간에 자거나 떠들기만 했던 그 아이는 견디기 어려운 시간에 스스로 성찰 교실을 가도 되냐고 물어보기도 했다. 당장은 성찰 교실에 학생들을 보내지 않는 선생님들도 정 안 되면 나중에라도 학생들을 보낼 데가 있다는 사실에 안도감을 느끼기도 했다.

이런 상황에서 11월 1일이 되자 체벌 금지 때문에 학교가 무너졌다는 보도가 언론을 도배했다. 그제야 우리 학교 선생님들은 "중학교는 난리인가 봐", "정책이 너무 성급하기는 했지"라는 말을 하기도 했다. 직접적으로 피해를 당하지 않은 교사들도 '피해자 정서'를 언론을 통해 학습한 것이다. 그 와중에 학생인권조례를 만들기 위한 서명 운동이 시작되었다. 11월 3일 학생의 날을 기점으로 전 교사에게 조례 서명을 호소했던 나는 무상 급식 때와는 다른 어떤 서늘한 기운을 느꼈다. "어차피 교육청에서 할 건데 우리가 원하기까지 해야 돼?"라는 무관심을 가장한 부정적인 목소리, "학생인권이 문제가 아니야. 내가 더 힘들어"라는 직접적인 반대의 목소리까지 그 서늘함의 정체는 다양했다. 그래서 나는 궁금해졌다. 초·중·고 사회 교과서에 등장하는 '인권'이라는 보편적인 가치가 왜 이렇게 교사들에게 저항을 받는 가치가 되었는가? 아니 정말 대다수의 교사들이 '학생인권'에 반대하는가?

학생인권이 등교한 학교의 풍경

그래서 학생인권에 관심이 있는 선생님들과 함께 다양한 환경에 놓인 선생님들과 학생인권이 등교한 풍경에 대해 이야기를 나눠 보자고 제안했다. 체벌이 없으면 애들이 다 도망간다는 실업계, 애들이 악마처럼 변해 간다는 중학교, 할머니뻘 교사를 폭행한다는 초등학교, 언론에 등장하는 학교 선생님들을 실제로 모아 우리의 이야기를 해 보는 자리가 있었으면 좋겠다는 생각이 들었다. 서울 지역뿐 아니라 이미 학생인권조례가 통과되어 전면적으로 실시되는 혁신학교와 전반적으로 규정을 개정했던 경기도 지역 학교 선생님들을 만나 보고 싶었다.

이러한 마음으로 줄이 닿는 선생님들을 모아 두런두런 이야기를 나누었다. 여러 이야기가 오고 가는 가운데 몇 가지 가슴을 치는 이야기가 있었다. 어떤 선생님은 어렸을 때 정말 엄마로부터 '사랑의 매'를 맞은 적이 있다고 했다. 매를 때리고 약을 발라 주시는 엄마의 모습에서 내가 진짜 엄마를 마음 아프게 했다는 생각이 들어 반성을 많이 했다고 했다. 그래서 아이들에게 '매'를 대기 시작했는데, 체벌이 금지된 이후 자의 반 타의 반으로 매를 내려놓았다고 했다. 처음에는 여느 교사들처럼 '금지'라는 방식이 불편했지만, 누구도 길거리에서 줄을 서지 않았다는 이유로 누군가를 때리지는 않는데 아이들만 학교에서 그런 대접을 받는 것이 '야만'이라는 생각이 들었다고 했다. 그리고 매를 들었을 때는 그 잘못을 왜 했는지 물어볼 여유도, 이유도 없었는데 매를 안 들다 보니 이전보다 더 자세히 물을 수밖에 없었다고 하기도 했다.

초등 선생님은 초등학교 고학년 지도가 점점 어려워지는 상황에서 학생들과 체벌을 매개로 관계를 맺어 오던 선생님들이 어려움에 놓인 것은 사실이라고 했다. 이상하게도 학생들이 비인권적인 반응을 보이면 그렇게 길러 온 지금까지의 교육 방식을 반성하고 새로운 지원책을 고민해야 할 텐데, 전면 체벌 금지에서 기합 등 간접 체벌을 허용한다든지 하는 후퇴하는 방식의 정책이 들어온다고 했다.

인근에서 열악한 환경에 놓인 학생들이 주로 입학하는 한 고등학교에서 혁신학교를 시작하여 생활지도부장을 하는 선생님도 토론에 참여하셨다. 입학할 때부터 교사와 눈도 못 맞추면서 중학교에서 100대씩 맞은 적도 있다고 고백하는 아이들에게 "규정을 지켜라" 뭐라 말할 계제가 아니었고, 우선 그렇게 눌려 있는 아이들이 일어설 수 있도록 하기 위해 아이들을 대하는 방식을 바꿀 수밖에 없었다고 했다. 처음에는 혁신학교가 아닌 일반 학교에서 온 선생님들이 불편해하기도 했지만, 교장 선생님부터 아이들 개개인을 챙기고 교장실에서 직접 상담을 하자 신뢰감으로 그런 불편함들을 점점 극복해 간다고 했다. 눌려 있었던 아이들이 일어서는 과정에서 여전히 학습을 방해하는 행동을 보이기도 하지만, 처음엔 그 방해자들이 70퍼센트였다면 지금은 지지자가 60퍼센트 이상이고 그런 변화에서 희망을 본다고 했다.

　경기도의 일반 고등학교에서 규정 개정을 하는 과정에서 규정 개정 위원회 회의가 공개되지 않는 데 대해 학생들이 퍼포먼스로 항의를 했던 학교의 선생님도 말을 거들었다. 언론에서는 학생들이 뭔가 폭력적인 시위를 한 것처럼 묘사하기도 했지만, 학생들은 쉬는 시간에 운동장에 나와서 줄을 맞춰 선 다음 '인권과 정의'라는 팻말에 근조를 달고 조용히 침묵했다고 했다. 그러다 종이 치면 자기들끼리 하이파이브를 하면서 즐겁게 교실로 올라갔는데, 학생들의 그러한 모습에서 선생님은 많은 것을 배웠다고 했다. 그리고 처음에는 학생회 대표들을 불신하며 퍼포먼스를 주도했던 학생들이 점차 학생회 대표들과도 대화를 하며 서로 입장을 공유하는 과정이 있었고, 주로 학교 측에 가까이 섰던 학생회 대표가 결국 학생들의 의견을 반영하면서 규정 개정을 같이 논의했다. 그동안 그 일에 참여했던 학생들은 요즘처럼 학교에 오고 싶었던 때가 없었다고 말했다고 한다. 그 과정을 경험한 사람들은 몇 뼘쯤 성장한 걸까?

　규정을 개정하는 과정에서 학생인권조례 강독부터 시작했다는 어떤 선생님은 이 일이 학교 내 권력을 해체하는 일이라고 했다. 학생들 사이에서도 성적, 집안 배경, 힘을 기준으로 서열이 매겨지고 그 서열에 따라 학교폭력이나 왕따가 생기고, 교사들도 나이, 성별, 지위(평교사-관리자-교육청)에 따라 서열이 나눠지고 비민주적이며 교사를 노예로 만드는 일이 허다한데, 이런 권력 구조를 깨는 첫 단추가 학생인권조례를 학교에 안착시키는 일이라고 생각한다고 했다. 왜냐하면 결국 기존 권력 구조를 깨는 것은 가장 낮은 곳에서 권력을 갖는 것에서부터 시작되고, 그렇게 권력이 재분배되는 과정이 결국 학교 민주화 과정이라고 생각하기 때문이라고 말했다. 그 이야기를 들으며 나는 '현재 권력 구조에서 나는 서열이 몇 위일까?

내가 해체해야 할 권력은 무엇이고 해체당해야 할 권력은 무엇인가?'라는 생각에 잠겼다.

진짜 학생인권을 두려워하는 이들

우리 교육에서 모두가 합의하는 명제는 "현행 교육 제도 때문에 모두가 불행하다"는 것이다. 불행의 이유는 제각각 다르다. 학생들은 과중한 입시에 대한 부담과 억압적인 학교 문화 때문에 불행하고, 학부모들은 사교육비를 버느라 불행하다. 교육 관료들이 이런 불만을 해소한다고 오히려 경쟁을 가중시키는 방식의 정책을 내려보내고, 교사들은 이 정책들 속에서 이탈해 가는 아이들과 쏟아지는 잡무 속에서 불행하다. 지금까지 그나마 그 불행에 대해 공감이라도 받는 사람들은 학생과 학부모였다. 입시 경쟁 교육의 폐해나 사교육비 문제는 어쨌든 누구도 부정할 수 없는 문제가 되었기 때문이다.

하지만 이러한 공감 속에서도 학교의 억압적인 문화로 인한 불행은 공감받지 못했다. 누구나 그런 학교생활을 거쳤다며 공통으로 겪은 불행에 대한 묘한 향수, 살아남기 위한 경쟁을 위해서는 어쩔 수 없다는 숙명론, 진보 진영에서조차 입시에 대한 개혁 없이는 불가능하다는 '입시 깔때기론' 때문에 억압적인 학교 문화에 대한 비판은 가끔 고개를 들다가 수면 아래로 내려갔다. 상대적으로 학교에서 겪는 교사의 불행은 더욱이 주목받지 못했다. 1997년 구제금융 사태 이후 교사는 '가르치는 존재'라기보다는 '안정된 직업'의 이미지로 변했고 교사들이 아무리 힘들다고 발버둥 쳐도 "안 잘리잖아. 방학 있는 게 어디야"라며 '가르치는 존재로서의 불행'은 외면당하기 일쑤였다.

　이런 상황 속에 '학생인권'이 진보 교육감 시대를 맞이하여 전면적으로 고개를 내밀기 시작했다. 이전의 교사는 '가르치는 존재'라기보다는 학교라는 기관의 수족에 불과했다. 두발 검사, 강제 이발, 체벌 등 학교 밖에서는 함부로 할 수 없는 온갖 비인권적인 관행들이 학교라는 이름으로 정당화되었다. 마치 나치 시대의 전범자들이 개인이라면 할 수 없었던 유대인들에 대한 학대를 '명령에 따라' 행했다고 말한 것처럼 말이다. 그러다 보니 교사들은 주로 교사의 손으로 저질러 온 학생인권 침해의 관행들이 '비인권적인 방식'이라고 지목되는 데 거부감을 느끼고 있다. 자신들은 사회가 합의한 교육, 즉 입시에 집중하도록 학생들을 억압해 온 교육을 대신 해 주었을 뿐이며 수년간 계속된 공교육 붕괴 상황에도 불구하고 묵묵히 학교를 지켰는데, 이제 와서 자신들의 잘못이라니 억울하다는 것이다. 안 그래도 그간 불행을 공감받지 못했던 교사들이 자신들을 '가해자'로 지목하는 '학생인권'에 반감을 품게 된 것이다.

　학부모들 역시 불편해하기는 다찬가지다. 내 아이가 경쟁 사회에서 낙오되었을 경우 끝없는 양육 부담에서 벗어나지 못할지도 모른다는 공포는 내 아이를 이 살벌한 경쟁 사회에서 살아남게 해야 한다는 목표를 낳고, 이 목표를 달성하기 위해 집에서는 차마 못 하는, 학생을 통제하기 위한 비인권적인 행위도 학교가 '교육의 이름으로' 해 주기를 기대한다.

　이런 학부모와 교사들의 저항에 박수를 보내는 것은 어딘가에서 이 장면을 바라보고 있는 사람들이다. 당장 학교를 졸업해도 실업자의 길만이 남아 있는 학생들의 불만과 좌절을 억압해 주기를 바라는 사람들, 입시에 대한 부담감으로 학생들이 사회의 불평등이나 부패 따위에는 관심을 갖지 않기를 바라는 사람들, 자녀의 사교육비 마련 때문에 야근과 비정규직을 마다하지 않는 부모라는 노동자를 원하는 사람들이 바로 그들이다.

그들은 학생인권조례가 학교 내의 권력 해체로 나아갈 수 있고, 이것이 사회의 권력을 흔들 수 있음을 본능적으로 느끼는 것이다.

'기관의 수족'에서 '존중을 가르치는 교사'로

체벌 금지에 반대하면서 '지금까지 묵묵히 아이들을 위해 교단을 지켜 온 교사들이 자존심에 상처를 입었다'고 이야기한다. 교사들은 지금까지 아이들을 위해 교단을 지켜 왔는가? 우리의 성실함은 지금까지 아이들을 구실로 묵묵히 내 한 몸 바쳐 학교와 교육의 억압 체계를 지켜 왔던 것은 아닐까? 우리는 이미 알고 있다. 지금 교사를 힘들게 하는 것이 정말 '학생인권'인가? 통계로만 줄어들고 있는 학급당 학생 수, 통계로만 존재하는 고임금, 사교육 없이 성공할 수 없는 대학 입시, 교육과정을 통제하는 세세한 간섭, 학생 안전의 책임을 교사에게 묻는 제도적 안전망이 부재한 학생 지도 시스템, 수업 10분 단축 여부도 교장의 기분에 달린 교장 1인 독재의 학교 운영, 힘 있는 학부모들의 교권 침해, 수업에 들어와 다과를 들며 수업을 감상하는 이상한 교원 평가, 국·영·수 외에는 설 자리가 없게 만드는 교육과정, 학교 밖에서 이미 곪아 터진 문제로 아파하는 학생을 지원하는 시스템의 부재 등 아이들과의 만남을 방해하는 수많은 장벽들에는 묵묵히 있으면서 왜 유독 학생인권에 볼멘소리를 내고 있는가?

어찌 보면 지금이 '교육 기관의 수족'에서 '가르치는 존재'로 독립할 수 있는 기회다. 이제 '학생인권'을 매개로 한 대리전에 농락당하지 말고, 배움과 가르침의 보람을 나누는 개인으로서 교사들의 불행을 적극 이야기해야 한다. 아니, 교사의 불행이 아니라 우리 교육의 불행에 대해 적극적으로 이야기해야 한다. 학생과 교사의 온전한 만남을 방해하는 여러 요소에 대해 내가 국가에 요구해야 할 것이 무엇인가를 고민할 때인 것이다. 수업에 관심 없는 학생들에게 제공할 다양한 프로그램을 담당할 수 있는 사람을 요구하고, 기자재를 사는 데 쓰는 비용을 학교에 더 많은 교사들이 오는 데 쓰도록 요구하고, 학생들의 안전에 대한 책임을 교사가 지지 않도록 요구하는 것, 이것 말고도 학교의 교육 능력을 입시 결과나 학력 향상을 지표로 비교하는 데에 반대하는 것 등 우리가 이야기해야 할 것은 너무나 많다. 다른 한편으로는 모두에게 낯선 '인권'과 '존중'이라는 언어로 학교를 어떻게 인권의 공간으로 태어나게 할지, 앞에서 만난 먼저 길을 간 사람들과 지혜를 모을 수 있어야 한다.

결국 우리가 바라는 것은 우리가 사는 공간 안에 배움과 가르침이 함께 존중받는 기운이 흐르는 것 아닌가? 그래서 진심으로 우리가 행복해지는 것 아닌가? 원래 우리의 그 마음이 바로 학생인권의 시대가 우리에게 바라는 점이 아닐까?

2011년 3월

3부
교사의 권리와 학생의 권리는 이어져 있다

가능하지도 않은 영역에 대한 책임까지
교사의 헌신으로 메우라고 요구당하고,
그를 위해 학생들의 권리를 억압하는
것을 당연하게 여기도록 하는 건 잘못된
마약이었다. 나는 이 마약을 거부하지
않고는 노예처럼 사는 나의 삶도 나아지지
않을 것이라는 생각이 들었다.
교육 행정이 교사에게 강요하는 것을
집행하는 과정에서 교사로서의 존재감을
잠식당하지 않기 위해 가장 갈고닦아야
할 것은 '내가 지금 무엇을 하고 있는가?'를
직시할 수 있는 힘이었다.

학교 권력의
풍경

벌써 교직 11년째다. 참 많이도 했다. 어영부영하다 보니 어느새 11년 차가 되었다. 그렇게 오고 싶었던 '학교'다. 고등학교 때부터 내가 오고 싶었던 곳은 학교였다. 그렇게도 내가 꿈꾸던 학교는 무엇이었을까? 교사는 무슨 일을 할까? 학교에 오기 전에는 교사는 가르치는 일만 하면 되는 줄 알았다. 학교는 곧 교실이고, 내가 신경 써야 할 것은 오직 교실에서 아이들을 가르치는 일뿐이라고 생각했다. 내가 상상하던 학교는 가끔 학교를 배경으로 삼은 드라마에 나오는 것처럼 범생이가 있고, 악동도 있고, 나와 갈등을 하기도 하지만 결국은 나의 진심을 알아주는 해피엔딩? 뭐 이런 거였다. 내가 계속했던 걱정은 '아이들이 수업을 안 들으면 어떡하지? 아이들이 떠들면 어떡하지?'였다.

그런데 학교에 와 보니 학생은 눈에 보이지 않는 변수였다. 아니, 안 봐도 되는 변수였다. 학교에서 걷어야 할 온갖 가정 통신문과 신청 자료 배부 및 수거, 교칙 위반 학생 지도, 공문서 처리, 급식 지도, 교실 시설 및 비품 관리까지, 내가 상상하지 못한 일이 너무 많았다.

아무도 듣지 않는 조회, 아무도 듣지 않는 교무 회의

내가 발령받았던 2001년만 해도 운동장 조회가 있었다. 지방에는 아직도 운동장 조회를 하는 곳이 있을 것이다. 내가 중·고등학생일 때도 조회는 참으로 참기 힘든 것이었다. 잘 들리지도 않고, 재미도 없는 내용을 뙤약볕이 내리쬐든 칼바람이 불든 참고 듣는 척해야 했다. 내가 교사로 다시 학교에 왔을 때 예전과 달라진 점은 학생들이 듣는 '척'하지 않는다는 점이었다. 주로 생활지도부 선생님들이나 체육 선생님이 돌아다니는 앞쪽은 듣는 '척'의 자세를 유지하지만 뒤쪽은 줄이 흐트러져 위에서 바라보면 마치 꽃이 핀 것처럼 보였다. 연설이 끝나자마자 아이들은 끝났다는 기쁨에 엄청나게 큰 박수를 쳤다.

나는 선배 교사에게 물었다. "아이들이 아무도 안 듣는데 왜 조회를 해요?" 선배 선생님 왈, "교장 선생님은 아이들이 듣고 있다고 생각하거든. 자기가 그나마 아이들에게 존재감 있는 시간이랄까? 왜냐하면 끝나는 말과 동시에 아이들이 자기를 향해 박수를 쳐 주잖아".

교무 회의 역시 마찬가지였다. 회의는 서로 이야기를 하는 자리인데 각 부 부장과 교장, 교감 이외에는 아무도 이야기하지 않았다. 문서로도 전달할 수 있는 내용이기에 사람들은 낙서를 하며 밀린 이야기를 하거나 조는 경우도 많았다. 유일하게 발언을 하는 사람은 전교조 선생님들이었다. 학교의 불합리한 일에 대해 유일하게 반대 발언을 했고 누군가는 그 발언을 하지 못하게 하려고 마이크를 뺏고 회의를 끝내는 일도 있었다.

지금도 학교 조회는 계속되고 있다. 차이가 있다면 방송으로 진행된다는 것 정도? 아이들은 물론 아무도 안 듣는다. 방송을 통해서만 이루어지는 양성평등 교육, 학교폭력 예방 교육, 정보화 교육 모두 마찬가지다. 방송은 나오고 아이들은 앉아 있지만 모두들 삼삼오오 떠들거나 휴대전화를 만지작거린다.

나와 아이들의 만남도 결재가 필요하다

또 하나 놀란 것은 교사 스스로 할 수 있는 일이 거의 없다는 사실이었다. 아이들과 학급 야영이라도 할라치면 부장 – 교감 – 교장의 결재가 있어야 했다. 계획을 문서로 써서 올리면 내용을 검토하는 것이 아니라 내가 쓴 공문서가 공문서의 형식에 맞는지, 띄어쓰기가 틀렸는지 안 틀렸는지를 확인해서 다시 반려했다. 기껏 제대로 다시 써 가면 그제야 내용을 보고 안 된다는 경우도 있었다.

첫해 담임을 하면서 학교에서 야영을 하려고 했다. 아이들과 함께 프로그램을 준비하여 교실에서 1박 2일을 보내는 것이었다. 나는 아이들과 즐겁게 계획을 짜고 여러 가지 준비만 하면 되는 줄 알았다. 엉뚱하게도 교장 선생님이 안 된다고 했다. 이유는 교실 바닥이 더러워서 아이들을 재울 수 없다는 것이었다. 교장실 옆에 있는 우리 학급을 지나가다 보시면서 마음에 안 드셨던 모양이다. 나는 야영 전에 열심히 청소하겠노라고 했다. 그런데도 안 된다고 하셨다.

어떻게 해야 할지 몰라 교무실에서 울고 있는데 전교조 분회원 선생님이 좀 기다려 보라고 했다. 그리고 부장 선생님과 이야기를 해 보더니 교장, 교감과 부장이 참석하는 부장 회의에서 얘기해 보겠노라고 하셨다. 나는 희망을 품고 기다렸다. 부장 회의 자리에서 여러 부장 선생님들이 건의를 했더니 "긍정적으로 생각해 보겠다"라는 답변이 나왔다고 했다. 나는 긍정적인 답변을 확인하기 위해 다시 결재판을 가지고 교장실에 들어갔다. 왜 개인적인 일로 교무실에서 울고 짜냐며, 교실 청소 상태를 보고 결정하겠다고 했다. 나는 아무 말도 못 했다. 모멸감을 참지 못하고 교무실에서 다시 울었다. 이번에는 전교조 선생님들이 직접 다시 들어갔다. 잘 해결될 테니 걱정하지 말라고 했다. 그래서 두 번째로 결재판을 들고 들어갔다. 답변은 "자는 것은 안 되고 10시까지 하고 아이들을 돌려보내라"라는 것이었다. 힘 있는 사람들이 들어갈 때는 해 줄 것처럼 이야기하고 정작 내 앞에서는 계속 안면을 바꾸는 것이었다. 나는 비굴했지만 아이들과 약속을 어기는 것이 싫어서 '그러마' 했다. 그리고 숙직 아저씨께 잘 말씀드려 계속 하고 싶어 하는 아이들과 밤을 새리라 다짐했다.

아이들과 학교에서 저녁을 해 먹고 여러 가지 게임 프로그램을 했다. 좀 쉬고 영화를 보려고 기다리는데 갑자기 교감 선생님이 들이닥쳤다. 교장 선생님이 10시에 마치는지 확인하고 오라고 했다는 것이다. 결국 영화는 보지도 못하고 마지막 불꽃놀이를 위한 폭죽은 그냥 나눠 주면서 가는 길에 하라고 했다. 나는 너무 비참한 마음이 들어 청소를 하고 터덜터덜 집에 갔다.

그런데 그 다음 날 교장실이 난리가 났다고 했다. 누군지 교장 선생님 차를 폭죽으로 긁어 놓았다는 것이다. 나는 그냥 씽긋 웃었다.

내 이름은 '신규'

첫해 수업이 주당 23시간에 2, 3학년 수업을 동시에 들어갔다. 일주일에 7차시 수업을 준비하고 연구 수업도 했다. 좀 많다는 생각을 하기도 했지만, 처음이니 어쩔 수 없다는 생각이 들었다. 모든 회의에서 회의록을 정리하는 일, 잡다한 공문서 처리하는 일 등 온갖 일들이 나에게 떨어졌다. 모든 일의 끝에는 "자기 신규잖아. 처음이니까 배우는 마음으로 해"라는 말이 따라붙었다. 배우는 것이 중요하다는 생각은 했지만 컴퓨터에 코 박고 있는데 옆에서 우아하게 커피 마시며 수다 떠는 선생님을 보면 억울한 마음이 들었다. 어느 날은 수업하러 막 들어가는 참에 공문이 왔다며 처리해야 한다고 했다. 수업에 가는 길이라 수업 갔다 온 후 한다고 하자 교감 선생님은 금방 할 수 있는 거라며 반장더러 조용히 시키게 하고 올라가라고 했다. 공문 처리가 수업보다 우선이라는 것을 처음 알았다. 어떻게 그럴 수 있냐고 옆자리 선생님에게 물어봤더니 "수업 늦게 들어간 것은 교육청에 티 안 나는데 공문 늦게 올린 건 티 나거든"이라고 하셨다.

어느 날은 교감 선생님이 교무실 냉장고가 더럽다며 시간 있을 때 냉장고를 한번 닦으라고 했다. 가사 노동을 무시하는 것은 아니지만 다른 교사들에게 시키지 않는 일을 나에게 시킨다는 느낌이 들어 한마디 했다. "임용 시험 준비할 때 냉장고 닦는 법은 안 배웠는데요?"

수업하기 싫어서 승진한다?

초기 3년은 아이들과 전쟁으로 보냈다. 비교적 모범생으로 학교생활에 잘 적응했던 나는 아이들이 수업 시간에 자거나 떠드는 형태로 수업을 방해하고 태업하는 모습을 견디지 못했다. 아이들이 내 수업 시간에 싸우기도 했고, 나도 수업 시간에 책상을 걷어찬 적이 있었다. 아이들을 때려야 하나 고민하는 순간도 있었다. 학교 생활이 예상보다 힘들다는 생각이 들었다. 답답함에 나는 여러 선생님들께 고민을 이야기했다.

한 체육 선생님은 맞는 대수나 상황을 기계적으로 똑같이 할 수 있으면 때리라고 했다. 예를 들어 지각하면 두 대라고 정하면 어떤 상황이든 그 아이가 공부를 잘하든 못하든, 집안 환경이 좋든 안 좋든, 몸 상태가 좋든 안 좋든 간에 기계적으로 때릴 수 있으면 체벌을 해도 된다는 것이었다.

다른 선생님은 맞으면서까지 배울 게 있을까 싶다고 했다. 맞기 싫으니까 그 행동을 안 하긴 하겠지만 나중에 안 맞으면 같은 행동을 반복한다고 했다. 예를 들어 지각을 해서 때리면 그해에는 지각을 안 하지만 그 다음 해에 안 때리는 담임을 만나면 다시 지각을 하게 된다는 것이다.

어떤 선생님은 3월에 웃지 않으면 된다고 했다. 3월에 웃지 않고 엄격해 보이면서 문제를 일으키는 아이를 때리든 집에 안 보내고 남기든 어떻게든 본때를 보이면 아이들이 나도 저렇게 되겠구나 싶어 고분고분해진다고 했다.

이런 조언도 있었다. 5년쯤 지나면 장학사 시험을 준비하라는 것이다. 교육청 교과 연구회도 적당히 하고 대학원도 가라고 했다. 그래서 스펙을 쌓고 교육청에 인맥을 쌓은 후 장학사 시험에 붙어서 교육 전문직이 되라고 했다. 그러면 수업을 안 할 수 있다고 했다. 아이들하고 씨름하지 않아도 된다고 했다. 그리고 교육청에서 일 좀 하다가 학교로 돌아오면 교감이나 교장이 된다고 했다. 실제 그런 조언을 해 준 선생님은 수업에 잘 들어가지 않았다. 대부분의 시간을 보고서 쓰는 데 보냈고, 교육청 연수를 다니기에 바빴다. 그리고 3년 후 보란듯이 장학사 시험에 붙었다. 교육 전문직이 수업과 아이들에게서 벗어나는 일이라는 걸 그때 처음 알았다.

똑같이 살고 있을까 두려운 11년 차 교사

학교의 이해할 수 없는 여러 관행에 조금은 익숙해지기도 하고, 나름대로 견디는 방법을 만들기도 했다. 아이들에 대해서는 원래 떠들기 위해 태어난 존재이며, 오히려 침묵보다는 수다가 건강한 상태임을 보여 준다는 점을 알았고, 학교의 비합리적인 관행에 대해서는 고치려고 노력해 보고 안 되면 되도록 무시하거나 최소한의 에너지만 들여 대충 한다. 다만 아이들이 싫어지면 관둬야겠다고 생각하지만 몇 안 남은 정규직의 영역이 돼 버린 내 밥그릇을 내가 차 버릴 수 있을까 스스로 의문이 든다. 그래서 오늘도 생각한다.

학교가 망가져서 아쉬운 건 나니까 아이들이 싫어지지 않도록 내가 노력해야 되겠지? 지금 들어오는 신규 교사가 이해할 수 없는 일은 무엇일까? 나 역시 이해할 수 없는 관행을 보여 주고 있는 것은 아닐까?

2011년 7월

나는 '매우 만족' 평가를 받는 교사일까?

교사란 직업이 좋은 이유는 3월이 있다는 것이다. 아무리 지긋지긋한 기억을 갖고 있어도 2월이면 '올해는 어떤 아이들을 만날까?', '올해는 아이들과 뭐 재밌게 해 볼 수 있는 것이 없을까?' 하는 생각을 새록새록 하게 된다. 이런 설렘이 가장 큰 때는 단연코 신규 때다. 나는 거의 5년 동안은 3월 1일 밤에 제대로 잠을 이뤄 본 적이 없다. 지금은 그 정도는 아니지만, 어쨌든 3월이 교사에게 큰 설렘을 주는 것은 틀림없다.

그런데 올해는 조금 달라지는 것이 있단다. 올해부터 교원 평가를 한다고 한다. 하위 400명의 교사는 재교육 연수를 받는다고 한다. 교원 평가는 동료 평가 30퍼센트, 학교장 평가 40퍼센트, 학부모와 학생 만족도 조사 30퍼센트로 이루어져 있다. 대부분의 평정은 5단계로 되어 있다. 미흡, 만족, 매우 만족 정도의 평가 단계가 기억이 난다. 음, 예를 들어 나와 같은 국어를 가르치는 김 선생님은 문법을 설명하는 실력이 뛰어나다. 그래서 문법을 배울 때 아이들이 쉽게 배우고 기억도 잘 난다고 한다. 그런데 본인

왈, 문학도 문법처럼 가르친다고 한다. 그래서 아이들이 문학 작품을 읽는 감수성을 자기 수업에서 배울 수 있을지 걱정이라고 한다. 나는 어떤가? 나는 학생들의 활동을 중요시하는 편이다. 내가 잘 씹어 주는 것을 애들이 소화하기보다는 거친 밥이라도 스스로 씹게 하는 게 중요하다는 것이 나의 생각이다. 그래서 학생들은 내 수업을 흥미로워하고 특히 문학 작품을 배울 때는 자신들의 감수성에 놀라기도 하지만, 수업 시간에 배우는 지식이 정확히 무엇인지는 모르겠다고도 한다. 김 선생님과 나, 둘 중에 누가 '매우 만족'을 받을 수 있을까?

어떻게 하면 교원 평가에서 높은 점수를 받을 수 있을까?

아이들과의 만남은 어떨까? 학생과 학부모 만족도 조사 항목을 보면, '학습에 잘 참여할 수 있는 분위기를 조성합니까?', '학생에게 긍정적인 피드백을 줍니까?' 이런 질문들이 있다. 철수는 대부분의 수업 시간에 자고, 어쩌다 일어나면 떠드는 아이다. 졸업장이 학교 다니는 유일한 이유인 아이다. 그 아이가 자고 있을 때, 나는 어떡해야 할까? 그 아이를 '학습에 잘 참여하게 하려면' 그 아이를 깨워야 한다. 하지만 또 그 아이를 끊임없이 조용히 시키려면 그 아이에게도, 수업을 듣는 다른 아이에게도 긍정적인 피드백을 줄 수 없다. 나는 긍정적인 피드백을 위해 그 아이를 재워야 할까? 아니면 그 아이가 학습에 잘 참여하도록 깨워야 할까?

학부모와 교장이 들어오는 공개 수업은 1년에 네 번이다. 하필 그날이 전날 밤 12시까지 학원에 붙잡혀 있던 아이가 편안한 내 시간에 푹 잠드는 1교시면 어쩌지? 떠드는 아이들이 많은 남자 반이면 어쩌지? 여러 가지 걱정들이 꼬리에 꼬리를 문다.

결국 '매우 만족'스런 교사가 되려면 나는 기도를 해야 한다. 내가 들어가는 반은 수업 분위기를 수시로 흐리는 '특수 학생'이나 부모님이 안 계신 관계로 밤새 편의점 아르바이트를 해서 수업 시간에 내처 자는 '가난한' 학생 따위는 없는 반이어야 할 텐데…… 생활 지도 영역의 담임 점수도 있던데…… 사고 칠 것 같은 복학생이나 전학생은 절대 우리 반에 받지 말아야지, 동료 교사에겐 적당히 웃음으로 대하지만 수업 자료 같은 것은 나누지 말아야지. 교장 선생님께도 학교의 부족한 점은 건의하지 말아야겠다고 다짐하면서 말이다.

이렇게 1년을 보내면 나는 '매우 만족'스런 교사가 될 수 있을까?

2010년 7월

학생 글

좋은 교사, 나쁜 교사
K고 이○○

　나의 지난 11년간의 학교생활을 돌아보면 확실히 좋은 선생님과 나쁜 선생님은 존재했다. 만약 혹시라도 좋은 선생님을 못 만났다 하더라도 누구에게나 학창 시절 하면 얼마 지나지 않아 머릿속에 떠오를 나쁜 선생님은 항상 존재해 왔다.

　하지만 그런 '나쁜 선생님'들에 대한 사회의 반응은 어땠던가. 어른들 모두가 그런 '나쁜 선생님'을 경험해 봤을 텐데도 어김없이 '나쁜 선생님'에 대한 '나쁜 기사'가 나올 때면 교사보다는 그 교사를 그렇게 만든 학생이 더 악질이라며 학생들에게 '불량 학생' 딱지를 붙여 주기에 바빴다. 기억나는 에피소드로는 작년 겨울 한 자율 학습실에서 아이들이 떠든다는 이유로 반 전체 아이들의 웃통을 벗긴 채 문을 활짝 열어 둔 교사에 대한 기사가 뜬 적이 있는데, 포털 사이트 중 이용자가 가장 진보적이라는 다음에 올라온 댓글에는 "남자 애들이 그런 거 가지고 뭘 그러냐?"는 성차별적 발언에서부터 "우리 때는 더 했다" 식의 답답한 말, 심지어 "얼마나 아이들이 심하게 떠들었으면 그런 짓을 했겠냐"는 댓글까지 있었다. 이처럼 졸업하면 나 몰라라 혹은 나만 당할 수 없다는 의식이 가장 잘 투영되는 곳이 학교인 것 같다.

　이처럼 '나쁜 교사'에 대한 사회적 인식이 후한 덕에 아이들은 더

욱더 학교생활이 괴로워질 수밖에 없는 상황이다. 내가 만난 나쁜 선생님으로는 중학교 때 모든 일을 폭력으로 처리하려 했던 선생님도 있었고 학생들을 무시하며 그저 어른들이 하라는 대로 하라는 수학 선생님도 있었다. 나는 이 선생님께 발칙한 반항(?)을 했다. 수업 시간엔 대놓고 맨 앞에서 수업을 안 듣고 딴생각만 했다. 그럼에도 선생님을 엿먹이기 위해 혼자 수학 공부를 열심히 해서 좋은 성적을 유지했다. 생각해 보면 그 선생님은 4.19혁명, 68혁명 등에서 드러난 학생의 힘을 완전히 무시했던 것이다. 그저 매주 들어와 허공에 대고 수업만 하며 질문을 해도 모르쇠로 일관하던 선생님도 있었고, 이 외에도 나쁜 선생님이 많았다.

그러나 또 생각해 보면 나에겐 나쁜 선생님보단 좋은 선생님이 더 많았다. 담임 수당을 아이들을 위해 모두 쓰던 선생님, 복도에서 인사를 받으면 같이 "안녕하세요"라고 인사해 주던 국사 선생님, 지금은 돌아가셨지만 수업 시간마다 진도를 나가거나 공부를 하기보단 세상 돌아가는 얘기를 주로 해 주시던 한문 선생님, 항상 좋은 책을 추천해 주시던 사서 선생님, 그리고 항상 학생들의 생각을 존중해 주던 작문 선생님까지. 그 외에도 좋은 선생님 또는 잘 가르치는 선생님은 항상 존재했고, 그 선생님들에 대한 평들도 대체로 비슷했다.

선생님의 영향을 가장 많이 받는 것은 아무래도 학생들이기에 이렇게 좋은 교사와 나쁜 교사에 대한 평이 적나라하게 드러날 수 있는 것이다. 다른 동료 교사나 학부모는 학생들에 비해 반도 알지 못한다. 그렇지만 학생들이 좋은 선생님에게 해 줄 수 있는 최대의 것은 수업에 집중하는 것뿐이고 나쁜 선생님에게 해 줄 수 있는 것은 아무것도 없다. 교원 평가제가 있다곤 하지만 그것을 아는 학생들은 전체의 10분의 1도 되지 않고 또 부정적 시각 또한 있기 때문에 앞으로 제대로 시행될지는 미지수다.

학생에게 선생님의 평가를 맡기지 못한다면 과연 누구에게 맡겨야 하는 것인가? 아이들이 제대로 된 평가를 하지 못한다는 것은 또 무슨 말인가? 아이들도 착한 선생님과 잘 가르치는 선생님쯤은 구분할 줄 알고, 무서운 선생님과 못 가르치는 선생님쯤은 구별해 낼 수 있다. 교원 평가제에 태클을 걸어야 한다면 그것은 학생들의 분별력이 아니라 교사를 평가한다는 그 자체여야 한다. 즉 선생님들을 줄 세워서 좋은 평가를 받은 선생님들에게 인센티브를 주고 안 좋은 평가를 받은 선생님에게 불이익을 주는 방식이 문제인 것이다. 하지만 이 제도가 선생님들을 줄을 세우는 것이 아니라 대부분의 학생들이 공감하는 '나쁜 교사'를 학생들이 직접 고발하는 정도가 된다면 좋을 것이다.

그렇다면 아이들이 생각하는 좋은 교사와 나쁜 교사의 차이점은 무엇일까? 학생의 관점에서 보건대 그것은 학생을 인간으로 생각하며 존중해 주느냐, 아니냐의 차이다. 앞에서 말한 폭력적인 선생님은 학생의 인권을 빼앗았고, 독선적인 선생님은 학생의 생각을 억압한 것이며, 혼자 허공에 수업만 하고 나가는 선생님은 학생을 그저 저녁 반찬에 쓸 오이와 당근으로밖에 보지 않는 것이다.

그에 비해 담임 수당을 아끼지 않은 담임 선생님은 아이들을 그저 수당이 나오게 하는 존재가 아닌 친구 또는 자식으로 생각한 것이고, 복도에서 개인적으로 인사해도 항상 존댓말로 다시 인사해 주던 선생님 또한 우리를 존중해 주었던 것이다. 진도보다는 세상 돌아가는 얘기를 해 주던 선생님이나 좋은 책을 추천해 주던 선생님 모두 진정한 의미의 교육을 실천하셨던 분들이다.

학교가 그저 대학을 가기 위해 있는 곳이 아니듯 우리도 단지 미래의 대학생만이 아니다. 우리가 원하는 것은 그저 우리를 인간으로 생각해 주고 인권을 보장해 주는 것이다. 인권은 다른 가치보다 우선된다.

혹시 그것이 교사의 권위와 충돌할지라도.

스승의 날을
우울하게 만드는 제도

2001년 처음 교사로 발령받았다. 꿈에 부푼 첫해 스승의 날, 아이들의 반짝반짝한 눈망울과 〈스승의 노래〉를 기대했던 것 같다. 그런데 현실은 서로에게 '부담스러운' 날이었다. 뭘 가지고 오지 말라고 하려니 '안~돼요돼요돼요' 하는 것 같고, 가만히 있자니 '부모의 숙제 제출'을 거부하기가 참 어려웠다. 오히려 '김영란법'(부정청탁 및 금품등 수수의 금지에 관한 법률))이 생기고 나니 서로에게 명확한 기준이 생겨 후련했다. 스승의 날은 형식이 아니라 관계가 만드는 것이기에 나에게 고마움을 표현하고 싶었던 아이들은 편지를 쓰든, 하트를 그리든 방법을 찾을 것이다. 그래서 김영란법 때문에 교단이 쓸쓸하다는 것은 별 관심 없는 사람들의 추측일 뿐이다.

오히려 올해 스승의 날을 우울하게 만드는 것은 성과급이다. 교사가 되던 해부터, 정부는 '열심히 하는 교사'에게 인센티브를 주기 위해 스승의 날에 성과급을 지급한다고 했다. 교사 대부분이 반납 투쟁을 벌였다. 주룩주룩 내리는 비를 맞으며 '돈을 거부한다'는 집회도 열었다. 솔직히 초임 교사였던 나는 다른 직장에 다니는 회사원들도 다 받는 성과급을 왜 거부하는지 의아하기도 했다. 하지만 16년이 지난 지금, 성과급은 교사로서의 자존감을 가장 깎아먹는 원흉이라는 게 내 생각이다.

성과급을 거부해야 하는 이유

가장 이해되지 않는 것이 성과급 기준이다. 돈이 오고 가다 보니, 업무 평가가 '객관적'이어야 한다는 생각이 부지불식간 들게 된다. 그러다 보니 교사 스스로도 학생들을 만나는 노동을 객관적 기준으로 정하게 되기 십상이다. 예를 들어 '상담 지도'와 같은 항목이 있는데, 사실 상담의 영역이야말로 객관적인 기준을 정하기 어렵다. 그날 학생과 대화가 잘 되다 보면 길게 얘기할 수도 있고, 이야기할 상황이 아니면 짧게 할 수도 있다. 그리고 상담이라는 영역의 특성상 기록에 남길 수 있는 것도 있고, 남길 수 없는 내용도 있다. 그런데 성과급이라는 틀 안에서 생각하면 '몇 명'을 상담했는지, '얼마만큼 기록을 남겼는지'가 기준이 될 수밖에 없다.

객관적으로 보이는 '수업 시간' 기준도 마찬가지다. 업무 특성이 다른 사서 교사나 보건 교사, 상담 교사의 경우 아무리 보정을 한다고 해도 낮은 등급을 면하기 어렵다. 그래서 위급한 학생을 위해 대기할 시간에 꾸역꾸역 수업에 들어가거나, 전문적인 상담이 필요한 학생을 제치고 교실에 들어가기도 한다. 객관적으로 평가할 수 없는 것을 평가하는 과정에서 교사의 노동은 분절되고, '눈에 보이는 것만 하면 끝'이라는 앙상한 서류만 남는다.

근본적으로 학생들과의 만남을 '성과'로 보는 것 자체가 황당하다. 실제 우리나라에서 학생들은 인간이 아니라 '교육 인적 자원'이다. 처음에 교육인적자원부라는 이름의 정부 부처가 생겼을 때, 학생들이 "우리 이제 석탄이에요? 아님 석유예요?"라고 키득거려서 무슨 말을 해야 할지 난감했다. 한 사람 한 사람을 인간 개개인으로 대접하며 인간답게 성장할 수 있도록 지원할 생각을 하는 게 아니라 가공해야 할 석탄이나 석유쯤으로 보고, 이를 잘 가공한 교사에게 '상' 등급을, 그러지 못한 교사에게 '하' 등급을 주는 것이다.

이런 성과급 제도는 과거 신자유주의와 민주주의의 동거를 꿈꿨던 민주 정권에서 만든 것이다. 이후 16년 동안 국민들은 시장 경쟁 만능주의 제도의 한계를 뼈저리게 학습했다. 새로운 대한민국이라면 뒤틀린 '잃어버린 10년'만 되돌릴 것이 아니라, 예전에 잘못 뿌린 정책의 씨앗까지도 다시 파내야 할 것이다. 교사 성과급처럼 그 효과는 없고 폐해만 짙은 정책이라면 과감히 손볼 필요가 있다.

2017년 5월

교사를 위해서도
체벌 금지는 필요하다

체벌이 금지되었다고 하지만, 여전히 체벌로 인한 학생의 자살 등의 사건은 끊이지 않고 보도된다. 또 한편으로 체벌 금지는 돌이킬 수는 없지만, 뭔가 교사로부터 힘을 앗아간 교권 하락의 이유로 꼽히기도 한다. 하지만 정말 그럴까? 체벌은 교사에게 힘이었을까, 굴레였을까?

서울 시내 학교에서의 체벌 금지는 2010년 7월 일명 '오장풍 교사 사건'(오장풍이라는 별명을 지닌 교사가 학생 지도 과정에서 심각한 수준의 체벌을 한 동영상이 인터넷으로 고발된 사건)이 그 시발점이 되었다. 7월에 사건이 있었던 직후 2학기부터 서울 시내 학교에서 체벌이 전면 금지되었다. 체벌 금지가 발표되었을 때 많은 사람들이 필요한 조치라고 환영하기도 했지만 다른 한편에서는 오장풍 교사 사건의 심각성은 공감하지만 현장에 대체 시스템이 없는 상태에서 너무 급작스러운 조치라는 이견도 있었다. 그리고 이런 조심스러운 반대 의견은 체벌 금지가 실질적으로 시행된 2010년 11월 이후 몇몇 학교에서 교사-학생 간 폭행 사건이 언론에 기사화되면서 몇몇 교육 단체의 '체벌 금지 불복종 운동'이라는 해외 토픽에 날 만한 선언으로 발전되기도 하였다. 10년이 지난 지금, 학생 지도가 힘들 때마다 "옛날에는 다 종아리감이었는데" 하며 농담의 이름으로 체벌에 대한 향수는 다시 소환되기도 한다.

체벌을 가할 수 있는 교사는 따로 있다

체벌 금지 조치 이전에도 체벌은 제한된 교사들만 사용하는 수단이었다. 이미 지나친 체벌에 학부모와 학생들의 민원이 심해지면서 교육청에서도 체벌로 인한 민원이 제기되지 않도록 수시로 공문을 내려보냈다. 즉 체벌 금지 조치 전의 교육청 입장은 "교육상 필요한 체벌은 공식적으로는 허용하되 민원이 나지 않도록 살살 하라"는 것이었다.

이런 상황이다 보니 체벌을 교육의 일상적인 수단으로 사용하는 교사는 학생들이 체벌을 당해도 민원을 제기할 엄두가 안 나는 무서운 교사이거나 학교에서 '생활 지도'의 공식적인 책임을 맡고 있어 '체벌할 권한이 공식적으로 있는' 생활지도부 교사들이었다. 그리고 그렇게 주어진 '체벌'의 우산 속에 몇몇 교사들이 '손바닥 때리기' 정도의, 사람들이 흔히 말하는 '교육상 필요한', '다소 경미한' 체벌이 행해지고 있었다.

똑같은 잘못을 해도 어떤 교사에게, 어떤 상황에서 걸리느냐에 따라 다른 체벌을 받았다. 그래서 학생들은 뭔가 잘못해서 맞았을 때 그 잘못을 반성하기보다는 "옆 반 선생님은 봐주는데 선생님은 왜 때려요?"라는 볼멘소리를 하기도 했다. 그러다 보니 때릴 만한 사람, 다시 말해서 물리적 힘이 센 생활지도부의 무서운 교사가 때리면 '그럴 만하다'고 여기지만 그보다 힘이 약한 교사가 체벌을 하면 더욱 반항했던 것이다. 즉 체벌은 어떤 학생이든 어떤 교사든 명확한 잘못이 있을 경우 누구나 동일하게 당하거나 행하는 사법 체계 속의 징벌이라기보다는 학교 안의 권력관계에서 물리적 힘이 있는 사람이 '생활 지도'라는 '권위'를 더하여 행사한 폭력인 것이다. 결국은 '맞을 만한 짓'을 해서 맞는 일보다는 '때릴 만한 사람'을 만나서 맞는 일이 더 많았던 것이다. 이렇게 합법화된 힘의 질서에 일상적으로 노출된 학생들이 자기보다 약한 약자에게 폭력을 행사하는 것은 어찌 보면 당연한 일이다.

체벌 금지 이후 언론에 가시화된 교사-학생 간 폭행 사건의 주인공은 대부분 여교사들이다. 약자로서 폭력을 당연하게 경험한 학생들은 자신이 '때릴 만한 위치'가 되었을 때 자신의 폭력적 근성을 드러낸다. 그것이 교사들을 향할 때는 만만한 여교사이거나 기간제 등 비정규직 교사가 대상이 되는 경우가 많다. 그런데, 이렇게 만만한 여교사에게 체벌을 당한 학생이 자살하는 사건이 발생했다. 2009년 5월, 광주의 한 사립고 1학년 학생이 자율 학습에 빠져 여교사에게 발바닥을 110대가량 맞은 후 놀이터 정자 지붕 끝에 목을 매 숨진 것이다.

이 사건에는 여러 맥락이 얽혀 있다. '자율 학습에 빠졌다'는 이유로 체벌을 당했다는 것, 광주가 이번 수능 성적 공개에서 1위였다는 것, '여교사가 교장 딸이었다'는 것, 사립 학교였다는 것. 학생이 110대나 발바닥을 맞은 이유는 살인, 강간 등 천인공노할 인륜에 어긋나는 죄를 지어서가 아니었다. 단지 '자율 학습'에 '자율적'으로 빠진 것이 원인이었다. 자율 학습을 강제로 시키지 않아도 되었다면 이 교사는 체벌할 이유가 없었을 것이다. 그런데 교사는 강제로 자율 학습 지도를 해야만 했고, 그래서 묵인된 폭력을 쓸 수밖에 없었다. 수능 성적 공개에서 당당하게 1위를 했던 광주의

이면에는 이런 입시 경쟁의 어둠이 있었던 것이다.

일반적으로 '젊은 여교사'는 학교의 밥이다. 윗사람들로부터 떨어지는 많은 일들을 처리해야 하고, 아이들에게도 만만한 존재다. 학부모에게도 만만한 존재여서 급식 지도를 과하게 했다는 이유로 무릎 꿇고 사과한 것도 '젊은 여교사'다. 중·고등학교에서 '젊은 여교사'는 아이들에게 힘으로 밀리기 때문에 체벌을 하기도 쉽지 않다. 체벌은 내성이 있어서 점점 더 강도가 세지지 않으면 먹히지 않기 때문이다. 그리고 심하게 체벌을 할 경우 대부분의 '젊은 여교사'들이 학부모의 민원을 감당하는 것은 만만치 않은 일이다. 그래서 주로 초등학교나 중학교 1, 2학년 정도까지 적당히 체벌을 하고 그 이후에는 학생부에 넘기거나 하는 방식으로 더 큰 힘에 기댄다.

그런데 이 교사는 왜 직접 그 험한 일을 할 수 있었을까? 사립 학교 교장의 딸이던 이 교사는 무엇보다 든든한 '빽'이 있었다. 즉, 이 체벌 사건은 보통의 '젊은 여교사'에게 쉽게 일어날 수 있는 사건이 아니라는 것이다.

흔히 학교의 약자인 '젊은 여교사'를 보호하기 위한 수단으로 '체벌할 권리'를 주장하기도 하지만, 그 주장은 약자에게 더 약한 자를 학대할 권리를 보장해 주는 것과 마찬가지다. 그리고 그 희생양은 학교에서 '절대 약자'인 아이들이다. 오히려 이른바 '일진' 애들은 교사도 건드리지 않는다. 괜히 큰 사건을 일으킬 수 있기 때문이다. 순진하고 만만한 아이들이 '본때'의 대상이 된다. 그리고 이것은 오히려 교사에게는 덫이 된다. 이번 사건의 교사도 학생이 자살을 할 것이라고는 예상하지 못했을 것이다. 워낙 체벌이 심한 학교라 이 정도는 체벌도 아니라는 아이들의 반응을 봐도 알 수 있다. 하지만 아이들이 그 폭력을 감당하지 못할 경우 '자살'이라는 극단적인 선택을 함으로써 교사를 범죄자로 만든다. 즉 교육적 원칙을 지키지 못하고 묵인된 폭력에 기댄 교사를 살인자로 만든 것이다. 만약 체벌이 금지되어 있었다면 역설적으로 이 교사는 이런 덫에 빠지지 않아도 되었을 것이다.

상황이 이렇다 보니 체벌을 별로 좋아하지 않는 교사도 학교 질서 수호라는 책임감 때문에 악역을 맡아 체벌을 하는 경우가 많다. 그들은 학생들에게 '미친 개'라는 별명을 얻으며 악역을 맡는다. 그리고 체벌의 속성상 내성이 생겨 약한 체벌에는 반응조차 없는 아이들을 상대하기 위해 강도를 더하다가 '폭력 교사'로 인터넷에 뜨게 된다. 이런 점에서 체벌 금지는 교사를 위해서도 필요하다. 체벌이 공식적으로 금지되어야 교사가 교육 불능의 상황을 폭력을 통해 감추는 것을 멈추게 될 것이기 때문이다.

학교폭력과 체벌은 샴쌍둥이

학교의 권력관계를 대충 그려 본다면 이렇지 않을까?

이 권력관계 속에서 살아남기 위해 서로에게 폭력을 쓴다. 자살한 학생이 일진이었다면 이런 일을 당하지도 않았을 것이고, 아마 다른 만만한 아이에게 학교폭력으로 분풀이를 했을 수도 있다. 하지만 그 아이는 그럴 수 없었다. 그래서 죽음을 택한 것이다. 이 사건이 더 비극적인 것은 이런 이유에서다. 학교폭력과 체벌은 쌍쌍둥이와 같다. 겉으로는 서로 다른 것 같지만 하나의 뿌리를 가지고 있는 것이다. 따라서 체벌을 교권으로 보는 것은 옳지 않다. 체벌은 어쩌면 이 억압적인 교육 체제 속에서 살아남기 위한 교사의 몸부림일 뿐이다.

또 체벌로 잘못을 가리는 '정의 시스템'은 학생들에게 부당한 일을 당했을 때 어떤 방식으로 스스로를 보호하고 저항하는 것이 가능한지 가르친 적이 없다. 가장 최근에 언론에 보도된 사건의 경우 교사가 학생들에게 잘못한 행동에 대해 서로 때리라는 지시를 했고 그 지시에 불응하는 과정에서 폭행으로 이어졌다. 논리적으로 자신의 의견을 말하는 것도 "머리에 피도 안 마른 것들이 말대꾸야"라는 말로 묵살당했던 학생들은 스스로 부당하다고 느끼는 것을 정당한 수단으로 표현할 방법을 배우지 못한 것이다.

체벌 금지 이후 언론들은 마치 학생들이 길들여지지 않은 짐승이 되어 날뛰는 것처럼 보도했다. 그 짐승을 길들이기 위해서는 '체벌'이라는 강력한 도구가 필요하다고 주장한다. 하지만 결국 학생들을 강자에게 약하고 약자에게 강한 짐승으로 만든 것이 누구인가? 교육적으로 필요하다는 명분으로 일상적으로 폭력에 노출시키면서 입시 공부 외에는 아무것도 할 것이 없는 학교, 성적 외에는 아무 관심이 없는 부모, 평생 남을 돌보지 말고 경쟁할 것을 주문하는 사회가 아닌가?

학생 아닌 사람이 생각하는 '학생다움'

어떻게 보면 아이들은 학교가 공부를 더 잘 가르치기를 기대하지 않는다. 지금의 입시 제도에 학교가 잘 대응할 수 없다는 것을 교사들보다 더 잘 알고 있기 때문이다. 그리고 좋은 대학을 갈 아이들은 특목고에 있다는 것도 이미 다 알고 있다. 하지만 아이들에게는 대안이 없다. 학교 가기가 죽기보다 싫지만 학교를 안 가면 갈 데가 없기 때문에 아이들은 꾸역꾸역 학교로 온다.

그런데 학교에 오면 인간적인 대우를 받을 수 없다. 교문에 들어서면서부터 온갖 감시의 눈길로 자신을 체크해야 한다. 다음은 작문 수업 시간에 '묘사'를 배우면서 아침의 교문 풍경을 담은 한 학생의 글이다.

아침에 눈을 뜨면 상큼한 하루가 시작되기는 개뿔, 지옥의 하루가 펼쳐진다. 아침마다 염라대왕 같은 그놈의 학주 얼굴을 보자니 미치고 팔딱 뛸 지경이다. 아니 이건 마치 똥 마려운 개새……가 아니라 똥 마려운 강아지처럼 머리를 못 잡아서 발정 난 것 같다. 오늘도 교문엔 미친 학생부와 선도부가 서 있다. 아니 머리가 좀 길다고 해서 개나 소나 공부 안 하고 양아치 되나? 그건 아니다. 아무튼 왼쪽엔 개미떼처럼 모여 있는 녀석들, 그것은 마치 흩날리는 연꽃처럼 아름답기는 쥐뿔, 그냥 짜증이 느껴진다. 머리 잡히면 또 오리처럼 빌빌 기며 허벅지와 종아리를 바늘로 찌르는 것을 능가하는, 관통하는 느낌이 밀려온다. "미친, 우리가 사람 새끼지 짐승 새끼임?"이라고 말하면 자기 말을 들으라고 지저귀겠지. 이건 뭐 씹다 만 껌을 다시 씹는 걸 30번 이상 반복하는 소리. "우리가 내는 돈 받아 처먹고 병장이 이병 갈구듯 갈구고 싶었어요? 청바지 입고 돌려차기 하다 엎어지는 개소리는 집어치우세요." 요점은 이게 아니라, 아무튼 지옥 같은 아침 교문에선 오늘도 아이들의 머리가 잡힌다.

또 다른 학생의 글이다.

따르릉, 따르릉, 알람이 울린다. 나는 부스스한 머리로 시계를 보곤 부랴부랴 일어난다. 헐레벌떡 준비하고 집을 나서는데 43분이다. 뛰기도 걷기도 애매해 걷는 둥 뛰는 둥 하는데 기분이 좋지 않다. 내가 왜 뛰어야 하는지…… 그렇게 해서 결국은 학교에 51분에 도착해 지각 사유서를 쓴다. 아, 울고 싶은 이 마음. 억울하다. 1교시 수학 시간, 잔다……. 자니까 위로가 된다. 2교시 영어 시간, 나에게 영어로 된 문장을 읽어 보라고 한다. 못 읽고 놀림감이 되었다. 기분이 급하게 슬펐다. 3교시, 4교시, 내내 기분이 안 좋았다. 점심시간이 되어 나는 밥 먹는다는 것 하나 때문에 급하게 싱글벙글 행복해졌다.

이렇게 억압적인 상황 속에서 수업을 진행해야 하는 교사는 사실 '폭력'을 쓰지 않고 견디기 어렵다. 교사들은 다양한 필살기를 사용한다. 어떤 교사는 체벌을 하기도 하고, 어떤 교사는 점수로 애들을 잡고, 어떤 교사는 읍소하기도 한다. 이 세 가지 방법 모두 별로 교육적이지 않다. 체벌은 내용에 대한 깨달음 없이 물리적으로 반응하게 하기에, 점수는 아이들을 점수의 노예로 만들기에, 읍소는 교사의 자존심을 무너뜨리기에. 하지만 어쩔 수 없이 한다. 어쨌든 우리는 살아야 하니까.

이미 법적으로 체벌이 금지되어 있는데도 체벌과 관련된 파문이 사라지지 않는 이유는 무엇일까? 체벌은 학교의 억압 체제와 깊이 관련되어 있다. 제대로 된 합의 없이 이루어진 국가의 정권이 경찰과 군대의 힘으로 유지되듯이 지금의 학교는 체벌이라는 폭력 없이는 유지되기 어려운 것이다.

이러한 면에서 체벌을 전면적으로 금지하면 학교가 붕괴될 것이라는 주장은 틀리지 않다.

하지만 지금의 시스템이 유지되는 것은 또 얼마나 큰 의미가 있을까? 학교에서 이미 아이들은 누구로부터도, 아무것도, 배우지 않는다. 그나마 아이들을 버티게 해 주는 것은 또래 아이들과의 만남이다. 하지만 잔인한 입시는 그것조차 허락하지 않는다. 그래서 아이들은 서로를 물어뜯는 괴물이 되어 가고 있다. 괴물이 되는 이 현실은 '학교폭력'이라는 이름으로 드러난다.

힘으로 갈등이 해결되는 것을 계속 배워 온 아이들이 힘으로 자신의 문제를 해결하는 데 어떤 도덕적 갈등을 느끼겠는가? 실제로 학교폭력의 희생자들은 학교 안의 약자, 즉 약한 아이들이다. 다른 아이들이 괴롭혀도 자신들을 지지해 줄 사람이 없는, 친구가 없는 아이들이다. 그래서 그 폭력의 현장을 방관하는 아이들도 별로 죄책감을 느끼지 못한다.

하지만 이것이 언론에서 늘 떠드는 '무서운 10대'의 모습인가? 언론은 아무 뿌리도 없는 신인류인 양 그들을 흉악하게 묘사하고 그들에 대한 공포를 강화한다. 그러면 그들의 포악함은 누가 만들었는가? 우리는 학교에서 시험을 볼 때 남한테 보여 주지 갈라고 가르친다. 시험이니까 공정하게 하려면 서로 물어보면 안 된다고 가르친다. 학업에 약자인 아이들을 도와주지 말라고 가르친다. 그리고 모둠 수행 평가를 할 때만 서로 도우라고 가르친다. 이 이야기는 무엇인가? 자기의 이익과 관련될 때만 남을 도우라고 끊임없이 주입하는 것이 아닌가? 그런 가르침을 계속 받아 온 아이들은 당연히 자신의 문제를 힘으로 해결하고 남의 불행을 외면하는 것에 죄책감을 느끼지 않는다. 요즘 우리를 위협하는 무서운 10대의 모습은 우리가 만들어 낸 우리의 자화상인 것이다.

교사들이 체벌을 하는 경우는 대부분 아이들이 자신의 잘못을 인정하지 않을 때다. 이것은 무엇을 뜻하는가? 서로 합의되지 않은 의견은 결국 권력자의 폭력으로 해결할 수밖에 없다는 것을 아이들에게 가르치고 있는 것이다. 그래서 아이들도 말로 되지 않으면 힘으로 해결하는 것에 대부분 동의한다. 상당히 많은 학생들이 체벌에 찬성하는 것도 같은 이유다. 체벌을 하지 않는 내가 아이들과의 관계에서 쩔쩔맬 때 아이들은 나에게 충고한다. "매를 드세요"라고. 체벌이 법적으로는 금지되어 있지만 암묵적으로는 용인되는 이유가 바로 이것이다. 이 억압적인 교육 체제는 체벌을 필요로 한다. 도덕적인 우아함을 잃지 않기 위해 눈 가리고 아웅할 뿐이다. 그래서 아이들을 때리면서 학교폭력 추방 캠페인을 하게 만드는 것이다. 아이들에게 더는 이런 사기 행각을 계속해서는 안 된다. 우아한 세계는 없으니 그냥 폭력으로 살자고 가르치거나, 우리도 폭력 없는 세상을 만들도록 노력할 테니 너희도 싸우지 말라고 얘기해야 한다.

"우리 서로 짓밟지 말자"

이렇게 얘기하면 도대체 현실적인 대안이 뭐냐고 물어볼 것이다. 갑자기 학교가 뒤집어지지는 않을 거고, 교사들은 말 안 듣는 애들 때문에 괴로울 거고, 아이들은 어디선가 누군가에게 계속 맞을 것이다. 그래서 벌점제를 대안으로 제시하는 사람들이 있다. '그린마일리지 제도'라고 해서 벌점과 상점을 기록해서 아이들을 관리하는 것이다. 벌점제를 해 보면, 벌점제가 체벌보다 아이들을 더 망가뜨린다는 걸 알 수 있다. 흡연으로 걸리면 -10점, 흡연한 친구를 신고하면 +10점을 준다고 해서 친구를 신고하게 하는 경우도 있다. 그리고 또 어떤 아이들은 그 약하고 착한 젊은 여교사들에게 "심부름 해 드릴 테니 상점 주세요"라면서 상점을 벌러 다닌다. 가장 안 좋은 점은 서로 호환될 수 없는 행동이 점수를 통해 호환된다는 점이다. 학교폭력으로 벌점 20점을 받았는데 쓰레기 줍기 20번으로 그 벌점이 사라진다. 자신이 저지른 폭력에 대한 도덕적 불감증을 일으키게 하는 것이다. 아이들의 행동 하나하나가 점수화된다는 것은 그들의 보들보들한 마음을 구획화하는 일이다. 대가가 없으면 움직일 필요가 없다고 교육하는 것이다.

지도 내용	항목	점수
용의·복장	△ 두발 상태 불량 • 염색, 파마 • 규정보다 긴 머리 • 묶지 않은 긴 머리 △ 용의·복장 불량 • 장신구 착용(목걸이, 반지, 귀걸이 등) • 여학생 화장 행위 △ 명찰 미착용	각 -1점
교내·외 생활	△ 예의가 바르지 못한 행위 △ 쓰레기 무단 투기(화장실, 대·스변기 포함) △ 껌을 씹거나 아무 곳에나 뱉는 행위 △ 복도 장난 및 교내 소란 행위 △ 실내에서 공놀이를 했을 때 △ 침을 함부로 뱉는 행위(화장실 바닥 포함) △ 조회, 전체 모임 등 행사 무단 불참 △ 학급 봉사 활동 소홀 △ 수업 중 음식물 취식 및 교실 반입 △ 동료 간에 모욕감을 주는 언행 △ 지정된 장소 이외에서 걸레를 빠는 행위 △ 무단 횡단, 신호 위반 △ 학교 기물에 낙서 및 무단 훼손하는 행위	-1점 -1점 -1점 -1점 -3점 -1점 -1점 -1점 -1점 -1점 -1점 -2점 -2점

지도 내용	항목	점수
교내·외 생활	△ 담배, 라이터 소지	-3점
	△ 월장 및 무단 외출	-3점
	△ 불량 서적, 비디오 소지, 감상, 배포 등	-3점
	△ 교사에 대한 불손 행위	-3점
	△ 폭력에 해당되는 행위	-3점
	△ 흡연(1차 적발)	-5점
출결 상태	△ 정규 수업 지각(병으로 인한 것은 제외)	-1점
	△ 무단 결과·조퇴	-2점
수업 태도	△ 수업 준비 미비	-1점
	△ 수업 태도 불량	-1점
	△ 면학 분위기 저해	-3점
	△ 과제 미제출	-1점
	△ 수업 중이나 행사 시 휴대전화를 가지고 사용 또는 벨소리를 낼 때	-3점

　　벌점제의 또 다른 해악은, 빵 한 조각을 훔쳐서 평생 징역을 선고받는 수많은 장발장을 만들어 낸다는 것이다. 벌점제의 항목은 무척이나 쪼잔하고 추상적이다. 즉 교사의 주관적인 잣대로 정해지는 경우가 많다. 그런데 벌점이 쌓이면 태산같이 높아져 퇴학을 당하는 경우가 있다. 벌점에 대해 아이들이 경각심을 갖지 않기 때문에 어느 순간 퇴학의 위기에 놓이는 것이다. 일부 학교는 벌점으로 학생들을 무더기로 퇴학시켜 물의를 빚기도 했다.

　　벌점제가 많이 없어졌다고 하지만, 학교별로 편차가 크다. 어떤 학교는 학생인권조례에 따라 두발 규정을 없앤 후에 벌점 조항에는 남겨 두면서 이것은 학칙이 아니라는 주장을 하기도 한다. 즉, 법을 초월한 자의적 규칙으로서 벌점제가 존재하고 있는 것이다.

폭력이 사라져야 교육이 산다

교사가 학생에게 폭행당하는 일은 일어나서는 안 되는 일이다. 하지만 그 일이 일어나지 않게 하기 위해서 교사들에게 다시 학생들을 때릴 합법적인 권한을 주는 것은 문제를 더 악화시키는 일이다. 힘 있는 남교사가 정의의 사도가 되어 학교의 '무서운 아이들'을 '힘'으로 지도하는 시스템이 계속 이어진다면 '힘'이 권위를 유지한다는 질서 자체는 더 공고해질 것이기 때문이다. 그러면 잠깐 동안은 권위가 유지되는 듯하지만, 학생들은 더 약한 희생양을 찾아 안 보이는 곳에서 같은 일을 반복할 것이다.

교권을 세우는 일은 어떤 식의 폭력이든 학교 사회에 발붙이지 못하게 하는 것이다. 그 폭력은 단순히 물리적 폭력뿐이 아니다. 2010년 민주노동당에 소액을 후원한 교사들이 교직을 박탈당했다. 자신의 양심에 따라 최소한의 기부를 하는 것조차 금지당한 교사들이 어떻게 권위 있는 존재로 교단에 바로 설 수 있겠는가? 이 외에도 교사들의 의견이 무시된 채 교육청의 지침대로 움직여야 하는 비민주적인 학교 풍토, 학생들과 소통하는 수업이 아니라 입시 위주의 문제집 풀이 수업을 강요하는 일제 고사, 학교 공부를 무용지물로 만드는 입시 제도가 교육자로서 교사의 자존감을 무너뜨리고 있다. 교육 당국과 이 사회가 진정으로 교육과 교권을 걱정한다면 체벌할 권리가 아니라 입시로부터 자유롭게 수업을 기획할 수 있는 평가권과 교육과정 편성권, 그리고 교사이기 이전에 한 시민으로서 사상과 양심의 자유를 누릴 수 있는 권리를 보장해야 할 것이다.

2010년 11월

체벌 금지 이후,
학교에는 무슨 일이 일어났을까?

　　서울시교육청의 체벌 금지 조치 이후 학교 안에서는 어떤 변화가 일어났을까? 정책이 시행된 지 1년 남짓 된 상황에서 이야기하기에는 좀 조심스럽기도 하고, 학교 안에서 눈에 띌 정도의 변화를 찾아보기도 쉽지 않다. 하지만 지금처럼 여러 가지 상황이 복합되어 있는 현실을 들여다보는 것이 더 진실에 근접할 수 있다. 어떤 변화가 눈에 보일 정도로 진전된 상태라면 이미 또 다른 질서가 구축된 것이기 때문에 그 질서에 의해 진실이 가려질 수도 있다. 일종의 춘추전국시대와 같은 상황이 사실은 더 진실에 가까울 수도 있는 것이다.

　　사실 체벌 금지는 고교 선택제나 일제 고사처럼 어떤 제도가 들어온 것이라기보다는 확실히 존재하지만 눈에 드러나 보이지 않았던 어떤 뿌리를 건드린 사건이다. 그 뿌리의 흔들림이 학교 구성원에게 어떤 흔들림을

※《가장 인권적인, 가장 교육적인》(공저)에 실린 글을 편집하여 다시 싣는다.

주었는가? 이것이 눈에 보이는 사실보다 더 중요할 수 있다. 그러기에 이 '혼란'은 그 자체로 의미 있을 수 있다. 중요한 것은 '혼란' 자체가 나쁘냐 좋냐가 아니라 그 혼란의 '내용'인 것이다.

우리는 흔들렸는가? 흔들린 척하고 있는가? 흔들렸다면 어느 정도, 어느 부분에서 흔들렸는가? 흔들릴 부분이 흔들렸는가? 아님 엉뚱한 것이 흔들렸는가? 흔들리지 않았다면 왜 안 흔들렸는가?

이런 문제들에 대해 체벌 금지 이후 우리 학교 안에서 있었던 몇 가지 상징적 사건들을 분석하여 살펴보려고 한다.

체벌 금지 이후 학생들의 문제 행동이 증가했다?

1

S 교사는 원래 체벌을 하지 않았지만 체벌 금지에 대해 다른 교사들과 마찬가지로 불쾌감을 가지고 있던 터였다. 말로 지도를 하다가 안 될 때 결국 학생의 기를 꺾을 수 있는 것이 체벌인데 교사의 마지막 지도 수단을 없앴다는 괘씸함 때문이다. S 교사는 체벌 금지 조치에 대해 겉으로 문제라고 말하지는 않았지만 "대안이 뭐야, 대안을 만들어 놓고 체벌 금지를 시켜야지. 교사 말을 끝까지 안 들을 때는 어쩌라는 거야. 애들한테 상처 주는 거 싫어서 사소한 잘못에 대해서는 손바닥 몇 대 때리고 말았는데 이제 학생부에 넘겨야지 뭐"라며 불편해했다. S 교사가 들어가는 반에 결석이 잦은 학생이 한 명 있다. 어렸을 적 부모가 이혼하고 아버지와 사는데 아버지는 아이에게 관심이 많으나 이혼에 대한 미안함 때문에 아이의 부적절한 요구까지 무조건 들어준다. 그러다 아이를 감당하기 힘들면 폭력을 썼다. 아이는 엄마에 대한 애정 문제에 대해서는 정서적으로 10세

나이에 머물러 있다. S 교사의 수업 시간 원칙은 '눈에 띄게 자지 않는다'이다. 즉 자더라도 앉아서 턱을 괴고 안 자는 듯한 자세로 자라는 것이다. 그래야 가르치는 사람으로서 모멸감이 들지 않기 때문이다. 수업 태도에 엄격한 S 교사의 시간에 그 학생은 룰을 지키지 않았다. 몇 번의 지도 후 성찰 교실에 보냈으나 상황은 나아지지 않았고 성찰 교실 상담 교사는 아버지에게 정신과 치료를 권고했다.

S 교사는 수업의 룰을 지키지 않는 그 아이를 수업에 들어오지 못하게 했고, 그러던 어느 날 그 아이는 그 방침에 불만을 느끼고 수업에 들어와서 또 수업의 룰을 어기게 된다. S 교사는 이 사건을 징계위원회에 올리고 이 학생은 출석 정지 10일이라는 엄한 벌을 받게 된다. 그 출석 정지 기간 동안 학생은 다른 학교의 집단 폭행 사건에 연루되고 경찰을 통해서 그 사실을 학교가 알게 된다.

2

L 교사는 나름 학교 생활을 열정적으로 하는 젊은 교사이다. 학생들과도 친근한 관계를 맺고 있지만 담임으로서 학급에서 학생들이 규칙을 지키지 않는 것에 대해서는 엄격한 편이다. 특히 휴대전화를 사용하다 걸리거나 학생이 거짓말을 하는 경우 참지 못한다. 올해 남자 반을 맡게 된 L 교사는 천적과도 같은 학생을 만나게 된다. 중학교 때부터 말썽쟁이로 소문이 나서 다른 지역의 학교로 전학을 갔다가 다시 돌아온 이 학생은 L 교사의 그런 규칙에서 벗어나는 행동을 즐겨 할 뿐 아니라 눈에 뻔히 보이는 거짓말로 상황을 모면하려 한다. 그리고 그런 사실이 드러나도 교사에게 사과하기보다는 오히려 교사의 사소한 약점을 공격하는 행동을 하였다. 이런 행동이 반복되자 L 교사가 '교사 지도 불응'을 이유로 그 학생을 징계위원회에 올렸다. 그런데 학생부 교사들은 L 교사가 젊은 여교사라 학생들을 잘 못 다룬다며 교사의 무능을 탓하고 징계위원회가

열린다는 사실을 학부모에게 알리는 과정에서 그 어머니는 사건의 책임을 교사에게 물었다. L 교사는 지금 휴직 여부를 고민하는 상태이다.

3

어머니하고만 살고 있는 K는 복학생이다. 수업 시간에는 잠만 자고 복학생이라는 이유로 다른 친구들에게 심부름을 시키며 친구들 위에 군림한다. 평소에 위가 좋지 않았던 K는 배가 너무 아파서 교사 화장실에 뛰어들어 갔다가 자기가 늘 사용하던 칸이 잠겨 있자 막 두들기며 안에 있는 사람을 나오라고 한다. 그 안에 있던 나이 든 교사는 놀라서 나와 교사 화장실을 당당히 사용하려는 K를 야단치고 K는 "아이 씨x, 화장실 한번 쓴 거 가지고 왜 그래!" 하며 소리를 질렀다. K가 교무실에 끌려와서도 건성으로 잘못했다고 하고 집에 가 버리자, 그 교사는 "내가 명퇴를 하든지, 저 자식을 징계위원회에 올려 잘라 버리든지 해야 한다"며 분개했다.

위 사례에서 언급된 학생들은 언론에서 교사를 폭행했다며 보도한 경우와 크게 다르지 않을 것이다. 학교와 상황에 따라 좀 다른 양상으로 드러난 것뿐이다. 지금까지 징계위원회는 학교폭력, 절도, 흡연 등 주로 큰 사안이 있을 때만 열렸는데 체벌 금지가 된 이후 교사의 지도에 불응한 학생들이 징계위원회에 올라오는 일이 빈번해졌다.

이 사례들은 체벌이 지금까지 무엇을 가려 왔는지 보여 준다.

첫 번째 사례에서 알 수 있듯이 체벌은 이미 배움으로부터 도주한 아이들의 수업 태도를 강제하는 역할을 해 왔다. 공부할 의지가 없어도 듣고 있는 자세를 만들어 주는 역할을 담당했던 것이다. 그래서, 마음은 잠을 청해도 몸은 책을 보고 있는 것처럼 팔짱을 끼고 고개를 숙이고 자야 했다. 왜 그 아이가 배움으로부터 도주하고 있는지에 대한 원인을 밝힐 필요가 없었다. 그런데 체벌이 금지된 이후 성찰 교실이 만들어졌고, 상담 교사를 통해 그 아이의 상황이 드러나게 되었다. 불우한 개인사가 그의 잘못을 모두 용서할 만한 이유가 되는 것은 아니지만 아직 자신의 상처를 어떻게 치유해야 할지 모르는 존재들이 그런 상처를 왜 폭력으로 표현하는지는 짚어 봐야 할 지점이다. 흔히 상처가 큰 사람의 공격성은 자신보다 약자인 사람을 향하기 마련이다. 왕따 같은 학교폭력이 그러하다. 학교폭력에서 가해자와 피해자를 구분하는 것이 어렵다는 최근의 보고들은 이러한 사실을 뒷받침해 준다. 주먹을 휘두른 가해자라는 것이 드러난 사실이라면, 고된 비정규직 노동을 하느라 자식을 돌보지 못하는 홀어머니 슬하에서 자랐다는 것은 드러나지 않은 사실이다. 그래서 이런 사건이 터진 후에도 부모들은 자식 걱정보다도 피해자 배상 문제 때문에 한숨을 쉬는 일이 허다한 것이다. 어찌 보면 소위 말하는 문제아들의 문제 행동은 이 사회의 비정상성을 보여 주는 문제적 징후이다. 냉혹한 자본주의 사회가 인간을 어떻게 몰아가고 있는지, 특히 사회의 폭력을 여과할 장치가 없는 존재들에게 어떤 식으로 내면화되고 표출되는지를 여실히 보여 주는 것이다. 따라서, 학생인권이 학생들의 문제 행동에 날개를 달아 준 게 아니라 그동안 음성적으로 해오던 것을 이제는 교사 앞에서도 '감히' 대놓고 하는 것일 뿐이다. 음성적인 문제의 심각성이 더 크다는 것을 상기한다면, 그간 폭력으로 감춰졌던 문제가 드러나는 것에 학교와 사회가 어떤 성찰을 해야 하는지 질문을 던지고 있는 것이다. 이러한 질문에 이 사회는 어떻게 반응하고 있는가?

이렇게 폭력의 이면에 숨겨진 문제가 더 심각한데도 학생에 의한 교사 폭행에만 분노하는 이유는 '폭력' 그 자체인가? 아니면 감히 '교사'에게 폭력을 쓴다는 사실인가? 사실 우리가 진정으로 걱정해야 할 것은 날로 심해지는 중산층의 몰락 속에서 이혼 가정이 증가하고 그러한 상황 속에서 방치되는 수많은 아이들의 상처를 방관한 채 입시 경쟁에만 올인하게 만드는 사회와 학교 아닌가. 그리고 그들이 아이들의 내면에 만들어 내는 폭력성이라는 괴물이 아닐까?

교육을 포기하는 교사가 늘고 있다?

체벌 금지 이후 학생들의 문제 행동이 늘어나고 교사들이 지도를 포기하는 경향이 높아지고 있다고들 한다. 이것을 정확히 다시 말하면 그 전에는 학생들이 체벌하는 교사의 눈앞에서는 문제 행동을 안 했는데, 체벌 금지 조치 후 그런 조심성이 사라졌다는 뜻일 것이다. 그리고 이런 상황에서 교사의 교육력 부재가 현실로 드러나고 있는 것이다. 학생들이 끝까지 지도를 저항하는 부분은 두발, 용의·복장, 휴대전화 등 개인의 사생활과 관련된 부분이다. 학생들의 입장에서는 사생활 영역에 대해서는 교사들이 지도를 안 해 주기를 간절히 바란다. 그렇다면 그 외의 다른 문제 즉, 교사나 다른 학생에게 언어적, 육체적 폭력을 행사하거나 금품 갈취, 절도, 흡연 등을 하는 문제는 교사 개인이 해결할 수 있는 문제인가? 한 학생이 보이는 문제 행동의 깊숙한 뿌리가 교사 개인에 의해 치유될 수 있는가? 지금까지는 체벌을 통해 아무 일도 일어나지 않고 있는 것처럼 괜찮은 척했기에 교사가 해결할 수 있는 일처럼 비쳤다. 그런데 감춰져 있던 것을 걷어 내고 드러나게 하여 그 문제의 원인을 파고들수록 교사 혼자서 해결할 수 없는 부분이라는 것이 드러난다. 지금까지는 교육 활동의 걸림돌이었던 학생들의 정서적 결핍, 학습의 결핍 등이 체벌이라는 폭력에 의해 가려져 있었다. 하지만 체벌 금지로 인해 더 이상 '문제'를 개인의 책임이나 훈육의 대상으로 보지 않고 학생 개개인의 문제적 상황을 드러내고 제대로 된 원인을 찾아내는 것으로 방향을 바꾸게 된 것이다. 다만 지금의 학교 시스템으로는 그 해결 방법을 찾는 게 요원하기에 현장에서 아우성을 치고 있는 것이다. 장기적인 문제 해결을 위해서는 사회 복지 안전망이 구축되어야 하고, 학교 교육에서는 입시 경쟁이 줄어들어야 한다. 이런 장기적인 문제 해결책이 너무 먼 얘기라면 당장 학교가 교육적 조치를 할 수 있는 권한이라도 있어야 한다. 예를 들어 어떤 학생이 정신과 치료를 받아야 한다는 권고를 받더라도 학부모에게 이를 강제할 권한이 학교에 없는 것이다. 그나마 성의 있는 학부모를 만나면 해결의 실마리를 찾아볼 수 있으나 학부모와 연락이 안 되거나 문제를 일으킨 학생이 그 이후로 학교에 안 나와 버리는 일도 허다하다. 최소한 그 학생이 학교에 안 나왔을 때 찾아갈 수 있는 사회 복지사가 학교에 필요하다. 상담사, 사회 복지사, 의사 등 여러 전문가들의 협업 체계가 필요한 것이다. 교사 개인이 해결할 수 없는 문제에 대해 교사가 지도를 기피하는 것은 너무나 당연한 일이다. 교사 혼자 힘으로 그 아이를 끌어안거나 징계를 통해 배제시키는 것이 아니라 그 아이의 문제 행동의 뿌리에 근접하여 문제를 해결할 수 있도록 하는 시스템이 절실하다.

학생과 교사가 함께 학교의 주인이 되도록

체벌 금지 이후 교사가 교육적 지도를 기피하게 되었다는 것은 이제 참견하지 말아야 할 부분에 대해 교육의 이름으로 간섭하는 일을 멈추고 교사가 혼자 해결할 수 없는 일에 대해서는 교사 개인이 아니라 학교와 사회의 구조적인 해결책을 마련해야 한다는 사실을 보여 주는 것이다. 이렇듯 학생인권은 학생을 둘러싼 학교 구조의 문제, 더 나아가 이 사회 구조의 문제까지 건드리고 있는 것이다.

이런 상황에서 체벌 금지만 시키는 것은 교사들에게 다른 교육 문제의 부담을 그대로 짊어진 채 또 하나의 부담을 더 안으라고 강제하는 일일 수 있다. 하지만 체벌이 그렇게 우리 교육의 구조적인 면과 관련이 있기 때문에 의미가 있는 것이라는 생각도 든다. 이제 적어도 강제적인 물리력을 동원해서 무엇을 가르칠 수는 없게 되었기 때문이다. 어떻게든 학생들을 설득해야 하고 공동체의 규범에 해당하는 것은 집단적 합의를 통해 강제할 수밖에 없어졌기 때문이다. 처음에는 학생 생활 규정에서만 이러한 소통과 토론이 이루어지겠지만, 이런 분위기가 확산되면 교육 전반에 관해 교육부나 교육청이 아닌 교사-학생의 의견이 주인이 될 수 있는 날이 오지 않을까?

이제 나는 학교에서 이렇게 말해야 할 것 같다. "교장 선생님, 학생 생활 규정도 학생과 교사의 합의로 만드는데 인사자문위원회 규정은 당연히 교사들의 합의로 만들어야 하는 것 아닙니까? 교육청의 교원 전보 원칙도 교사가 참여해서 만들어야 하는 것이 아닙니까?"

학생인권을 보장하는 것이 교권을 침해한다고 느끼는 선생님들이 많은 것 같다. 특히 교사들에게 인간적으로 악의적인 말을 쏟아 내는 교원 평가 결과를 보고 이런 인간도 아닌 것들에게 인권은 언감생심이라고 느끼실 것이다. 하지만 장애인을 위한 엘리베이터를 실제로 가장 많이 사용하는 사람들은 비장애인 노약자이듯, 어떤 사회든 약자의 인권을 보호하는 조치는 모든 사람들의 인권을 보호하는 흐름으로 나아가게 마련이다. 약자로서 학생의 인권이 이야기될 때 교사의 인권도 이야기될 것이다. 또 교원 평가는 실제로 학생의 권리 신장과 전혀 관계없이 겉으로만 학생의 참여를 보장한 것이다. 기본권을 박탈당한 채 교원 평가를 할 수 있는 권리를 부여받은 학생들은 자신들의 기본권 박탈에 대한 울분을 그 창구를 통해 표출할 수밖에 없다. 학생들은 실제로 학교의 인권 침해를 '교사들이 자신들을 이해하지 못하기 때문'이라고 생각한다. 따라서 교사들에게 낮은 평가를 주면 인권 침해에 대한 경각심이 생겨 자신들의 처지가 나아질 거라고 생각하는 것이다. 학생들이 자신의 행복과 교원 평가가 별 관계가 없다는 것을 깨닫게 하기 위해서라도 학생들의 인권 의식이 성장할 수 있는 계기를 만들어 주어야 한다.

우리 학교는 최근에 시험 문제를 출제할 때 시사적인 단어가 들어갔다는 이유로 시험 문제 검열을 당하자, 선생님들이 항의해 물리친 일이 있었다. 실제 교권을 침해하는 것은 '편향되었다'는 주관적인 기준으로 검열을 일삼는 관리자와, 일제 고사로 교과서 재구성을 방해하고 평가권을 앗아 간 교육청과 대학 입시가 아닌가? 그리고 학생들의 상담 시간과 학급 활동 시간을 방해하는 것은 '방과 후 학교'의 무분별한 도입 등이 아닌가? 학생인권조례가 나온다면 교사와 학생의 온전한 배움과 가르침을 보장하기 위해 교육 관료 집단과 사회가 지켜야 할 '교사인권조례'도 나오지 않을까? 이제는 학생인권을 무기로 이러한 학력 위주의 학교 정책과 열악한 교육 환경 개선을 요구해야 할 시점이다.

여전히 남는 교사 권력의 문제

이런 장·단기적 처방이 이루어진 이후에도 여전히 교사의 권력은 문제로 남게 된다. 첫 번째 사례에서 치료 후에 그 학생이 수업에 복귀하기 위해서는 교사와 학생 사이의 관계를 복원하는 과정이 필요하다. 특수한 상황에 놓인 그 아이에게는 수업의 룰을 완화시켜서 적용할 것인지, 아니면 그 아이가 그 수업의 룰을 지킬 때까지 계속 수업에서 배제할 것인지 고민하여 결정하고 새로운 관계를 만들어 나가는 것이 필요한 것이다. 그리고 그러한 결정은 교사 혼자 내려야 하는지 교사와 학생이 함께 내릴 것인지 그 둘 외의 다른 전문가와 함께 내리는 게 좋은지에 대해서는 보다 많은 논의가 필요하다. 지금까지는 교사에게 전권이 있었기 때문에 교사의 기준에 학생들이 일방적으로 따르는 것이 룰이었다. 그래서 초등학교 때는 매년 어떤 교사를 만나느냐에 따라 룰이 바뀌었고, 중·고등학교에서는 시간 시간마다 룰이 바뀌었던 것이다. 학생들은 인간과 인간 사이에 지켜야 할 배려나 공동체의 규칙을 익히기보다는 힘에 의해 장악되는 사회에서 어떻게 자신의 자유를 몰래 향유할 수 있는지 본능적으로 익혀 왔다. 첫 번째 사례에서 학생이 출석 정지를 당했던 10일 동안 다른 학생들은 무엇을 학습했을까? '정신적 트라우마 때문에 학교생활에 적응하지 못하는 친구와는 어떻게 함께 살 수 있을까? 나도 저 친구처럼 정말 듣기 싫은 수업 시간이 있는데 그때 수업을 듣고 싶어 하는 학생들을 위해서는 어떤 행동을 해야 할까?'를 배웠을까? 아니면 '저 선생님에게 개기면 학교도 못 오는구나. 하고 싶어도 딴 선생 시간에 해야겠다'를 배웠을까?

    체벌 금지로 교권이 흔들렸다고 하지만, 사실 그 교권은 권력이었다. 체벌은 '교사의 지도 - 학생의 반항'이라는 갈등을 최종적으로 정리하는 도구였던 것이다. 첫 번째 사례의 교사는 자신의 수업의 룰을 보호하기 위해 학생에게 과도한 징계 처분을 내렸다. 출석 정지는 학교폭력을 저질렀을 때와 같은 경우 내려지는 매우 무거운 벌이다. 체벌이 금지되어도 교사의 권한이 얼마나 큰지를 보여 주는 예이다. 지금까지는 교사의 권력을 체벌을 통해 보여 주었으나 이제는 징계의 경중으로 교사의 권력을 보여 주게 된 것이다. 징계든 체벌이든 힘으로 문제 행동을 억압하여 눈에 보이지 않게 하는 방식이라면 학생들이 학습하는 것은 달라지지 않는다. 다른 상황에서 똑같은 문제를 일으키는 원인이 될 뿐이다.

두 번째 사례의 학생 역시 힘에 의한 지도에 단련된 학생이다. 학교, 아니 가정에서라도 끝까지 자기편이 되어 주었던 어른을 만난 적이 있었을까? 이미 전학을 경험한 학생은 어른들은 다 똑같다고 생각하고 있을 확률이 높다. 좋든 나쁘든 모든 교사는 꼰대일 뿐이고, 그들이 어떻게 힘을 구사하는지도 이미 경험을 통해 알고 있다. 만만한 담임 교사가 자신에게 엄포를 놓는 것이 뭐가 무섭겠는가. 학부모 역시 교사들의 이러한 반응에 지쳐 있을 확률이 높다. 스스로도 감당하지 못하는 자식을 학교조차 포기하고 내쳐 버리면 더 망가질 거라는 벼랑 끝 불안감은 교사를 공격하는 형태로 표현되었을 수 있다. 힘에 의한 학생 통제가 계속될 때 교사가 어떤 처지에 놓이게 되는지를 상징적으로 보여 주는 사건인 것이다.

세 번째 사례의 학생 역시 저지른 가장 큰 죄는 교사 화장실을 당당하게 쓰려고 한 점이다. 좀 부가한다면 화장실 문을 두드린 정도가 되겠으나 평소에 장이 안 좋다는 점을 고려하면 인간적으로 이해할 수 있는 부분이다. 학생의 불손함이 교사의 심기를 불편하게 했을 수는 있으나 문제의 핵심이 학생의 불손함인가? 비위생적인 학생 화장실의 모습인가? 만약 이 일로 교사가 그 학생이 전학 가기를 원한다면 가능할 수 있다. 첫 번째 사례만 봐도 충분히 알 수 있다. 다만 복학생이었던 그 학생이 다시 학교생활에 적응을 못 한다면 그 학생은 어떤 인간으로 성장할 것인가? 첫 번째 사례를 보면 열흘이라는 짧은 시간에도 그 학생은 폭력 사건에 연루되었다. 학교의 질서를 수호하기 위해 문제가 있는 학생들을 잘라 낸다고 하지만, 그 잘라 낸 싹들은 더 큰 폭탄이 되어 이 사회와 학교를 공격할지도 모른다.

학생들이 규칙을 지키는 것은 필요하다. 하지만 모두가 지켜야 하는 규칙이라면 그 규칙은 함께 정해야 한다. 그 룰은 누구나 필요하다고 인정하는 것이어야 하고, 누구나 지킬 만한 것이어야 한다. 지금까지는 그 룰을 만드는 이도 교사고, 실시하는 이도 교사고, 지키지 않았을 때 벌칙을 주는 이도 교사였다. 입법, 사법, 행정의 모든 권력을 교사가 독점하고 있기에 룰에서 벗어나는 행동은 규칙 위반 행위가 아니라 교사에게 반항하는 행위였던 것이다. 인권은 그 룰에 대해서 질문한다. 그 룰은 인간다운 삶을 위한 것인가? 인간의 존엄을 훼손하지 않는가? 모든 인간에게 평등하게 적용되는 것인가?

체벌 금지의 시초는 폭행과 구분되지 않는 과도한 체벌로부터 1차적으로 학생들을 보호하는 것이었다. 그래서 전격적으로 체벌 금지 조치가 내려지는 것에 대해서도 그다지 많은 저항이 일어나지 않은 것이다. 그런데 결과적으로 체벌 금지는 학교 권력의 문제를 건드리고 있고, 모든 권한을 독점한 채 자의적인 판단을 하는 것을 교사의 전문성이라고 포장해 왔던 것에 의문을 제기하고 있다. 다른 한편으로는 교육을 불가능하게 만드는 승자 독식의 구조가 변화해야 함을 역설하고 있다. 현재 아이들에게 학교는 얼마나 의미 있는 공간인가? 의미 없는 공부, 청년 실업과 등록금 문제로 드러나는 학력 자본의 불확실성, 무한 경쟁에서 자포자기한 무력감들, 무력감에 빠지느니 말썽이라도 일으켜서 존재를 인정받고 싶은 욕구……. 이 모든 불행을 개인의 책임으로 돌리고 자살하거나 학교 밖으로 나가 괴물이 되기를 선택하기보다는 내면을 학교에서 드러낼 수 있다면 그것은 문제를 해결할 열쇠와 가능성을 보여 주는 것 아닌가? 학생들이 학교라는 테두리에서 자신의 문제를 드러내고 치유하려는 과정에서 사회의 변화에까지 영향을 미칠 수 있을 때 학교라는 공간의 교육력이 확장될 것이다.

학생들의 이러한 내면이 표면화되는 것이 혼란이라면 체벌 금지와 학생인권 정책은 학교에 혼란을 주고 있다. 아니 혼란을 주어야 한다. 이 혼란으로 약자에게 냉혹하고 강자에게 관대한 이 사회 전체에 균열을 내야 한다. 그리고 이 혼란은 교사들에게 선택을 요구하고 있다. 이 약육강식의 냉혹한 세상에 저항하는 아이들을 억압하는 존재가 될 것인가, 새로운 변화의 길을 모색하는 도반이 될 것인가?

그리고 학생들에게 '나도 너의 인권을 이 정도로 존중하는데 너는 왜 그러지 않니?'라고 요구할 수 있는 기회이기도 하다. 즉 '명령과 복종'이라는 학교 사회의 룰을 '존중'으로 바꾸는 것이다. 이러한 프로젝트가 성공할지 실패할지는 잘 모르겠다. 다만 성공의 기준이 단순히 학업에 매진하는 단정하고 순종적인 모습으로 학생들을 길러 내는 것이 아니라면, 침묵과 일탈로 이원화된 아이들이 '지금 내가 너를 존중하고 있니?', '너는 나를 존중하고 있니?'라는 물음 속에 교사와 소통하는 것이 가능해진다면 그것만으로도 엄청난 진보라는 생각이 든다.

얼마 전 아이들끼리 서로 치기 장난을 하는데, 한 학생이 일방적으로 때리니까 맞는 학생이 '체벌 금지'라고 말하며 장난을 멈추는 장면을 보았다. 역시 체벌은 힘 있는 자의 폭력을 통칭하는 말임을 다시금 깨달았다. 약자인 아이들은 어른들보다 빨리 적응한다. 아이들이 학교와 사회의 폭력적인 질서에 어른보다 더 심하게 물들었듯이, '체벌 금지'로 시작된 비폭력의 문화도 아이들이 더 먼저 만들어 내리라 기대해 본다.

2012년 3월

자치 활동 코스프레는
이제 그만

소꿉놀이가 된 자치 활동

　내가 학생 자치에 대해 관심을 갖게 된 것은 2003년이다. 그때가 임용되고 두 번째로 담임을 하던 때인데, 내가 학생들 용의·복장 규제를 하지 않다 보니 우리 반만 너무 튀어서 학생부 선생님들과 학생들 사이에 전쟁이 치러지고 있었다. 학생부 선생님들 편도 아니지만 그렇다고 학생들 편에서 적극적으로 싸우지도 못할 때여서 선생님들이 나 보라는 듯이 우리 반을 욕하기도 했다. "조영선 선생 반 애들은 왜 그래?"
　그러다가 학교운영위원회에 전교조 조합원들이 대거 당선되어서 분회에 제안을 해서 학생 생활 규정 개정을 추진하게 되었고, 학교에서 처음으로 이와 관련해 학생들의 의견을 수렴하기 위해 반별로 토론하는 자리를

※ 《그리고 학교는 무사했다》(공저)에 실린 글 일부를 발췌하여 싣는다.

마련했다. 사실 나는 학생들의 의견이 처음 반영되는 자리여서 학생들이 열심히 토론에 참여할 거라는 기대가 있었다. 그런데 학생들이 처음에 보인 반응은 "선생님, 이렇게 해 봤자 소용없어요. 토론해서 의견 내도 반영도 안 돼요"였다. 이런 학생들을 계속 설득했다. "너희의 의견이 꼭 반영될 것이고, 그런 약속하에 진행되는 토론이다." 그러고 나서야 학생들은 토론을 시작했다.

학생들과 용의·복장 규정을 개정하는 것에 대해 설문 조사를 했던 2011년도 마찬가지였다. 학생들이 설문지에 답을 쓰지 않고 계속 휴대전화만 만지고 있자 "이렇게 참여를 안 하니까 너희가 호구 취급을 받는 거라고!"라고 소리를 꽥 질러 버렸다. 그랬더니 어떤 학생이 그랬다. 여기서 의견을 내 봤자 결국 선생님들이 원하는 대로 될 거고, 그나마 그 규정도 학생부장의 성향에 따라 다르게 적용될 거라고. 실제 지난해 학생부장은 벌점 항목에도 없는 용의·복장 규제를 하면서 '교사 지도 불이행'으로 학생들에게 10점, 20점의 벌점을 매겼다. 학생들의 냉소적인 인식이 진실이었던 것이다.

지난 2012년 대선 때 20대의 투표율이 높아진 것은 박원순 서울시장 당선 후 20대에게 희망을 주는 변화가 있었기 때문이라는 분석이 많았다. 참여는 '참여했을 때 변할 수 있다'는 유능감이 있을 때 가능한 것이다. 참여하는 시늉만 할 수 있을 뿐 그 참여가 실질적인 변화를 이끌어 낼 수 있는 권한에 접근할 수 없을 때 오히려 참여에 대한 불신만 일으킨다. 그런데 학교에서 학생 자치 활동이라고 하는 대의원 회의의 주제나 활동을 보면 금연 캠페인, 각종 행사 때마다 책상 옮기기, 불우 이웃 돕기, 동창회비 걷기 등 학교가 학생들에게 강제로 시키고 싶어 하는 것을 학생회 간부의 책임감을 이용해 자율적으로 하는 것처럼 보이게 하는 것이 대부분이다. 그나마 학생들의 아이디어를 조금 존중해 주는 것이 수능 응원, 학교 축제 정도다. 그 행사를 기획하고 실행하는 것만큼은 자신이 그린 그림대로 해 볼 수 있기 때문에 많은 학생들이 참여의 기쁨을 누린다. 하지만 이 역시 일회성 행사인 것이 사실이다. 학생회가 선출이 되면 바짝 두세 달 축제 준비를 해 축제를 실행하고는 나머지 몇 달 동안은 학교에서 시키는 소소한 일들을 하며 임기를 마무리한다. 즉 학생회가 1년 내내 돌아가지는 않는 것이다. 이것은 학생들에게 자치 활동을 소꿉놀이처럼 인식하게 만든다. 실제 하는 일 없이 뭔가 하는 것처럼만 보이는 '자치 활동 코스프레'이다 보니 스펙이나 가산점 등의 개인적인 동기 부여가 없는 학생들은 참여하고 싶어 하지 않고, 참여한 학생들도 자신의 이익이 보장되는 정도까지만 에너지와 시간을 들이려고 한다. 그러다 보니 자치 활동에 대해 문제의식을 가진 친구들이 있어도 그런 분위기 속에서 의욕이 꺾이게 되고, 학생회 바깥에 있는 친구들은 더더욱 학생회를 자신들과는 상관없는 존재로 인식하게 된다. 참여는 주제를 가리지 않고 자신이 던지는 말과 행동이 상황에 영향력을 미칠 수 있을 때 동기화되는 것이다. 그런데 대부분의 상황에서 '허락을 받아야' 하는 존재들이 갑자기 뭔가를 자신이 결정할 수 있다는 생각을 갖긴 어렵다.

우리 학교 같은 경우 벌점제가 시행되면서 학생들이 툭하면 징계를 받거나 전학을 갔다. 지난해, 이를 보다 못한 학생회장이 이러한 상황에 대한 학생들의 불만을 학생 대표로서 서명 운동을 통해 표현해야겠다고 생각하고 어떻게 해야 할지 나와 상의를 한 적이 있다. 나는 학생회장으로서 당연히 그럴 권한이 있고, 서명 운동은 학생인권조례에도 보장된 방식이며, 서명 운동까지는 아니어도 교칙에 대해 학생들의 의견을 수렴하는 것은 교과부 공문에서도 강조하는 사항이라고 알려 주었다. 하지만 그 학생은 계속 서명 운동을 한다는 사실을 누구에게 허락받아야 하는지를 물었다. 나는 허락을 받으려고 하면 분명 학교 측은 허락을 하지 않는 방향으로 얘기할 것이고, 자꾸 시간을 끌면 당사자가 힘들어진다고 조언했다. 그러나 그 친구는 결국 학교에 허락을 구하는 과정에서 서명 운동을 접었고, 대의원들을 통해서 사태에 대해 의견 수렴을 하는 정도로 일이 마무리됐다. 참고로 이 학생은 곽노현 서울시 교육감과의 대화에서도 학생인권 현실이 척박하다는 것을 당차게 이야기한 친구였다. 교육감 앞에서도 쫄지 않을 정도로 당찼던 친구가 결국 서명 운동을 포기하게 된 것은 왜였을까? 고민을 시작했던 순간, 자신을 불러다 혼낼 생활지도부장이나 교장, 교감의 얼굴부터 떠올랐던 것이 아닐까? 그래서 어떤 방식으로 서명 운동을 시작할지가 아니라 누구한테 허락을 맡아야 할지로 고민이 귀결되었던 것은 아닐까? 즉, 자신들의 의견을 수렴하는 것조차도 누군가가 정해 준 절차에 따라 허락해 준 시간에만 가능하다는 것을 자신도 모르게 마음속에 새기고 있었던 것이 아닐까?

자신의 신체 일부도 마음대로 할 수 없고, 자기 마음대로 하기 위해서는 교칙을 개정해야 하는데, 교칙을 개정하는 과정 자체도 보장되어 있지 않다. 이런 상황에서 학생들은 자기가 하고 싶은 것을 개의치 않고 막 해서 사고를 치거나 자신의 일거수일투족을 자기 검열하는 극단적인 상태, 둘 중의 하나를 선택해야 하는 기로에 빠질 수밖에 없다.

일상적 무권리의 상태

두발, 용의·복장 문제가 여전히 중요한 이유는 이것이 자기 몸에 붙은 것도 마음대로 할 수 없다는 일상적인 무권리 상태의 상징이기 때문이다.

최근에 경기도에서 인권 동아리를 하는 한 친구를 만난 적이 있다. 경기도는 학생인권조례가 시행 중인 지역이고, 규정 개정 등 교육청 차원의 웬만한 조치들이 끝난 상태여서 학교에 있는 인권 동아리에서 무슨 일을 하고 있는지 궁금했다. 그런데 놀랍게도 그 학생의 답변은 "외투를 못 입게 하는 것이 헌법에 보장된 행복추구권을 침해한다는 헌법 소원을 낼 수 없을까 고민 중"이라는 것이었다. 학생들을 인격적으로 대접하라는 학생인권조례가 학교에서 어떻게 소화되고 있는지 알 수 있는 대목이었다. 학생들은 아직도 외투를 입기 위해 헌법까지 들먹여야 하는 처지인 것이다.

학생들은 이러한 최소한의 권리도 보장받지 못해 생기는 분노와 무력감을 엉뚱한 행동에 쏟는 경우가 많다. 권리가 없는 상태의 사람이 자신의 유능감을 확인하는 순간은 금기를 넘어서는 행동을 할 때이다. 이렇게 한 번 금기를 넘어서고 나면 스스로에게 힘이 있다는 것을 자각하게 되고, 그 힘을 강화하는 방식으로 자신의 말이나 행동 체계를 세우게 된다. 이것이 이른바 '센 척'의 형태로 나타난다. 자신에게 보장된 권리가 없기에 어느 정도로 막 나가도 되는지 판단할 기준도 모호하다. 해도 되는 행동과 해선 안 되는 행동은 그 '센 척'을 공유하는 집단 안에서 결정한 것을 기준으로 정해진다. 그러다 보면 그 집단의 힘은 개인이 통제하기 어려운 절대적인 어떤 것이 되어 버리고, 무권리에 있던 사람들은 그 힘이 지탱해 주는 유능감 때문에 더더욱 그 집단에 참여하게 된다.

이 힘의 장력으로 빨려 들어가지 않은 학생들은 무권리의 상태를 당연한 걸로 받아들이게 된다. 그래서 모든 행동에 대해 허락을 받는 것을 너무나 당연하게 여긴다. 이것이 학교 밖으로 이어져서 대학에 가서는 교수에게, 사회에 나가서는 사장, 시장, 대통령에게 자신의 모든 권리를 다 넘겨줘도 원래 세상은 그런 것이며, 그 속에서 발생하는 갈등들을 모순 없이 통합할 수 있는 지도자가 있을 거라는 생각을 하게 만든다. 그리고 그런 지도자를 잘 따르면 갈등도 없어지고 세상이 행복해질 거라는 환상을 갖게 된다. 자아정체성을 형성해 나간다고 하는 청소년기에 일상적 무권리의 상태를 경험하는 것이 무서운 이유이다.

자율성, 거부할 수 있는 힘

학생들의 참여와 자치를 이야기하면서 가장 많이 회자되는 단어가 '자율성'이다. 자율성의 첫 단추는 '거절할 수 있는 힘'이다. 무권리의 상태라는 것은 아무것도 하지 않는 무중력의 상태라는 뜻이 아니다. 자신의 영역이 보장되지 않은 채 자신을 둘러싼 사람들의 크고 작은 요구들을 끊임없이 만족시켜야 하는 책임감에 짓눌린 상태인 것이다. 내 몸은 지쳐 있고 내 맘도 그것이 왜 의무인지 모르겠는데 사람들은 그 일을 하지 않았을 때 '너의 일을 하지 않았다'고 비난하는 상태가 계속 이어지는 것, 그래서 그들의 요구를 따라야 할지 말아야 할지 고민하는 상태, 이것이 바로 무권리의 상태인 것이다. 이런 상황에서 자신의 자율성을 발휘하는 행위는 '무엇을 하겠다'가 아니라 '무엇을 안 하겠다'의 형태로 나타난다. 그런데 참여에 관한 우리의 상상은 학생들이 뭔가를 하겠다고 달려드는 그림이다. 그렇다 보니 판을 깔아 줘도 학생들이 자기 것을 만들어 내지 못한다는 식의 부정적인 결론에 쉽게 도달한다. 물론 제대로 판을 깔면 학생들이 자신들의 판을 만들어 나갈 수 있다. 하지만 이 역시 자치 활동 코스프레가 아니라 정말로 자신들의 판을 만들 수 있다는 믿음이 있을 때만 가능하다. 따라서 이것이 되려면 '무엇을 하겠다'가 아니라 '무엇을 안 하겠다'는 요구도 받아들여질 수 있어야 한다. 그런데 판을 까는 사람들은 대개 '무엇을 안 하겠다'는 것을 곧 '참여하지 않겠다'는 신호로 읽고 청소년의 자발적 에너지를 무시한다.

2011년에 우리 반 학생들과 수학여행 장소를 정하기 위해 회의를 한 적이 있다. 나는 학생들과 농촌 체험 활동을 가고 싶었다. 그 전년도에도 학생들과 재미있게 다녀왔고, 그때 우리 반이었던 학생들이 반에 좀 있었기 때문에 그 친구들의 경험을 통해 내가 제안한 안이 쉽게 통과될 것이라 기대했다. 그런데 이것은 나의 오산이었다. 전년도에 소감문에 보람차고 즐거웠다고 썼던 친구들은 사실 익숙하지 않은 노동이 다소 힘들었으며 농촌이 수학여행으로 갈 만한 곳은 아니라는 의견을 냈다. 순간 1박 2일로 힘들게 농활을 다녀온 나의 성의가 무시당한 것 같아 속상했지만, 듣고 보니 학생들의 말이 맞다는 생각이 들었다. 여행이 곧 '찐한' 깨달음을 줘야 하는 고행은 아닌 것이다. 결국 고등학교에서 집단적인 추억을 만들고 싶은 거라면 모두가 참여할 수 있는 여행을 꾸며 보기로 했고, 학생들이 직접 답사를 한 끝에 여자 반으로는 드물게 난지캠핑장으로 전원이 여행을 다녀왔다. '무엇을 안 하겠다'는 요구부터가 가능해야 그 이후도 가능해진다.

지난해 서울시교육청에서 학생참여단과 함께 활동을 하면서도 비슷한 일이 있었다. 처음에는 학생참여단 활동이 잘 안 굴러가는 것 같아서 의식적으로 내가 시간과 장소를 정해 회의를 잡고 학생들을 '모이게' 했다. 처음에는 학생들도 어떻게 해야 할지 잘 몰라서 계속 나에게 도움을 요청했다. 그래서 나도 최대한 필요한 것들을 알려 주고 활동을 도와주려 노력했다. 그러다 그들이 내가 생각하기에 올바른 방향으로 결정을 할 때면 기뻐하면서 내가 뭔가 도움을 준 것 같아 뿌듯해했다. 그런데 어느 날 내가 짠 판에 학생들이 시간이 안 된다는 이유로 참여하지 않은 일이 생겼다. 시험 기간을 고려하지 않은 나의 문제려니 생각하고 그냥 넘겼는데 어느 날 학생참여단에서 중심적으로 활동을 하고 있는 친구에게 문자가 왔다. "그동안 선생님 덕분에 회의를 한 건 잘한 일인 것 같아요. 그런데 왠지 선생님한테 끌려다니는 것 같은 느낌도 들고……." 문자를 보면서 회의의 정식 성원도 아니었던 내가 무슨 큰 개입을 했다고 이렇게까지 생각을 하나 억울한 마음도 들었지만, 한편으로는 드디어 학생들이 무엇을 해야 할지 스스로 논의할 준비가 되었다는 생각이 들었다. 실제 그 이후로 학생들은 스스로 일정과 공간을 잡는 등 교육청에서 연락하지 않아도 자발적으로 모임을 만들어 가고 있다.

권력을 나눈다는 것

학생들의 참여와 자치를 보장한다는 것은 곧 학생들과 권력을 나눈다는 것이기도 하다. 학생들과 권력을 나눈다는 것은 무척 추상적인 말이지만 무척 구체적인 말이기도 하다. 권력을 나누기 위해 가장 중요한 것은 정보를 독점하지 않는 것이다. 결정에 영향을 줄 수 있는 정보를 충분히 나누고 교사가 가지고 있는 권한의 한계까지 공유하는 것이다.

예를 들면 학기 초에 지각을 하면 벌금을 얼마 걷을 건지를 묻는 것이 아니라 규정상 '몇 시를 넘는 것'이 생활기록부에 기재되는 지각이며, 지각을 했을 경우 한 번에 몇 점이 감점되고 어느 정도면 유급이 되는지를 모두 공개하고, 본인의 등교 시간을 안정화시키기 위해 집단적인 규칙을 정할지 정하지 않을지, 만약 정하지 않는다면 혹시 개인적으로 지각을 하지 않도록 교사의 도움을 요청할 사람이 없는지 확인하는 것이 필요할 것이다.

학생들에게 지각 지도를 교실에서 따로 하는 게 좋을지 하지 않는 게 좋을지 설문 조사를 한 적이 있다. 고문에서 하니 교실에서는 따로 안 했으면 좋겠다는 의견이 많았고, 지각에 대해 벌 같은 것은 두지 않기로 했다. 처음에는 내가 교사로서 해야 하는 일을 방기하는 것 같아 두려웠지만, 벌을 안 주기로 하고 나니 오히려 학생이 지각을 했을 때 왜 지각을 하는지가 진심으로 궁금해졌다. 그래서 매일 지각하는 학생과 왜 지각을 하는지 이야기 나누었다. 재밌는 것은 매일 지각을 하지만 그때그때 지각하는 이유가 달랐고, 그날그날 컨디션과 집에서 있었던 일도 달랐다. 그 학생은 그해 50번이나 무단 지각을 했지만 놀랍게도 부모가 포기한 아이도, 공부를 놓은 아이도 아니었다. 그냥 아침에 일어나는 시간을 조절하는 것을 힘들어 했을 뿐이다. 그러다 2학년이 된 후 그 학생은 어느 날 지각하는 습관을 고쳐야겠다고 다짐을 하고는 지각을 하지 않기 시작했다. 한번은 "내가 1학년 때 너를 쪼지 않아서 지각을 많이 해 수시에서 불이익을 받지나 않을지 자책감이 든다"고 했더니 그 학생은 "저는 선생님을 생각하면서 일찍 오려고 한 적도 지각하려고 한 적도 없어요. 선생님은 늘 내 인생은 내가 선택하는 거라고 말하면서 왜 그렇게 생각하시는지 모르겠어요. 오히려 저는 선생님한테 미안해하지 않아도 되어서 좋았어요. 저는 매년 지각을 했는데 지각하면 제가 손해인 건데도 왜 선생님한테 잘못했다고 말해야 하는지 이상했거든요"라고 나의 '오바'를 위로했다.

조퇴나 외출 역시 허가제가 아니라 신고제가 되어야 하지 않을까 싶다. 어느 날 우리 반에 조퇴 바람이 불었는데, 일곱 번째로 온 학생에게는 조퇴를 허락해 주지 않았다. 그날 학급 일기에 그 아이가 "○○은 아프지도 않고 꾀병이었는데 잘만 속아 넘어가더니 ×발. 내가 아프다면 아픈 거지, 지가 내 몸속에 들어와 있나? 아픈 것도 짜증 나는데 선생님한테 더 아픈 척해서 증명해야 하는 게 ×같다"라고 썼다. 기분이 나빴지만 맞는 말이었다. 정말 아픈 애와 아픈 척하는 애를 구별하지도 못하면서 내가 의사도 아닌데 가고 못 가고를 결정하여 안 아픈 애는 거짓말로 꾀병을 앓게 하고, 아픈 애는 비굴하게 만들었구나 싶었다. 근태 관리에 목숨 거는 교장이나 교감을 쪼잔하다고 하면서 나 역시 그런 것을 나의 권한인 양 권력을 부렸다는 생각이 들었다.

학급비의 경우도 이전에는 적당한 때에 아이스크림을 사 주거나 피자를 시켜 먹는 식으로 사용하였다. 그러다 보니 학생들이 학급비 지출 내역에 대해 의심한 적도 있다. 솔직히 학급비가 적어서 내 돈을 합쳐서 사 준 적이 훨씬 많은데도 의심을 받을 땐 속이 상했다. 그래서 이후에는 내가 사 주고 싶을 때는 그냥 내 돈으로만 사 주고, 대신 학생들에게 학급비를 지급하는 취지를 설명하고 학급비는 학급비로서 어떻게 쓰면 좋을지 스스로 결정하게 했다. 학급비의 원래 취지가 학급 구성원들의 공동체 의식을 만드는 것이니만큼 그러기 위해 우리가 할 수 있는 것이 무엇일지 고민하게 한 것이다. 사실 처음에는 학급비를 '담임이 아이들을 위해 쓰는 돈'이라고 생각했다. 그러나 다시 생각해 보니 '학생들이 스스로 뭔가를 하는 데 돈을 지원하는 것'이었던 것이다. 돈을 어떻게 쓸지 결정하는 과정에서 나도 제안을 하긴 했지만 결정은 전적으로 학생들이 하게 했고, 그 결과가 마음에 안 들어도 받아들였다. 결과의 내용이 중요한 게 아니라 왜 그런 결정을 하였으며, 어떤 과정을 통해 그 결정을 내리게 되었는지를 학생들이 아는 것, '우리가 결정했다'는 것을 학생들이 경험하는 것이 중요하다는 생각이 들었기 때문이다.

서울의 어느 혁신학교는 교칙을 교사, 학생, 학부모가 합의해서 정하는 것이 아니라 학생들끼리 회의를 해서 정한다고 한다. 다만 교사들은 정규 교육과정에 회의 시간을 보장해 주고, 회의 과정을 수업화해서 학생들 간에 논의 내용이 더 잘 공유되고 습득될 수 있도록 도와만 준다고 한다. 자치를 '연습'시키는 것이 아니라 원래의 주인인 학생들에게 돌려주는 것이 필요하지 않을까?

올해는 한 달에 한 번씩 학교폭력 예방 교육을 한다고 한다. 아무도 듣지 않는 방송 교육 시간 대신 숱한 교육과정 개정으로 사라져 버린 학급회의 시간을 부활시키고, 폭력의 숙주가 되어 버린 학교와 교육을 변화시키기 위해 우리가 할 수 있는 일이 무엇일지 학생들에게 물어야 할 때가 아닐까?

전 국민이 경험하는 무권리의 상태가 만드는 사회

지금의 자치 활동 코스프레는 순수히 학교 안에서만 재현되는 것이 아니다. 교사들이 만드는 대부분의 학생 사업은 행사이다. 물론 조직화된 학생들이 없을 때 행사는 학생들을 처음 만나기에 좋은 매개이다. 하지만 청소년인권운동단체들이 연대의 주체로 들어와도 캠페인이나 집회 사회 등 얼굴마담에 해당하는 것들만 청소년단체들에게 분담이 되고, 조직이나 재정 같은 큰 틀을 결정할 때 청소년단체들은 쉽게 제외되곤 한다. 청소년들의 사회 참여에 대해 기특해하긴 하지만 그들이 꺼내는 논의 주제가 행사 홍보 이상으로 넘어갈 때 '이런 것까지?'라는 불편함을 드러내는 것이다. 또 하나 '나이주의'에 관한 부분도 한 가지 걸림돌이다. 어리다는 이유로 계속 미성숙하다고 무시당해 온 학생들에게 반말은 여성 동지들에게 차 심부름을 시키는 것만큼이나 논쟁적인 문제일 수 있다. 하지만 청소년들은 여전히 기특하고 대견한 존재로만 머물길 요구받는다. 그들이 운동 선배들의 조언을 넘어서는 존재가 되려고 할 때, 청소년은 순식간에 불편한 존재로 전락한다.

사실 이러한 문제에서 교사도 예외는 아니었다. 선배 교사들에게 들어 보면 과거에는 교장이 청바지를 입고 왔다고 여교사에게 호통을 치거나 교장, 교감이 평교사에게 반말을 하는 등 말도 안 되는 일들이 횡행했다고 한다. 교사들이 관리자에게 인간적으로 존중받지 못하는 삶을 살았던 것이다. 전교조가 결성되기 전에도 교사들은 교장의 한마디에 학교 정책 전체가 왔다 갔다 하는 삶을 살았고, 여전히 어떤 학교들에서는 교장이 제왕적 권력을 누리고 있다. 그나마 전교조가 결성된 후 그런 분위기가 민주적인 분위기로 바뀌기 시작했고, 단협의 틀 안에 있는 최소한의 권리 영역 — 근태, 수업 지도, 학급 운영 — 을 그럭저럭 보장받으며 하루하루를 보내고 있다. 그런데 그 시기를 지난 이후 일상적인 무권리의 상태가 무엇인지, 그 모멸감을 교사들 스스로도 잊고 있다. 한때는 교사들에게 인간화 교육을 부르짖게 했던 그 무권리의 상태가, 학생들에게는 전혀 변화되지 않은 채 20년이 넘는 세월을 교육이라는 이름으로 합리화되고 있는 것이다.

전 국민이 미성숙하다는 이유로 한창 감수성이 예민한 나이에 '무권리의 상태'를 경험하는 것은 우리 사회가 계속 '먹고사니즘' 속에서 투표하게 되는 토양이 되는 것은 아닐까? 부모님의 말을 잘 듣는 아이가 선생님의 말을 잘 듣는 아이가 되고, 선생님의 말을 잘 듣는 아이가 사장님의 말을 잘 듣는 노동자가 되고, 결국 자신들의 요구를 내걸어야 할 투표에서조차 정치인의 말을 잘 듣는 유권자가 되는 것이 아닌가? 성장기에 무언가를 거부하는 것은 나쁜 아이가 되는 것이라 배울 때, 착한 아이는 다른 사람, 특히 권력이 있는 사람들의 말을 '배려'라는 이름으로 잘 받아들이는 것을 내면화할 때, 평생 남의 인생을 살다 사라지는 사람이 만들어진다는 생각이 든다.

청소년들이 미래의 꿈나무라고 믿는 사람들이 정말 '좋은 세상'을 만들기 위해 청소년들의 저항에 관심을 가져야 하는 이유가 여기에 있다. 세상에는 저항하지만 나에게는 저항하지 않기를 바라는 나를 비롯한 꼰대들이 느껴야 하는 교훈이기도 하다.

2013년 1월

'학급공동체'에 대한
동상이몽

민주적인 학급공동체?

학교에 있다 보면 매년 듣는 말이 "조영선 선생님 반 애들은 참 활발해"이다. 그러면서 "학급 분위기는 담임을 닮는다"는 말도 덧붙인다. 하지만 이런 말을 들을 때마다 여러 가지 의문이 꼬리에 꼬리를 문다. '나는 어쩌다 11년 동안 아홉 번 담임을 하며 매번 활발한 아이들을 맡을 수 있었던 것일까? 나의 손에 활발한 아이들을 뽑는 자석이라도 달려 있는 것일까? 그런데 학급 분위기가 담임에 따라 달라진다는 말은 진짜일까? 아니면 그건 담임이 학급 관리자로서 학급의 분위기까지 책임져야 한다는 말은 아닐까? 이런 상황에서 학급이 공동체라는 것은 무슨 뜻일까?'

하긴, 학급이 공동체가 되어야 한다는 이야기를 자주 들어 보긴 했다.

※《가장 민주적인, 가장 교육적인》(공저)에 실린 글을 다시 싣는다.

신규 시절 한참 학급 운영 연수를 많이 받았을 때, 민주적인 학급공동체라든지, 교사·학생·학부모가 교육공동체의 주체로서 참여하는 학급이라든지 하는 맥락의 이야기들을 다른 교사들로부터 들었다. 그때마다 '왜 우리 반은 공동체 같지 않을까?' 고민하곤 했다.

　민주적인 학급공동체를 일군 교사들의 성공기는 주로 이러하였다. 학기 초에 두레를 구성한다. 두레는 학급에 필요한 업무별로 나누든지 학생들이 좋아하는 분야별로 나누든지 한다. 즉 학급행사기획부, 학급신문부, 총무부 식으로 업무에 따라 부서를 짜거나 게임, 만화 등 각자 좋아하는 기호대로 동아리를 만들든지 하는 것이다. 그리고 각 부서나 동아리의 장들로 학급운영위원회를 구성해 교사와 수시로 학급 운영에서 미비한 점, 보완할 점을 회의하고 그것을 각 부서나 동아리로 전달한 뒤, 거기서 나눈 의견들을 다시 학급운영위원회에 피드백 하는 구조를 만들면 된다. 그러면 학급에서 일어나는 문제들을 학생들이 스스로 해결할 수 있는 역량을 갖게 된다는 것이었다.

　이러한 민주적인 학급 운영에서 중요한 포인트는 또래 집단의 권력관계를 교사가 상세하게 관찰하는 것이었다. 그렇게 해서 교사가 '정의파'인 학생들이 정의롭지 않은 학생들에게 눌리지 않고 학급의 질서를 유지할 수 있도록 알게 모르게 신경을 쓰면 소위 말하는 '일진' 학생들이 제압돼 평화로운 학급을 만들 수 있다고 했다. 나도 우리 반이 그런 민주적인 공동체가 되면 좋겠다고 생각했다. 그래서 연수를 듣고 나서 그러한 학급공동체를 만들기 위해 노력했지만 솔직히 내가 맡은 학급은 한 번도 '공동체스러운' 적이 없었다.

　학급행사기획부든 학급신문부든 학생들은 담임이 기획한 행사가 아니면 스스로 의제를 만들어 내지 못했다. 자연히 학급운영위원회는 담임이

기획한 아이템을 학생들에게 미리 한번 타진해 보는 자리가 됐다. 물론 담임 맘대로 하는 것보다는 훨씬 민주적이었다. '청소를 이렇게 했으면 좋겠다', '자리 배치를 이렇게 했으면 좋겠다'와 같이 학생들이 먼저 제안을 하는 경우도 있었지만, 그런 문제들은 대개 5월 이전에 거의 정리가 되는 터라 이후론 담임이 의제를 생산해 내지 않으면 회의가 열릴 일이 없었다. 기호가 비슷한 학생들끼리 동아리 성격의 모둠을 구성했을 때도 마찬가지였다. 모둠별 장기 자랑이나 학급 단합 대회 같은 것을 할 때는 모둠으로서 제 역할을 했지만, 그런 인위적인 행사가 없을 땐 모둠 구성원끼리 따로 일상적인 활동을 하지 않았다. 친한 친구들끼리 같은 모둠이 됐을 때는 모둠별 행사가 매끄럽게 이루어졌지만 그렇지 않을 때는 모둠별 행사에 대한 반발도 적지 않았다.

학생들 간의 싸움도 빈번했다. 중학교에서 근무했을 땐 나에게 와서 서로 다른 모둠 아이들에 대해 뒷담화를 하는 일이 잦았고, 고등학교에 있을 땐 내가 반에 있어도 여학생들이 서로 쌍욕을 하고 소리를 고래고래 지르며 싸우기도 했다. 심지어 수학여행에 갔을 땐 산책을 갔다 왔더니 한 녀석은 다른 녀석더러 왜 선생님 몰래 술을 마시느냐며 울고 있고, 술을 마신 애는 자기가 알아서 한다며 당당히 소리치고 있고, 이쪽저쪽도 아닌 애가 자기가 해결해 보겠다며 둘 사이를 왔다 갔다 중재를 하고 있었다. 화장실에 갔더니 술을 좀 많이 마신 애가 날 보고는 죄송하다며 큰 소리로 꺼이꺼이 울어 댔다.

나의 담임 경력 흑역사

나는 고민했다. '연수에서 배운 대로 한 것 같은데 왜 이러지? 역시 요즘 애들은 공동체를 몰라. 파편화되어서는 모둠 활동도 싫어하고 모두 스마트폰만 만지고 있단 말이야. 그런데 왜 우리 반엔 일진이 설치는 거야. 아니, 왜 우리 반만 오면 일진이 되는 거야. 흑.'

그런 고민을 하다가 또 다른 연수를 들었다. 그 연수의 주요 내용은 담임이 주로 잔소리하는 영역을 학생들에게 역할을 나누어 주고 그 기여도를 학급 신문과 생활기록부를 통해 공개적으로 칭찬해서 공동체에 대한 학생의 기여 정도를 높이라는 것이었다. 아이들이 성실히 하지 않아서 교사의 잔소리가 잦은 주번 같은 활동도 일주일에 한 번씩 학급의 친구들이 5점 만점으로 평가하게 해서 평균을 내 공지하라고 했다. 담임의 잔소리가 아니라 동료 학생들 전원이 참여한 결과로 나온 민주적인 점수가 학생의 성실도나 공동체의 청결에 기여한 정도를 가장 정확히 평가한 게 아니냐는 것이었다. 그리고 이것을 1학기 생활기록부에 적어 주면 2학기부터는 교사가 아무것도 안 해도 칠판에 윤이 난다고 했다. 휴대전화도 마찬가지였다. 휴대전화를 걷을 때 낸 학생들에 대해 '휴대 기기를 사용하는 데서 비판적인 조절 능력을 갖고 있다'고 생활기록부에 적어 주면 안 내는 학생들이 없다고 했다.

성적표가 나오면 성적이 좋은 아이가 아니라 상승한 폭이 큰 아이들을 많이 칭찬하라고도 했다. 성적이 많이 상승한 아이의 학부모에게는 카톡 등을 통해 '1등이 중요한 것이 아니라 노력을 많이 한 것이 중요하다'는 점도 강조하라고 했다. 학급 전체가 함께 칭찬 스티커를 모으는 제도를 실시해서 스티커를 다 모으면 담임이 피자를 쏘는 아이디어도 제시됐다. 비행에 힘을 쏟는 아이들에 대해선 아이들이 그 힘을 다른 데 쓰면 큰 인물이 될 수 있다며 진로 지도를 잘하면 해결이 된다는 이야기도 나왔다. 힘이 좋은 아이가 하도 폭력을 쓰길래 복싱 코치를 연결시켜 주었더니 자기 길을 찾고 비행을 그만두었다는 미담도 등장했다. 이런 식으로 아이들을 다양한 방식으로 인정해 주는 시도를 계속하라고 했다. 학부모들에게도 '이 친구는 전교 1등입니다, 교실 청소에서는요.', '이 친구가 우리 반 노래 왕입니다'라는 식으로 칭찬 메시지를 보내 주라고 했다. 이런 식으로 절대 다수의 평범한 아이들이 학급공동체에 소속감을 느끼게 하고, 이러한 방식에 따라오지 않는 학생들은 여유를 주며 개별 지도를 하라는 것이었다.

나는 귀가 솔깃하였다. 귀찮은 회의 따위는 하지 않아도 되고, 학생들의 의견을 적당히 반영하는 듯하면서 교육적으로 내가 옳다고 생각하는 바를 관철시킬 수 있을 것 같았다. 학생들도 자기가 한 행동이 학급공동체에 도움이 되었다는 것을 통해 소속감을 획득할 수 있을 듯했다.

실제로 이러한 방식들은 담임으로서 나에게 성취감을 주었다. 학교에서 담임에게 중요시되는 가치들, 즉 "저 반은 들어가면 교실이 깔끔해", "출석도 완벽하고 말이야" 이런 평가들에서 그동안 최저점을 받아 왔던 나는 연수 때 배운 방식을 택한 다음 이러한 평가에서 자유로워질 수 있었다. 학생들이 칭찬 스티커를 다 모아서 피자를 샀을 때는 학생들도 정말 만족스러워하였다. '우리 반은 훌륭해!', '우리 담임은 센스쟁이야!' 하는 만족과 자부심의 공기가 우리 반을 채웠다. 하지만 난 찝찝함을 견딜 수 없었다. 주번 평가를 하면서 주번 활동의 질은 나아졌지만, '나는 동료 평가를 거부하면서 왜 학생들에게는 동료 평가를 시키고 있지?'라는 생각이 들었다. 학부모에게 카톡을 보내면서 한편으로는 부모들에게 학생들의 선행을 알리는 것이 뿌듯했지만, 다른 한편으로 '이건 또 하나의 감시 행위는 아닐까?'

라는 생각도 들었다. 피자를 먹는 순간에도 '혹시 칭찬 스티커를 모으는 데 협력하지 않는 학생을 집단적으로 왕따시키지는 않겠지?'라는 생각이 머릿속을 빙빙 돌았다. 그해만큼 학급 운영을 하며 칭찬을 많이 받은 적이 없다. 학생들은 잡을 것은 잡고 놓을 것은 놔 주는 센스쟁이 담임이라고 했고, 학부모들은 학생들을 잘 관리하면서도 물의를 일으키지 않는 담임으로 추켜세웠다. 교장, 교감이 전체 교사 앞에서 학급 운영 연수를 하라고 한 적도 있었다. 하지만 그해를 떠나보내며 나는 소설 〈우상의 눈물〉을 떠올렸다. 우리 반에 기표가 있었다면 이렇게 말했을 것이다. "무섭다. 나는 무서워서 살 수가 없다." 나에게 그해는 담임 경력의 '흑역사'로 남아 있다.

나는 무엇이 되고 싶었던 것일까?

그해를 보내면서 나의 마음속을 곰곰이 들여다보았다. 나는 민주적인 공동체를 꿈꾸었지만, 사실은 우리 반이 나아갈 방향을 미리 마음에 정해 놓고 있었다. 학생들이 내가 속으로 정해 둔 대로 따르도록 과정을 조정할 수 있을 때는 마음이 편했고, 그러지 못할 때는 마음이 불편했다.

학생들의 요구가 학급에서 풀 수 있는 수준을 넘어서 제기될 때면 무력감에 곧잘 빠졌다. 사실 교실 안에서만 통하는 민주주의 따위가 있을 리 없다. 학급에서 아무리 민주적인 공동체를 만들겠다고 해도 학교라는 구조가 민주적이지 않다 보니 한계가 있을 수밖에 없었다. 그런데도 계속 그런 점을 고려하지 않고 나에게 불만을 말하는 학생들의 행동을 보면서 그것을 정당한 문제 제기가 아니라 나에 대한 '도전'이라고 받아들였다. '이렇게 민주적으로 하는데도 욕을 먹다니……' 하는 원망도 많이 했다.

가정 방문, 학급 행사, 모둠 단합 대회 등은 내가 누구를 위해 희생해서 한 행사는 아니었지만, 학생들이 그 수고를 인정해 주지 않고 운영하는 방식에 불만을 제기하면 그렇게 미울 수가 없었다. 그런 행사를 하다가 학생들 사이에 싸움이라도 일어나면 나의 수고는 이런 '자질 없는' 학생들에게는 아무 의미가 없는 것이라고 섣불리 판단했다. 그러면서 점점 모든 학생이 아니라 나의 헌신을 고마워하는, 나와 코드가 비슷한 학생들의 이야기에만 귀가 솔깃해져 갔다. 결국 나는 학급이 민주적이어야 한다고 생각하면서도 무엇이 정의로운 것인지 따질 때는 학급을 가장 잘 알고 있다고 생각하는 '나', 그리고 나와 코드가 비슷하고 사용하는 언어가 비슷한 학생들의 의견을 중심으로 판단을 내렸다. 파트너의 자격을 획득하지 못한 학생들의 말이나 행동은 쉽게 학급의 질서를 문란하게 만드는 것이라고 여겼다. 그때까지도 나는 공동체를 잘 이끌어 가는 교사가 되려는 생각만 했지 내가 공동체의 1/n이라는 것은 깨닫지 못했다. 나는 민주주의를 말하면서도 실은 칭찬받는 성군이 되고 싶은 '참꼰대'였던 것이다.

공동체를 둘러싼 착각들

하지만 도대체 공동체란 무엇이란 말인가? 사전에서 공동체의 정의를 찾아보았다.

공동체
1. 생활이나 행동 또는 목적 따위를 같이하는 집단
2. 공동 사회(인간에게 본래 갖추어져 있는 본질 의사에 의하여 결합된 유기적

통일체로서의 사회)

　　공동체는 '생활이나 행동 또는 목적 따위를 같이하는 집단'이거나 '인간에게 본래 갖추어져 있는 본질 의사에 의하여 결합된 유기적 통일체로서의 사회'이다. 후자의 정의는 가족, 촌락 등 '선택할 수 없는 요소'에 의해 구성되었지만 '사회적 동물'이라는 인간의 본능에 의해 '긍정'된 단위라는 설명이다.

　　학급은 생활을 같이하는 공간이지만 행동이나 목적을 같이하는 집단은 아니다. 교사와 학생은 반을 선택할 수 없다. 1학년 1반, 2반, 3반은 신정1동, 2동, 3동과 별다를 바가 없다. 그런데 학급은 마을보다 밀도가 높다. 적어도 신정1동 안에는 몇 번지 몇 호라는 나의 집이 있지만 학급에는 최소한의 나만의 공간도 확보하기 어렵다. 나의 공간은 책상과 사물함뿐이다. 하지만 이 모두 공개되어 있으며 언제 바뀔지 모른다. 이런 환경에서 수업과 그 밖의 활동들을 시간표에 따라 일사분란하게 진행해야 한다. 한 공간에서 밥을 먹고 화장실을 가고 모든 생활을 함께하는 경우 각자의 생활 습관이 그대로 드러나게 되고, 이것은 빈번한 싸움과 스트레스로 이어진다. 아무리 이해심 많고 온화한 사람도 처음 동거를 시작할 땐 생활 습관의 차이로 함께 사는 사람과 갈등을 겪는 것과 마찬가지이다. 그런데 학급은 아주 높은 밀도로 사람이 모여 있는 공간이고, 이 공간이 큰 문제없이 굴러가도록 하려면 갈등을 통제하는 기제가 필요하다. 이를 위해서 소환하는 첫 번째가 공동의 목적이다. 학교는 '공부'라는 공동의 목적으로 학생들의 모든 행동들을 통제하고 동일한 행동을 하도록 규율한다. 두 번째는 인간은 사회적 동물이기 때문에 학급을 통해 사회성을 습득해야 한다는 것이다. 학생들은 학급이라는 공동체에서 생활을 넘어서 행동이나 목적도 통일할 것을 요구받는다. 그래서 학급은 생활 or 행동 or 목적을 함께하는 집단이 아니라 생활 and 행동 and 목적을 함께하는 집단이 된다. 우연히 같은 행정구역에 살게 된 사람들이 '모두를 위한 나, 나를 위한 모두'를 외치며 공동체를 일구기 위해 애쓰게 된다.

학급은 사실 중앙 집권적 관료적 통제의 제일 말단의 단위이다. 여기서 공동체는 잘못하면 관료적 통제라는 목적을 감춘 채, 통제의 목적을 저항 없이 관철시키는 역할을 하게 된다. 그래서 중요한 것이 우리가 일구려는 공동체가 무엇을 목적으로 하는가이다. 학교에서 요구하는 올바른 학급의 모습을 구현하는 것을 목표로 하는가? 아니면 학급 구성원들이 공동의 목적을 스스로 발견하게끔 하는 것을 목표로 하는가? 우리가 아는 많은 공동체들은 아이러니하게도 이런 관료적 통제를 거부하기 위해 만들어졌다. 교육에 대한 관료적 통제를 거부하면서 만들어진 전교조도 그러하고, 철거 투쟁을 함께하며 만들어진 지역운동도 그러하다. 다른 동네가 부러워하는 성미산마을도 성미산 지키기 운동을 함께하면서 성산동이 아니라 성미산마을이라는 공동체성을 갖게 되었다.

따라서 진정 학급에서 공동체가 생겨나길 원한다면 적어도 우리에게 공동의 목적이라는 게 무엇인지, 그것이 우리가 정말 공동으로 바라는 지향인지, 아니면 공동의 적에 대한 저항인지, 이러한 것들을 스스로 발견해 보는 시간이 필요하다. 그리고 이러한 고민이 가능하려면 적어도 공동체를 생각하기 전에 내가 삶에 대해 어떤 지향을 갖고 살아야 할지, 내가 동의하는 것은 무엇이고, 거부해야 한다고 생각하는 것은 무엇인지에 대해 생각할 시간과 공간이 필요하다. 사실 서로 기호도 다르고 생활 습관도 다르고 생각하는 방식도 달라서 우리가 초기에 서로 합의할 수 있는 수준은 매우 낮다. 그런데 우리는 마치 학급이 공동체가 되기 위해 준비된 주체들의 모임인 것처럼 착각한다. 몇 년 동안 다르게 양육되어 온 사람들이 몇 개월 동안 학급 행사나 공동체 활동을 하면 마치 공동체가 되는 것처럼 생각하는 데서 오히려 구성원들의 공동체에 대한 불만이 높아진다. 이런 점에서 공동체를 일구는 데 우선 필요한 것은 인권을 통한 개인의 발견과 그 개인들이 자신이 발견한 문제를 공론화하는 민주주의가 아닐까? 이렇게 볼 때 사실 학급의 기한 1년은 한 공동체의 완성을 보기에는 너무나 짧은 시간이다.

'교육은 서로 섞이는 것이다'라는 말은 우리가 선택해서 만난 사람들이 아니란 사실이 오히려 교육의 가능성을 더 풍부하게 하며, 우리 의지와 상관없이 컴퓨터로 배정된 사람들이 서로 '만남'을 일궈 가는 데서 교육이 일어난다는 의미일 것이다. 그렇다면 더더욱 공동체의 '~을 위해'가 아니라 구성원 한 사람 한 사람의 온전한 삶 자체가 공동체의 목적이 되어야 하지 않을까?

흑역사 그 이후

흑역사 그 이후 내가 마음에 각인시키려 한 것은 선정을 베푸는 온화한 임금의 얼굴을 벗고 나도 공동체의 1/n이 되자는 것이었다. 일단은 관료적인 통제 방식의 권력을 쓰지 않기로 했다. 상벌점을 매기거나 생활기록부에 기재하거나 칭찬 스티커를 주는 식으로 나의 '교육적' 목적을 학생들에게 관철하고 싶은 유혹과 싸우는 데 많은 시간을 들였다. 물론 이미 조·종례 시간과 수업 등을 통해 교사로서 권력을 가지고 있는 나는 아무리 몸부림쳐도 권력자일 수밖에 없었다. 그래도 내 지식이나 지위를 권력으로 활용하는 것을 꼰대 짓의 중요한 지표로 삼고 경계하면서 공동체의 1/n이

되기 위해 노력했다. 교탁 위에서 홀로 군림하는 것이 아니라 "선생인 나도 안 그러는데 너는 친구라면서 왜 그러니?"를 묻고, 그것이 핑계로 들릴지언정 자기 행동의 이유를 설명하게 하면서 다른 사람은 속여도 스스로를 속이지 않도록 하는 데 많은 애를 썼다. 그것이 스스로 자기 행동의 합리성을 구축하는 데 바탕이 될 것이라 생각했고, 정말 거짓말을 하면 안 되는 순간에 자신을 구원할 것이라 믿었기 때문이다. 그리고 학교 질서에 순종적인 학생들만 정의파라고 생각하지 않도록 긴장했다. 사실 그런 범생이 그룹이 나와 언어 체계가 비슷하기 때문에 나는 그 그룹의 이야기를 판단의 근거로 삼기 쉬웠다. 그래서 잘 알아들을 수 없고 나에게 불편한 느낌을 주는 말에 대해 그 학생이 진짜 전달하고자 하는 바가 무엇인지 알아내고자 애썼다. 이를 위해 일종의 비공개 쪽지 회의 같은 것도 했다. 민주주의의 핵심은 대화와 타협이 아니라 '공론화'이고, 선뜻 공론화의 주체로 나서기 어려울 때 스스로를 가릴 수 있도록 학생들에게 함께 얘기해 보고 싶은 것을 쪽지에 적게 하고 논의했다. 마치 '고민 자랑 대회' 프로그램인 〈대국민 토크쇼 안녕하세요〉처럼 학생들 사이에서 그건 고민이 아니라는 판단이 나오기도 했고, 그건 고민이라면서 해결책들이 제시되기도 했다. 이렇게 하다 보니 문제를 공론화하는 학급 문화도 생겼고, 때로는 그렇게 고민을 들추는 것이 새로운 갈등의 원인이 되기도 했다. 그러나 갈등을 감당하는 것도 나와 학생들의 과제이기에 어떻게 잘 감당할지를 함께 논의하였다. 예컨대, 싸움의 룰(발언 횟수와 순서를 지킨다, 어떤 마음이었는지 설명한다, 가족이나 약점 등 관계없는 것을 들먹이지 않는다 등)을 합의해서 정하고 그것을 지킨다는 원칙하에 입회하여 비공개로 이야기를 주고받기도 했다. 그때마다 나는 학생들에게 여러분은 한 명 한 명이 그 자체로 하나의 우주이며 여러분이 가진 고민은 모두에게 영향을 미칠 것이라는 점을 이야기하였다.

실제로 우리 반은 전혀 '공동체스럽지' 않았다. 늘 시끄러웠고, 각자 의견이 너무 강해서 반 티 디자인이나 함께 볼 영화를 정하지 못하는 경우도 있었다. 그러다 결국 반 티는 누가 입어도 무난한 디자인으로 정해졌고, 무슨 영화를 볼지를 어이없게 담임이 정하도록 해서 보고 싶었던 다큐멘터리를 보는 어부지리(?)를 얻기도 했다. 앞에 말했던 수학여행에서와 같은 소동이 벌어졌을 때는 싸우던 애들은 계속 싸우도록 하고 나는 같이 산책을 나갔던 학생들과 준비한 성교육을 재밌게 하였다. 소동은 싸우던 학생들이 급 돌아와 자기들에게도 성교육을 리바이벌해 달라고 조르는 것으로 어이없게 마무리되었다.

단합하자는 것이 단합하지 못하는 사람을 배타적으로 대하는 것을 당연하게 여기도록 하는 근거가 될까 봐 학생들이 스스로 관계를 맺고 싶다는 욕구를 느낄 여지를 주는 데 공을 들였다. 다 함께 참여하는 행사는 정규교육과정 내에 끝냈고, 그렇지 않은 활동은 학생들을 최대한 초대는 하되 강요하지 않았다. 참여한 사람이 적으면 적은 대로 한 사람 한 사람을 기쁜 마음으로 환대하며 즐거운 시간을 보냈다. 관계 안에서의 화합도 중요하지만 관계의 압력과 밀도를 스스로 조절할 수 있도록 해야 폭력적인 관계를 맺지 않을 수 있다고 생각했기 때문이다. 제각기 다른 삶의 방식으로 살아가는 사람들이 '서로의 존재를 인정하는 자유'가 '사이좋게' 지내지 않아도 안심하며 살 수 있는 구조를 만들 것이라고 보았다.

나에게 공동체란

공동체는 정말 좋은 말이다. 하지만 우리가 워낙 전체주의적인 사회에서 살아서인지 공동체란 말에서 온기를 느끼기 전에 의심이 먼저 든다. 학생들을 개인주의적이고 이기적이라고 비판하는 말들에 우리가 언제 제대로 된 개인주의를 실현해 본 적이 있었나 하는 반문이 생기기도 한다. 개개인의 존재를 제대로 인정하지 않는 공동체주의가 소수자나 소수 의견을 배척하는 논리로 쓰여 왔다는 생각이 앞서는 것이다. 그래서 요즘에 내가 관심을 갖고 노력하는 부분은 공동체의 대표로서 내 모습이 아니다. 공동체 안의 소수자의 목소리와 소수 의견이 공론화될 수 있도록 힘을 실어 주는 것, 그리고 문제를 공적으로 해결하기 위해 진짜 공동체를 만드는 것, 그래서 문제를 공동으로, 민주적으로 해결하는 것이 무엇인지 발견하는 것이다. 어찌 보면 교사는 학생들이 인생에서 만나는 수많은 사람 중 한 명일 뿐이고, 학생들에게는 좋은 동지이자 친구를 만나는 것이 더 중요할 테니까 말이다. 학급공동체 역시 우선은 그 속에서 충분히 개인의 존엄을 발견할 수 있을 때 우리가 정말 만나야 할 공동의 목적도 발견할 수 있지 않을까?

2013년 5월

교사로서
내가 해방되기 위해서

요즘처럼 민주주의라는 말을 많이 듣는 때도 드문 것 같다. 국정원과 국방부의 선거 개입으로 불거진 부정 선거 논란, 전교조 법외 노조화, 통진당 해산 심판 청구 등 최소한의 민주주의라 일컬어 왔던 진지마저 하나둘씩 무너지면서 민주주의와 인권이라는 단어에 대해 그 어느 때보다도 이야기가 많이 나오고 있다. 박근혜 정부의 첫해는 이렇듯 민주주의라는 근간을 뒤흔들어 온 1년이었고, 여러모로 '과연 민주주의란 무엇인가'에 대해 다시 생각해 보게 한 시간이었다.

이런 가운데 나는 《오늘의 교육》 지면에 교사 10년 차를 넘어서면서 깨닫게 된 사실 하나를 〈'학급공동체'에 대한 동상이몽〉이라는 글을 통해 나누게 되었다. '나는 민주적인 교사가 되고 싶었지만 그건 결국 성군이 되고 싶은 욕망이었다'는 고백이었다. 나의 고백은 이후 여러 독자들을 통해 변주되거나 반사되었고, 나는 그것을 보면서 참 영광스러웠다. 이 글은 그런 독자들의 화답에 좀 더 보태고 싶은 생각, 앞선 글에서 미처 다 하지 못한 이야기들을 정리한 것이다.

왜 교사의 권위에 주목하게 되었는가?

사실 교사의 권위적이고 비민주적인 태도는 교사 개인의 악덕이라기보다는 학교 제도가 교사에게 요구하는 악덕인 경우가 많다. 그래서 비민주적인 학교 제도를 민주적으로 만들기 위한 여러 교사들의 노력 속에서 전교조가 탄생하였다. 전교조는 단위 학교에서 교육부 - 교육청 - 교장 - 교사 - 학생으로 이어지는 통제의 힘을 막아 내고, 불합리한 일에 문제를 제기하며 그동안 침묵할 수밖에 없었던 교사들의 힘을 모아 내는 역할을 해 왔다. 그러나 24년 동안 이런 노력이 이어져 왔지만 교장과 대거리할 수 있는 '벌떡 교사'가 없는 한 여전히 학교는 교장이라는 전제 군주의 왕국이다. 교사들은 그런 비민주성에 대해 적당히 태업을 하거나, 비공식적으로 맞서거나, 그냥 침묵해 버릴 뿐이다. 나 역시 전교조를 만나기 전에는 말이 안 되는 일을 겪게 됐을 때 나 자신과 타협하기 위해 말이 안 되는 것의 말이 되는 부분을 억지로 찾아내거나 태업을 하거나 동료 교사와의 뒷담화로 답답함을 해결하였다. 그러다 전교조를 만나고 나서 적어도 이건 문제가 아니냐고 이야기를 꺼내는 습관을 가지게 되었다.

그런데 이런 불합리함을 논의하는 틀이 '교사들의 모임'이다 보니 문제를 제기하는 범위도 교사들이 공감할 수 있는 것에 제한되었다. 그 속에서 분출구를 찾지 못한 학생들의 의견은 그들 나름의 태업이나 교사를 공격하는 행동으로 나타났다. 교사들이 공감하는 문제 제기의 영역에 익숙해져 있던 나 역시 그러한 공격을 당하기도 했고, 그러면서 학생들에 대한 분노가 생기고 학생들에 대한 징계를 강화하는 방식의 지도에 귀가 솔깃한 적이 있었던 것도 사실이다. 이런 논리에 익숙해지면 익숙해질수록 나는 피해자화되고 학교에 냉소하게 되었다. 학교도 엉망이고, 학생들도 나의 '참교육'을 거절하니 내가 학교에서 할 일이 없다고 느꼈다. 그러면서 점점 냉소적으로 변해 가는 내 자신을 부여잡고자 그나마 나의 애씀을 받아들이는 학생들의 목소리에 더 관심을 쏟고 반응하게 되었다. 학생들 중에는 입시에 관심이 많은 이들도 있으니까 이들이 학원에 가지 않을 수 있도록 노력해야겠다. 뭐 이런 생각으로 희미해져 가는 교사로서의 존재감을 세우기 위해 애썼다. 그러다 보니 입시 제도에 잠식당한 나의 교육과정 편성권이나 평가권에 대한 문제의식도 희미해져 가고, 교사로서 학교의 불합리함에 목소리를 높이는 것에도 점점 무관심해졌다. 솔직히 말하면 뭔가가 '문제'라고 느끼는 촉도 무뎌졌다. 학교는 원래 그런 곳이니까, 그 정도는 참아야 하는 공간이니까, 교사인 나도 그렇게 해서 월급을 받고, 학생인 너희도 그렇게 해서 졸업장을 따야지……. 즉, 내 존재감을 찾는 것처럼 보였지만 다른 한편으로는 나의 노예성이 심화되는 시간이었다. 앞의 글에서 고백한 세련되게 관리하는 담임이라는 '흑역사'의 이면에는 이런 그늘이 있었던 것이다.

이러한 경험을 통해 내가 느낀 것은 교육 행정의 말단 관료이자 수업과 학급이라는 상대적으로 자율적 공간을 부여받은 이인 교사에게 주어진 권한이라는 것이 사실은 '책임'에 가깝다는 거였다. 그러나 가능하지도 않은 영역에 대한 책임까지 교사의 헌신으로 메우라고 요구당하고, 그를 위해 학생들의 권리를 억압하는 것을 당연하게 여기도록 하는 건 잘못된 마약이었다. 나는 이 마약을 거부하지 않고는 노예처럼 사는 나의 삶도 나아지지 않을 것이라는 생각이 들었다.

교육 행정이 교사에게 강요하는 것을 집행하는 과정에서 교사로서의 존재감을 잠식당하지 않기 위해 가장 갈고닦아야 할 것은 '내가 지금 무엇을 하고 있는가?'를 직시할 수 있는 힘이었다. 그 상황을 직시하는 힘을 주는 것은 주류의 논리에 잠식당한 학교에서 주변부로 밀려나 있는 학생들의 목소리를 들을 수 있는 채널을 갖는 것이었다. 이것은 비주류화된 학생들의 목소리가 공식화되는 제도를 만드는 것이었다. 하지만 그것이 가능하기 위해서는 우선 그게 소음이 아니라 언어라는 것을 알아채는 누군가의 역할이 필요하고, 그것을 공식적으로 언어화할 수 있는 사회적인 제도나 문화를 만드는 일도 필요했다. 나에게 있어 전자는 기존의 교사의 역할과 담론에 도전하고 학생들과 수평적인 관계를 맺기 위해 노력하는 것이었고, 후자는 학생인권조례를 지지하는 담론을 교사의 입장에서 널리 펼치는 것이었다. 그러는 과정에서 청소년인권운동과 접속하게 되었다. 물론 청소년인권운동을 하는 청소년은 소수이고, 학교에서도 청소년인권 관련 활동을 하는 학생들은 만나기 어렵다. 마치 1960년대에 4.19교원노조가 만들어지고, 그 후 1989년에 전교조가 결성되고 지금에 이르기까지 수많은 세월이 걸렸듯이 아마 청소년인권운동이 프랑스 학생들이 시위를 하는 것처럼 현실에 존재하는 학생들의 모습으로 나타나기까지 얼마나 많은 세월이 걸릴지 모른다. 다만, 답답한 학교 현실을 당연하다고 여기지 않는 교사들이 전교조 활동을 하게 되는 것처럼 이러한 억압적인 현실을 당연하다고 여기지 않는 학생들이 버스비가 없어 걸어 다니면서도 청소년들의 입장을 대변하는 운동을 하고 있다. 그래서 나는 계속해서 학교와 세상은 이럴 수밖에 없다고 체념하고 있는 학생들에게 청소년인권운동을 소개하고, 체념하고 포기하지 않는 청소년 당사자가 있음을 소개한다. 학교와 교육의 문제를 학생들이 주체적으로 극복하게 될 그날을 그리면서 말이다.

'흑역사' 그 이후 사실 나는 명시적으로는 크게 달라진 것이 없다. 종례 신문을 만들고, 학급 일기를 쓰고, 1년에 두어 번 학급 행사를 하고, 상담도 한다. 한 학기가 시작할 때 학생들에게 "여러분을 인격적으로 존중하는 사람이 되려고 노력하겠다" 말하고, 여러분도 서로를 인격적으로 존중하도록 노력해 주었으면 한다고 당부하며 인권을 소개한다. 출결 관리 등 나에게 별 재량이 없는 일에 대해서는 기계적으로 처리하고, 학생의 지각이나 결석이 다른 문제의 징후로 느껴질 땐 왜 그러는지 묻는다. 학생들의 행동이 정말 다른 사람을 괴롭게 할 땐 문제를 제기하기도 한다. 물론 내가 가진 권력이 있기에 문제 제기가 훈계처럼 흘러가지 않도록 학생들에게도 나한테 훈계하거나 충고할 일이 있으면 꼭 해 달라는 말을 잊지 않는다. 종례 신문을 만들 때도 이전에는 내가 하고 싶은 잔소리를 예쁘게 포장하는 데 애썼지만, 지금은 그냥 학생 기자단을 꾸려 학생들이 재밌어할 만한 소식을 내도록 한다. 필요할 땐 따로 지면을 부탁하여 담임이 하고 싶은 말을 쓰기도 한다. 학급 일기는 좀 집요하게 받는 편인데, 학생들에게 부담이 되지 않도록, 그리고 학생들의 이야기에 대해 피드백을 충분히 하려고 애쓴다. 상담할 때는 어떻게 해야 상담이 아니라 '대화'가 될 수 있을지 고민한다. 상담을 한답시고 학생만 일방적으로 정보를 토해 내기를 강요하거나 하나 마나 한 좋은 이야기를 하는 데 그치지 않도록 긴장하는 것이다.

학급에 문제가 생겼을 때는 언제든지 공론화할 수 있는 회의 구조(5명이 동의하면 전체 회의)를 만들었지만 자주 열리지는 않았다. 아마도 학급 단위에서 결정할 수 있는 것이 많지 않다는 걸 학생들도 이미 깨달아 버렸기 때문인 것 같다. 사실 교사들의 민주적인 시도는 학생들에게 칭찬받기보다는 거절당하기 일쑤다. 학생들은 학교에서 민주주의를 경험한 적이 별로 없고, 그런 경험이 있다 해도 자신들의 요구로 따낸 것도 아니려니와 학교 제도 아래에서 교사가 갖는 한계만큼 학생들이 경험할 수 있는 민주주의의 한계도 명확하기 때문이다. 마치 중요한 것은 다 교장이 결정하면서 교직원 연수를 어디로 갈지만 다수결로 정할 때처럼 학생들은 교사가 제시하는 민주주의에 별 기대가 없을 수 있다. 하지만 부족할지언정 학생들이 말할 기회를 많이 보장하고 피드백을 하는 과정이 쌓이면 쌓일수록 학생들의 생각을 더 많이 알게 되었고, 그들의 이해할 수 없는 행동의 실마리를 알게 되기도 했다. 학생들의 회의나 토론이 비민주적으로 이루어지거나 논의에서 비인권적인 이야기가 진행될 때는 적극적으로 내 의견을 제시하였다. 이런 과정에서 학생들을 설득하는 데 성공한 적도 있고 실패한 적도 있다. 어찌되었든지 간에 학생들의 결정 사항을 존중하려고 애썼다. 중요한 것은 누가 이겼냐 졌느냐, 어떤 안으로 결정이 되었느냐가 아니라 이 과정에서 어떤 지점이 비인권적이고, 어떤 지점이 비민주적인지를 드러내고 공유하고 공감하는 것이었다.

언제든 '거절할 수 있는' 관계 만들기

교장과 교사 간의 관계에서도 민주적인 파트너십을 경험해 본 적이 없는 교사들이 학생들과 민주적인 관계를 실현한다는 것은 본원적으로 불가능한 일일 수 있다. 그리고 현재의 학교 구조에서 이 일은 교사가 권한으로 부여받지 못한 책임을 남발해야 하는 것이 되거나, 학생들을 무질서한 군생 질서로 몰아내는 길이 될 수도 있다. 그럼에도 불구하고 교사와 학생의 민주적 관계에 집착하게 된 이유는 이것이 교사로서 나 자신이 성장하고 해방되는 데 큰 지렛대가 되었기 때문이다. 실제 민주적인 교사의 역할에 대해 고민했던 나조차도 공동체의 1/n이었던 적은 없었다. 여러 독자들이 지적해 주었듯 아무리 1/n이 되고 싶어 해도 이미 교사에게 권력이 집중되어 있는 상황에서 이것은 불가능하기 때문이다.

사실 권력관계가 수평적인 공동체는 이 세상에 존재하지 않는 것일 수 있다. 개인마다 획득한 문화 자본이 다르고, 쌓아 온 경험이 다르고, 획득한 정보의 질과 양이 다른 상황에서 대다수의 모임 또는 사회는 그 기준이 무엇이든지 간에 권력에 따라 이합집산을 하면서 군생 질서를 만든다. 학교만 봐도 그렇다. 교사들은 다양한 인간관계에 속해 있고, 그 인간관계의 조직들 중에 공적인 질서에 영향을 미치는 조직이 있는 것이다. 학교에는 남교사회, 부장 회의, 신우회, 동창회, 학부모회 등 다양한 형태의 그룹이 있고, 그 공적인 질서에 영향을 미치는 조직은 결국 학교 내의 권력자가 함께하는 조직이다. 교장이 어떤 그룹과 가까이 지내느냐에 따라 그 조직의 목소리가 학교 행정에 반영된다. 즉 군생 질서는 학급에만 존재하는 것이 아니라 어느 사회에나 존재하는 것이다. 이런 군생 질서의 권력관계가 공식화된 것이 그나마 학교운영위원회나 교직원 회의, 또는 인사자문위원회 등이다. 권력과의 거리에 따라 이루어지는 조정들이 그나마 공식적인 기구를 통해 이루어지도록 발전해 온 것이 학교 민주화의 역사인 것이다.

교실 역시 다르지 않다. 교실에는 다양한 형태의 그룹이 있고, 교사의 교육적 판단에 따라 적절한 개입을 하기도, 그냥 지켜보기도 한다. 그리고 교사의 교육적 판단은 군생 질서에서 희생되는 학생을 보호하는 관점에 서 있을 수도 있고, 학급이 올바른 공동체가 되어야 한다는 철학에 터한 것일 수도 있다. 하지만 무엇이 되었든지 간에 교실의 모든 상황을, 심지어 내가 볼 수 없는 상황까지 통제하고 관리해야 하는 것은 나에게 크나큰 부담이 되었다. 담임이 없는 시간에 학생들이 자리를 바꾸는 것부터 시작해 점심

시간에 학교폭력이 일어나는지 여부까지 감시해야 한다는 부담은 마치 땅을 경작하지도 않으면서 권력을 행사해야 하는 부재 지주가 된 것 같은 느낌을 주었다. 또한 내가 이 학급에서 정의의 심판관이 되어야 한다는 것은 진실과 정의를 독점하지 않고는 불가능한 일이었다.

〈고백〉이라는 일본 영화를 보면 학급의 한 학생이 계속 결석을 하자 담임은 그 학생을 나오게 하기 위해 여러 가지 이벤트를 벌인다. 그런데 알고 보니 그 학생은 그 이전 담임의 딸을 죽였고, 그 이후로 학교를 나오지 않고 있는 것이었다. 그 반 학생들은 모두 사실을 알고 있지만 새 담임에게 말하지 않은 채 이벤트를 따라 한다. 하지만 학생을 학교에 오게 하기 위한 이벤트가 거듭될수록 정작 학생은 학교에 나올 수가 없다. 좀 극단적인 상황이지만, 〈고백〉은 교사와 학생의 수평적인 의사소통 구조가 마련되지 않는 한 맥락을 파악하지 않은 교사의 노력은 그 힘 때문에 엉뚱한 결과를 낳을 가능성이 있음을 보여 준다. 그러나 대부분의 상황에서 교사는 학생들의 상황과 맥락을 파악하기 전에 자신의 교육적 소신을 앞세우기 쉽다. 교사의 노력은 칭찬받아 마땅하지만 자신의 교육적 소신이 1년 안에 학급 전체에 관철되기를 원하는 순간, 그것은 또 다른 형태의 군생 질서를 만들어 낼 수 있는 것이다.

나에게 공동체의 1/n이 되려고 노력한다는 것은 내가 교사라는 지위와 권력, 정보 등 자원을 가지고 있고, 그것으로 학생들의 삶에 기여하고 싶지만, 나의 이런 노력도 학생들의 판단에 의해 언제든지 거절될 수 있는 관계를 지향한다는 것을 의미한다. 그리고 이러한 관계일 때 학생들도 이 공간의 주인으로 초대받을 수 있으며, 교사에게도 겉으로 드러나지 않는 학생들이 처한 맥락과 상황을 입체적으로 포착할 수 있는 기회가 주어진다는 것이다. 또한 1/n이 되기 위해 노력하는 건 나 자신이 학생과의 관계에서 권력자라는 사실을 잊지 않는 방법이기도 했다. 아무리 좋은 말이어도 이것이 학생이 처한 맥락을 벗어나 강압하는 것일 때 학생들에게서 내쳐질 수밖에 없다. 그리고 학생들의 거부는 내가 정당하다고 생각하는 것을 다시 생각해 보는 근거가 되었다. 또 학교의 폭력적인 관행에 익숙해질 무렵, 학생들과 생각을 나누는 훈련을 한 것은 무엇이 옳은지를 판단하는 데 중요한 근거가 되었고, 이후 학교나 동료 교사와의 마찰에서도 그것을 감당해 내고 흔들리지 않는 데 도움이 되었다.

이룰 수 없는 꿈이라 해도 슬프지 않다

하지만 나도 여전히 힘이 드는 것은 그런 문제의식조차 없는 학생들의 무력감과 마주할 때였다. 내 생애를 통틀어 봤을 때 나도 부조리와 불합리함 앞에서 그렇게 도피하거나 포기한 순간이 더 많았다. 그런데 이를 벗어날 수 있었던 것은 그에 굴복하지 않고 자기 목소리를 내며 사는 사람들의 모습을 보면서였다. 세상이 원래 그런 거라며 냉소하거나 체념하며 순응하려는 사람들의 마음을 돌리기 위해선 세상의 문제들에 관심을 갖고 그에 참여하며 즐겁게 사는 사람들의 모습을 보여 주는 것밖에 방법이 없다. 그래서 학생들 역시 문제를 제기해 봤자 소용없다는 무력감에서 벗어날 수 있도록 잘못된 사회적 관행에 도전하며 즐겁게 사는 사람들의 이야기를 들려주려고 애썼다. 그때, 학생들이 내 이야기를 듣지 않고 문제집을 풀거나 잔다고 해서 크게 기분 나빠 하지 않았다. 그것이 교사를 공격하고 싶어서 하는 행동이 아니라는 것을 알았기 때문이다. 다만, 그게 정치적으로 자신과 다른 의견에 대한 침묵의 야유인지, 지금 이대로 상황에 적응해서 살고 싶은 몸짓인지는 궁금했다. 나의 수업 시간이 교사인 나와 정치적으로 반대되는 이야기에도 자유로울 수 있는 공간이었는지 점검하며 늘 긴장하려고 노력했다.

어찌 보면 민주주의는 학급 회의를 몇 번 했는지가 아니라 학생들이 문제라고 생각하는 순간에 말할 수 있는 힘을 어떻게 만들지의 문제일 수 있다. 그리고 문제라고 생각하는 순간 말할 수 있으려면 내가 한 말이나 행동이 그냥 공중에 흩어지는 것이 아니라 그것으로 인해 답답한 세상이 0.1센티미터라도 흔들리는 경험을 해야 한다. 그것은 이렇든 저렇든 자꾸 부딪쳐 보는 학생들의 노력을 응원하는 것이고, 최대한 수평적인 인간관계를 경험하게 하는 것이다.

그럼 수평적인 인간관계란 무엇일까. 수평적인 인간관계란 고정된 채로 있는 어떤 상태가 아니라 수용과 거부의 거리 조정을 통해 권력관계가 이동할 수 있는 관계이다. 사람들이 처음 만났을 때 나이와 학교, 사는 지역, 직업 등을 물어보는 것은 권력관계를 만들어 내는 차이를 알아내어 그 권력관계 속으로 관계를 안착시키고 싶어 하기 때문이다. 수평적 관계는 이렇듯 이미 여러 가지로 권력관계가 불균등한 상황에서 서로 수용과 거부를 실험하면서 순간적이나마 권력의 이동을 경험하는 관계라 할 수 있다.

권력의 이동을 통해 때로는 권력자의 '인간적인 면'을 만나기도 한다. 그리고 '권력의 두께를 벗겨 낸 인간적인 면'은 우정의 관계가 싹트는 조건이 되기도 한다. 학생들과 수평적 관계를 맺기 위한 노력이 교사인 나에게 자기 해방의 과정이 될 수 있었던 이유는, 수평적 관계를 맺으려는 노력 속에서 무늬만 권력인 수많은 의무들 속에서 벗어나 학생들과 우정의 관계에 접근할 수 있는 창을 얻었기 때문이다.

다른 한편으로 이 과정이 개인과 개인 간의 관계를 넘어 집단으로 확산되어 세상의 거대한 벽을 두드리는 힘이 될 때, 이는 더 큰 정치적 유능감을 되찾는 길이 될 수 있다. 전교조가 의미를 갖는 부분 역시 개인들이 집단적으로 권력이 이동되는 순간들을 경험하면서 정치적 유능감을 되찾게 해주었기 때문일 것이다.

    나는 아마도 여느 교사와 마찬가지로 앞으로도 수평적인 관계를 꿈꾸는 '계몽 군주'의 삶을 살게 될 확률이 높다. 하지만 내가 여전히 수평적인 관계의 꿈을 버리지 않는 것은 그 꿈이, 〈모던 타임즈〉의 한 장면처럼 볼트와 너트를 조이다가 학교라는 컨베이어 벨트 속에 휘말려 들어가지 않도록 나를 붙잡을 것이고, 학생들의 언어를 들을 수 있도록 귀를 열 것이며, ×같은 사회와 교육 제도의 노예로서의 나를 되돌아보게 함으로써 내가 해방되는 삶을 위해 무엇을 할 것인가 깨닫는 힘을 줄 것이기 때문이다. 더 많은 이들이 이 해방의 기쁨에 감염되길 바라며 글을 마친다.

2013년 11월

4부

학생과
함께
정치하다

게시판에 학생들이 쓴 "박근혜 하야"가 붙었다. 그러더니 곧 그 주변에 박근혜-최순실 사건과 관련된 여러 포스트잇이 붙었다. 그러자 생활지도부장 교사가 갑자기 창의인성부로 연락을 해 왔다. 그는 "애들한테 자유를 주면 이렇게 저질스럽게 나온다"라고 고래고래 소리를 지르며 다 떼겠다고 했다.
나는 떼려는 손을 막으며 이건 학생회가 연 행사이니 학생회와 상의해 보고 말씀드리겠다고 했다. 서둘러 학생회와 대책 회의를 했다. 학생들의 의견은 '학생회가 붙인 것도 아니고 학생들이 붙인 것을 학생회가 뗄 수는 없다'는 것이었다.

촛불을 든
아이들

　중간고사가 끝나고 벌써 5월이 막바지를 향해 간다. 학교는 잦은 행사로 수업이 여유롭게 진행되었지만, 바쁘고 뜨거운 5월이었다. 4월 중순에 발표된 학교 자율화 조치로 본격적인 저지 투쟁이 시작되었을 뿐 아니라 '미국산 쇠고기 수입' 문제로 촛불 문화제가 계속되었기 때문이다.

　나는 2007년에 한·미 FTA 반대 투쟁을 하면서 이미 지쳤기 때문에 뒤늦게 사람들이 쇠고기 문제로 떠들썩한 것이 좀 식상했다. 내가 작년에 그렇게 떠들 때는 모르는 척하더니, 아니 이런 걸 몰랐단 말인가? 그리고 자기 몸에 들어간다니까 이제야 나서는 사람들이 좀 이기적으로 보이기까지 했다. 그래도 촛불이 많이 모인다니까 촛불 구경을 하러 갔다. 내가 모였으면 좋겠다고 할 때는 그렇게 안 모이던 사람들이 모여서 무슨 얘기들을 하는지 궁금했다.

아이들, 마스크를 벗다

처음 참여한 촛불 집회가 2008년 5월 3일이다. 그때만 해도 높은 중앙 무대도 없었고 작은 마이크와 앰프만 있을 뿐이었다. 사람들은 누가 먼저라 할 것 없이 한 사람씩 나와서 자기 얘기를 하기 시작했다. 그들이 기분 나쁜 이유는 미국산 쇠고기가 위험해서 그런 것도 있었겠지만, 대부분 "그렇게 중요한 일을 결정하면서 국가의 주인인 국민의 허락을 받지 않았다"는 점에서였다. 특히 놀라웠던 것은 교복 입은 많은 학생들이 "사회 시간에 국가의 주인은 국민이라고 배웠는데 왜 대통령은 자기 맘대로 하냐?"며 분통을 터뜨리는 모습이었다. 죽고 싶지 않다는 이들의 절규는 어떤 면에서 이기적으로 보이기도 했지만 "이제 참지 못하겠다"는 한계점을 넘어선 외침 같기도 했다.

내가 고무되었던 것은 아이들의 대담함이다. 2005년 내신 등급제가 시행되기 시작했을 때 내신 등급제 반대 집회 때만 해도 아이들은 얼굴을 가렸다. 기자들에게 "찍지 마세요"라며 자신들의 신분이 노출되는 것을 몹시 두려워했다. 그런데 올해 무대에 서는 아이들은 자기 신분을 떳떳이 밝히며 자기 주장을 하기 시작했다. 더는 마스크 속에 스스로를 감추는 아이들이 아니었다. 그래서 이 촛불 집회에 관심을 가지게 되었다. 학교에서도 아이들은 내가 집회에 잘 나가는 것을 알고 자신들도 촛불 집회에 가고 싶다고 말하기도 하고, 약속을 했다가 결국 부모님을 이기지 못하고 못 나오기도 했다. 나는 집회에 나갔던 후기를 학급 신문에 싣기도 했는데, 모두가 10대를 무서워할 때 나는 아이들에게 말해 주고 싶었다. "너희가 잘못된 것이 아니라 너희가 두려워서 어른들이 너희를 누르려 하는 거"라고.

이렇게 아이들은 저만치 커 가는데 학교에 오면 아침부터 두발, 용의·복장 검사를 하고 있는 교문 앞을 지나야 할 때마다 어제 촛불 집회에 나갔던 그 아이들은 과연 무슨 생각을 할까 싶었다. 공정택 서울시 교육감이 서울 남부 지역 학교 학생들이 여의도 집회에 많이 나간 게 전교조가 많아서 그렇다고 운운한 날, 학생부장 선생님의 방송이 있었다. 천장을 깬 사람이 있는데 그걸 본 사람은 신고하면 상점과 특별한 선물을 주겠다고 했다. 나는 그 방송을 듣고 폭발하고 말았다. 그래서 청소년들의 사회 참여를 불온시하는 언론과 아이들을 바보 취급하는 학교 행태를 비판하는 글을 학급 신문에 실었다.

"공부하면 뭐 하나요?"

지금 교육의 가장 큰 문제는 아이들이 믿고 따라야 할 학교와 어른들과 사회가 우스워지고 있다는 데 있다. 아이들이 조용히 공부를 하기엔 너무나 웃기게 돌아가는 것이다. 중학교 1학년 2학기 교과서에 '먹어서 죽는다'라는 법정 스님의 글에 딸린 학습 활동에 보면 '광우병'도 결국 소가 육식을 하면서 시작되었다는 내용이 나온다.

교과서에서 가르치는 그러한 국민 상식이 통하지 않는 세상을 이대로 놔두면서 아이들에게 너희들은 공부만 하라는 것이 말이 되는가? 아이들은 공부하면 할수록 세상에 대한 신뢰를 잃게 될 것이다.

그런 면에서 "공부하면 뭐 하나요? 언제 죽을지도 모르는데"라는 말은 비단 광우병 괴담이 만들어 낸 오버 액션이 아니라 "공부하면 뭐 하나요? 돈 없으면 물도 못 먹고 교육도 못 받는 세상에서 일자리도 없는데……. 희망이 있어야 공부도 하지요. 이렇게 우습게 돌아가는 세상에서"

라는 말인 것이다.

적어도 내가 어렸을 때는 "빨리 어른이 되어서 이 감옥을 빠져나가 이 것도 해 보고, 저것도 해 보자" 이런 마음으로 입시 고통을 견딜 수 있었다. 그런데 이제 대학을 가도 캠퍼스의 낭만이 아닌 등골 빠지는 등록금 마련 아르바이트와 취업 준비가 기다릴 뿐이고, 대학을 졸업해도 '독립'이 아닌 끝도 보이지 않는 실업 상태가 기다리고 있다. 아이들은 장학사나 생활지도부장보다 '미래 없음'이 더 무서운 것이다. 더는 학교와 사회와 어른들이 슬픈 코미디를 해서는 안 된다.

'너무 위험하고 급한' 선생님

그러던 어느 날 교장 선생님이 날 부르셨다. 우리 반 학부모가 내가 아이들에게 '정치적으로 우려스러운 내용'을 학급 신문에 싣는다고 민원을 제기했다고 했다. 7년 동안 이런 일이 처음인지라 당황스럽기도 했고, 상처 받기도 했다. 도대체 내가 무엇을 잘못했단 말인가? 아이들과 솔직하게 소통하는 것을 학급 운영의 가장 중요한 철학으로 생각하는 내가 혹시 아이들에게 부담을 줬던 걸까? 마침 스승의 날 전날이라 학부모님들에게 편지를 쓸 예정이었기 때문에 완곡하게 편지를 썼다.

이런 저의 답답한 마음을 학급 신문을 통해 나누는 것에 대해, 저의 표현이 너무 솔직하여 어떤 학부모님은 걱정을 하시기도 하는 것 같습니다. 하지만 제가 말하지 않아도 아이들이 먼저 아는 진실에 대해 침묵하는 것이 교사로서 양심에 걸립니다. 그리고 자신의 의견을 자유롭게 말할 수 있는 자유 민주주의 국가라고 사회 시간에 배우면서 궁금한 점에 대해 침묵하기를 강요당하는 현실이 부끄럽습니다. 아이들의 미성숙함에 대해 걱정되는 일이 있다면 아이의 선택에 대해 진심 어린 대화를 나누고 함께 동참하여 그 선택의 결과를 함께 감당하는 것이 교육자의 태도라고 생각합니다. 걱정되시는 점이 있다면 언제든지 직접 허심탄회하게 말씀 나누고 싶습니다. (메일 주소를 첨부하였습니다. 언제든지 연락 주세요.)

그러고 나서 스승의 날을 맞았다. 나는 나의 교직 생활 경력에서 가장 가슴 뜨거운 스승의 날 파티를 선물받았고, 우리 반 아이들이 쓴 가장 정성스러운 편지를 받았다. 편지를 읽으면서 가슴 깊은 곳에서 올라오는 울컥함이 나의 어깨를 들썩이게 했다.

오전 중에 일정을 마치고 학교 밖에서 일을 보는데 교감 선생님이 계속 전화를 하셨다. 그러면서 학교에 지금 빨리 들어오라셨다. 17일에 전일제 봉사 활동을 하는데 납득하기 어려운 점이 있다는 것이었다.

2주 전에 봉사 활동을 학급별로 가도 되냐고 물었더니 부장 선생님께서 작년에도 그렇게 했다고 하셔서 나는 다른 활동을 준비했다. 학교 전체적으로 1천 명의 학생이 안양천에서 휴지를 줍는 것이 우습게 여겨져서 지역복지센터가 상영하는 〈쇠코〉라는 영화를 보고 작은 캠페인을 하겠다고 했다. 실제 활동은 관람장 정리와 아이들과 풍선에 영화 본 소감을 쓰고 풍선 들고 걷기였다. 퇴근 시간이 지난 후에 학교에 오라고 닦달하는 것이 무척 황당했지만 전 분회장님께 전화했더니 교장 선생님은 '말을 잘하면 알아들으시는 분'이라고 해서 잘 말씀드리려고 좋은 마음으로 학교에 들어갔다. 그런데 그런 내용의 봉사 활동은 안 된다고 하시며 처음에는 '다른 애들은 뙤약볕에서 고생하는데 우리 애들만 영화를 보면 안 된다'고 하셨다. 나는 "모든 학생의 봉사 활동의 내용과 질을 똑같이 해야 되나요?"라고 물었다. "영화 보고 캠페인에 참여하는 것은 봉사 활동이 아니다"라는 선생님의 대답에 "캠페인 영역에 있는데요?" 대꾸했더니 "선생님 반 학부모에게 학급 신문에 우려스러운 내용이 있다고 두 번이나 전화가 왔다. 당신을 보호하기 위해서 그런 거다"라고 하셨다.

지난번 교장 선생님과 대화를 나눈 후에 해명의 편지를 보냈는데 또 전화가 왔다는 것이 무슨 말일까 하고 여러 가지 생각이 들었지만 그건 학부모와 충분히 소통하지 못한 거라고 치고, 봉사 활동은 왜 허락을 해 주실 수 없는지 납득이 가지 않는다고 했다. 그랬더니, 그 학부모님이 선생님이 전교조냐고 물었다면서 "조 선생님은 너무 위험하고 급해요"라며 그런 식으로 해서는 지지를 못 받는다는 말씀도 곁들이셨다. 아이들과 보려는 영화가 요즘 너무 민감한 주제와 관련이 있다며, 특히 촛불 집회 때문에 교육청에서 교감들에게까지 동원령이 내려진 오늘 같은 날 그런 영화를 보는 것을 허락할 수 없다고 했다. 자신이 교육청 시녀는 아니지만 교육청의 입장을 존중할 수밖에 없는 입장이라고 하셨다. 논리적으로 이길 생각이 없다고, 무조건 안 된다고 하셔서 나는 드릴 말씀 없다고 하고 나왔다. 교장실에서 나와서 분회장님께 전화를 하는데 눈물이 쏟아졌다. 하루 종일 눈물에 어깨를 들썩이는 스승의 날이었다.

아마도 우리 교장은, 또 실제로 존재하는지 알 수 없는 그 학부모는, 내가 아이들을 배후에서 조종한다고 생각할 것이다. 어찌 보면 그들의 말이 맞다. 나는 교육 정책에 반대하는 집회에 학생들이 나서는 것을 당연하다고 얘기했고, 그들과 함께 참여했다. 어떤 전교조 선생님은 그러면 학급 활동으로 교사가 이상한 우익 집회에 아이들을 데리고 가도 되느냐고 물으셨다. 나는 아이들과 토론 과정을 거쳤다면 상관없고, 집회가 끝난 다음 아이들과 집회에서 나온 주장에 대해서 충분히 토론하고 평가한다면 괜찮다 생각한다고 대답했다. 문제는 그것을 아이들과 토론하지 못하게 하는 지금 학교와 사회의 분위기가 아닌가? 오히려 금지하기 때문에 아이들이 더 일어나고 싶어 하는 것은 아닌가? 교과서에 국가의 주인은 국민이라 하고 민주주의가 소중하다고 가르치면서 말도 안 되는 정책들을 '너희'를 위한 것이라며 발표하고 그것에 반대하는 아이들의 학교를 찾아가 그들을 윽박지르고 얼굴도 모르는 그들을 잡으라고 교감을 조종하는 것이 그들을 일어나게 하는 것은 아닌가?

사실 '조종'은 '다른 사람을 자기 맘대로 다루어 부림'이라는 뜻이다. 다른 사람을 자신의 권력과 힘으로 부릴 수 있다고 생각하거나, 자신 역시 그런 식으로 다른 사람의 뜻에 따라서 살아온 사람만이 가질 수 있는 상상력이다. 원래 인간은 스스로 생각하고 판단해서 행동하고 그 행동에 대해 스스로 책임지는 자유로운 영혼을 가진 존재라고 생각하는 사람들은 생각할 수 없는 경지다. 나는 교실에서 조회 시간에 내 말에 집중하도록 아이들을 강제로 자리에 앉히지도 못한다. "앉아 주세요, 앉아 주세요." 한 다섯 번쯤 말해도 결국 서너 명은 서서 딴짓하면서 내 말을 듣는다. 나는 내가 아무리 어떤 가치를 강요해도 그들이 마음으로 인정하고 납득하지 않으면 따라오지 않는다고 생각한다.

다만 혹시라도 있을지 모를 그 학부모의 아이를 위해 아이들에게 이렇게 말했다.

"나는 우리 반 안에서 어떤 이야기든 자유롭게 소통되길 바랍니다. 여러분에게 자유를 주는 것은 제가 자유롭고 싶어서입니다. 만약 여러분이 나와 다르게 생각하는데 다른 학생들이 나를 지지하는 분위기가 강해서 공개적으로 반대 의견을 말하기 어렵다면, 그때 필요한 것은 용기입니다. 저도 다른 어른들과 사회가 여러분에게 안 된다는 것을 된다고 말할 때, 교장 선생님의 감시와 학부모의 시선이 두렵습니다. 하지만 제 생각이 정말 옳은지 골똘히 생각해 보고 그게 옳다는 생각이 들면 저는 용기를 냅니다. 저의 소신대로 살기 위해 제가 두려움을 이기고 용기를 내듯이 여러분도 여러분의 생각을 말하기 위해 두려움을 이기고 용기를 내기 바랍니다."

우리가 모이면 세상을 바꿀 수 있다

나의 사주(?)와 배후 조종(?)을 받아 네 차례에 걸쳐 나와 함께 집회에 참여했던 우리 반 아이의 글과 함께 이 글을 마친다.

최근 들어서 여러 집회에 계속 참여했다. 벌써 횟수로도 네 번쯤? 학교 자율화에 관한 청소년 촛불 집회와 광우병에 관한 촛불 집회에 참여했다. 처음에는 선생님에서 이야기를 듣고 관심을 가지게 되었고 그다음엔 점점 재미가 들었고 또 그다음엔 감동이 느껴졌고 또 다음엔 차츰 뭔가 바뀔 것이라는 믿음이 생겼다. 처음 집회에 갔을 때는 그냥 길거리에 사람들이 앉아 있길래 '뭐지? 기대한 것보다는 그냥 그렇네' 하는 생각이 들었다. 그때는 집회에 참여하는 진짜 의미를 잘 몰랐던 것 같다. 그땐 그냥 어떨까 하는 호기심 정도? 집회가 진행될수록 기자들이 사진을 찍고 인터뷰를 하는데, 처음 보는 광경에 더 호기심이 생겼다. 처음 집회는 재미로 끝냈다. 그리고 그때 사람들이 한마음이 돼서 참여한다는 느낌이 자꾸 들어서 감동을 느끼기도 했다.

두 번째 집회는 미국산 수입 쇠고기에 반대하는 촛불 집회였는데, 청계 광장에서 열렸다. 청계 광장을 향해 지하철을 타고 가는데 가슴이 설레고 자꾸만 떨렸다.

'사람들은 많이 왔을까? 되게 큰 집회니깐 뭔가 다르겠지? 어떨까?' 하는 생각이 머릿속에서 뱅뱅 맴돌았다. 그렇게 기대를 안고 친구랑 선생님이랑 도착했는데, 와~ 사람이 정말 많았다. 막 여기저기서 촛불들이 반짝이는데 너무 멋있었다. 우리나라 사람들이 그렇게 멋져 보였던 적은 처음이었다. 기자들은 촬영하기에 바빴고 자유 발언대에서 외치는 사람들은 말을 어찌나 그리 잘하던지 많이 놀랐다. 다 함께 한마음이 되어서 노래를 부르기도 하고 구호를 외치기도 하고, 어쨌든 그때 우리들은 하나였다.

아! 그리고 5월 17일에 우리 반 단체로, 토요일이라 학교도 일찍 끝나고 선생님이 아이들에게 의료보험 민영화 등 사회 문제를 담은 〈식코〉라는 영화를 보러 가는 게 어떻겠냐고 제안을 해서 그렇게 하기로 했다. 기대를 많이 했지만 못 보러 가게 되었다. 우리 반 담임 선생님이 교장 선생님과 전투를 하다가 결국엔 허락을 못 받으신 것이다.

교장 선생님의 입장은 대충 뭐 이런 것이 아니었을까. 오늘이 5월 17일이고(5월 17일은 휴교 시위 문자가 돌아서 언론에서 떠들썩했던 그때다) 아이들에게 〈식코〉라는 영화를 보여 주면 오늘 열리는 집회에 가게 될 가능성이 크다, 뭐 이런……?

아, 정말 어이가 없었다. 집회에 가는 게 뭐가 어떻다는 건지……. 그리고 학생들을 무시하는 느낌까지 들었다. 막상 5월 17일 청계 광장에서 열린 6만 명이 모인 촛불 집회에선 가수들이 좀 나왔을 뿐 여느 때와 마찬가지로 똑같았다. 그런데도 어른들은 5월 17일을 은근히 겁냈나 보다. 다른 때와 같았는데 이런 걸로 반대하는 것을 보니……. 실제로 이 촛불 집회 때 장학사와 각 학교 교감 선생님들이 출동했다. 정말 재밌는 일 아닌가? 5월 17일에 뭐라도 사건이 터질까 봐 조마조마했을 정부가 생각한 것과는 다르게 사람들은 웃고 즐기다 한마음이 돼서 아름답게 끝났다.

그날 청계 광장의 촛불 시위는 한마디로 멋있었다. 최고다. 자그마치 약 6만 명이나 모였다. 청계 광장 앞 거리에 모여든 많은 사람들, 그냥 자꾸 멋지고 자랑스럽다는 생각밖에는 안 들었다. 여기서 한 번 놀라고 청계 광장에 들어가서 또 한 번 놀랐다.

정말 이때가 절정이었다. 언론에서 시끄럽게 떠들썩했던 만큼 이 시위에 많은 심혈을 기울였나 보다. 정부에 보란 듯이 사람들은 열광했고, 나랑 친구도 아까와는 다르게 힘이 나서 열심히 또 외치고 노래하고 웃고 자유 발언을 들으며 공감하고 호응하고, 신이 났다. 그리고 욕먹을 거 각오하고 나왔다는 윤도현 밴드, 청소년 여러분들에게 미안하다는 생각밖에 안 든다는 김장훈, 자신의 주변 사람들과 가족들을 지키러 나왔다는 이승환이 무대에 나왔다. 나랑 친구는 가수들이 나오자 막 열광해서 소리 지르고 난리도 아니었다. 노래를 따라 부르고 "너무 좋아, 너무 좋아!" 이러면서 흥분하고 좋아했다. 사람들도 가수들이 나오자 더 힘이 나는지 열광했다.

이러면서 집회가 끝이 났다. 친구랑 선생님이랑 버스 정류장까지 걸어오면서 들었던 생각인데, 방금 이 집회에서 내가 한 행동을 돌아봤을 때 가수들에게 열광하느라 우리가 집회에 온 원래 목적을 까맣게 잊었다는 것이다. 나뿐만 아니라 많은 사람들도 그러했으리라 생각된다. 그래서 그 생각을 하고 있는데 선생님이 뭐라고 질문을 했다. 어떤 내용이었는지 생각은 안 나지만 내가 답하기를 "그런데 사람들이 가수들이 온 것 때문에 원래 여기 왔던 목적을 잊은 것 같아요"라고 했다. 난 그냥 한 말인데 선생님이 내 말에 진지하게 생각해 보고, 막 인정해 주셨다. 그때 살짝 우쭐해진 느낌이랄까……. 이날 집회는 너무 감동이었다.

집회에 참여하면 할수록 우리가 모이면 세상을 바꿀 수 있다는 믿음에 점점 확신이 선다.

처음엔 재미였지만 지금은 꼭 가야 할 것 같고, 작은 청소년이지만 이렇게 보탬이 되는 게 기쁘기도 하고 나름대로 내가 자랑스럽게 느껴지기도 한다. 요즘에는 나 스스로 나는 애국자라고 농담으로 말한다. 나라가 이렇게 소중한지도 깨닫게 되고 여러 가지 느끼는 것이 많다. 그리고 참여하는 것이 즐겁다. 계속 사람들의 한마음을 느끼고 싶다.

2008년 6월

나의
1인 시위 이야기

아무것도 아닌 일에 왜 이렇게 의미를 부여하나 스스로 생각해 보기도 하지만, 1인 시위라는 것이 어찌 보면 가장 쉬운 일이기도 하고 어찌 보면 가장 어려운 일인 것 같기도 하다. 여럿이서 하는 집회에 참여할 때처럼 구호를 외치고 노래를 부르는, 육체적으로 힘든 과정은 없지만 피켓을 들고 멀뚱멀뚱 쳐다보는 시선을 견딜 수 있는 힘이 필요하기 때문이다. "당신 뭐 때문에 이러고 있어?"라는 물음에 "저는 이러이러해서 이러고 있습니다"라고 단호한 눈빛으로 말할 수 있어야 하기 때문이다. 그래서 정말 '이건 아니다' 싶을 때 1인 시위가 가능한 것 같다.

나는 왜 1인 시위에 나섰나?

사실 2008년에 일제 고사가 시작되었을 때 아무도 문제를 제기하지 않은 채 지나갔다면 뻘쭘하게 교문 앞에 서 있는 일 따위를 하려는 마음은 안 먹었을지도 모른다. 그런데 그 당시 일제 고사의 문제점을 학생과 학부모에게 알리고 체험 학습 신청이 가능함을 가정 통신문으로 알렸다가 10명의 교사가 해직을 당했다. 나는 일제 고사가 부활하는 것을 보고 절망이 고등학교에서 초등학교까지 내려가겠다는 생각이 들었다.

내가 중학교에서 고등학교로 와서 받은 가장 큰 충격은 '무력감'이다. 성적을 통해 학력을 따는 것이 유일한 목표인 대한민국의 학교에서 자신의 전국 등수를 아는 것은 대다수의 아이들에게 절망을 주는 일이었고, 무력감이 일상화된 아이들은 학교의 교육과정에 태업하면서 하루하루를 잉여 놀이로 보내고 있었기 때문이다. 스스로 중산층이라고 생각했던 사람이 우리나라에 집을 1천 채 소유한 사람이 수천 명이라는 사실을 알고 절망하게 되듯, 이 정도면 중간이라고 생각하며 하루하루를 나름 성실하고 즐겁게 살아갈 아이들이 자신이 전국 2만 등짜리 인간이라는 사실을 초등학생 때부터 알게 될 것이라고 생각하니 몸서리가 쳐졌다. 하지만 다른 한편으로는 모의고사를 보고 전국 등수를 일상적으로 받는 아이들과 학부모가 일제 고사의 문제점에 공감할 수 있을까 하는 의구심이 들었다. 그래서 일제 고사에 대한 선택권을 묻는 가정 통신문은 보내지 못하고 아이들에게 일제 고사의 문제점을 알리는 편지를 쓰고 조퇴를 했다.

어찌 보면 일제 고사를 방해하는 행위에 참여한 것이다. 그런데 그 사실이 드러나지 않은 나 같은 사람은 괜찮고 교장이 보고한 사람만 잘리는 것을 보고, 뇌에 스크래치가 생기는 기분이었다. 사실 합법화 이후에 전교조에 들어온 나는 뭔가 잘못된 일이 있을 때는 말하는 것이 당연하다고 여겼고, 그런 활동을 하다 신분상의 위협을 받는 일은 과거의 일이라고 생각했다. 그런데 21세기인 지금도 그런 일이 일어날 수 있고, 앞으로 내가 뭔가에 대해 반대 의견을 표현해야겠다는 생각이 들면 뭔가를 감수하는 마음의 준비가 필요하다는 것이 나에게 엄청난 충격을 주었던 것이다. 그래서 '나를 징계하라'는 광고를 신문에 내기도 했고, 해직된 교사를 복직시키기 위한 각종 집회에 틈나는 대로 열심히 참여했다.

그러고 나서 3년 후 나는 다시 일제 고사 해당 학년의 담임이 되었다 (일제 고사는 초6, 중3, 고2에게 실시된다). 일제 고사가 4년째 치러지면서 일제 고사에 대한 문제 제기가 이어졌지만 그런 것에 아랑곳없이 계속 진행되고 있었다. 특히 그 해에는 학교별 평가를 실시하여 교사들에게 학교별로 성과급을 주는 데 일제 고사 성적 향상도가 중요한 지표로 작용하였다. 즉, 작년에 일제 고사 성적이 낮았다가 올해 높아지면 교사들에게 인센티브를 주는 것이다. 일제 고사의 평균을 올리는 방법은 하위권의 성적을 올리는 것이다. 잘하던 아이가 올라가는 폭보다 전혀 안 하던 아이가 조금이라도 할 때 성적 향상 폭이 크기 때문이다. 그래서 주변 중학교에서는 작년에 기초 학력 '미달'이었던 학생들을 매일 남겨 문제 풀이를 시키고 빠지는 학생에게 교감 선생님이 "공부 안 하려면 전학 가. 너희 때문에 학교 이미지 나빠진다"는 막말을 하며 아이들을 다그친다는 소문이 들렸다.

대학 입시를 대비하는 모의고사를 볼 때도 상당수의 아이들이 잔다. 풀어서 5, 6등급을 맞든 안 풀어서 9등급을 맞든 사람들이 알아주는 '인 서울'에는 갈 수 없기 때문이다. 아이들은 모의고사 성적표가 자신의 능력을 보여 주는 지표가 되는 것을 거부한다. 즉 모의고사 성적으로 자신의 능력이 표현되는 것을 받아들이는 일은 자신이 전국 2만 등짜리 인간이라는 것을 받아들이는 일이기 때문이다. 그래서 그 기준이 자신을 표현하는 의미 있는 근거가 되지 않도록 하기 위해 잔다. 즉 실력이 없어서가 아니라 잤기 때문에 그런 성적을 받은 의미 없는 성적표로 만들기 위해서다. 그렇기 때문에 시험을 안 보고 자거나 모두 같은 번호로 찍는 행위는 어찌 보면 최소한 자신의 자존감을 지키기 위한 최후의 보루이다. 자신의 능력을 어떤 평가 도구로도 잴 수 없는 미지의 영역으로 남겨 자신의 가치를 지켜 내기 위한 몸부림인 것이다.

그런데 교사가 학교별 성과급을 잘 받으려면 이제 그런 아이들을 깨워 한 문제라도 풀게 해야 한다. 개인의 문제라면 포기하는 것이 자유롭지만 학교별 평가이기에 다른 사람의 눈치가 보이는 것이다. 이것은 교사들에게 이중 모독이다. 나처럼 시험 시간에 자는 것도 자신의 가치를 지켜 내기 위한 실존적 행위라고 믿는 교사에게는 시험 감독을 더 철저히 하라는 관리자의 억압이 쏟아질 것이고, 상식적인 수준에서 학생은 공부나 시험에 성실해야 한다고 생각하는 교사에게도 그의 선의가 돈 몇 푼 더 받으려는 행동으로 오도될 것이기 때문이다.

하지만 이미 4년째 시행되고 있는 시험에 대해 교사들은 무기력해져 있었다. 시행 초기에는 진보적인 정당이나 학부모단체와 함께 전교조가 문제 제기를 했지만 시간이 지나면서 체험 학습에 대한 참여도도 떨어졌다. 그리고 2011년 시행되는 공문에는 지금까지 일제 고사에 저항했던 모든 행동을 '징계 대상'이라고 칭했다. 학생들에게는 이유 불문하고 체험 학습이 허가되지 않고 무단 결석으로 처리된다고 했고, 결석이나 조퇴를 한 경우도 사후에 평소보다 엄격한 면담이 기다리고 있었다. 교사들에게도 체험 학습에 대한 안내, 시행, 시험에 대한 부정적인 인식을 주는 일체의 모든 행위를 열거하며 징계 대상이 된다고 경고하였다.

전교조도 징계를 유발하는 투쟁을 부담스러워하는 분위기였다. 개인의 작은 행동도 단체가 하면 큰 힘이 된다는 것을 알고 뭔가 구체적인 지침이 있기를 기다렸지만, 그저 분회에서 할 수 있는 다양한 저항의 행동을 알아서 하라는 지침뿐이었다.

　하지만 나는 참을 수 없었다. 그냥 아무 일도 없다는 듯이 그날을 지나갈 수는 없다는 느낌이 들었다. 몹시 부끄러웠지만 1인 시위를 해야겠다는 생각을 했다. 다행히 함께해 주시는 분회원 선생님이 계셔서 그분과 같이 1인 시위를 하기로 했다. 근데 마음만 먹고 있다 보니 자꾸 걱정이 들었다. 그래서 1인 시위를 한다는 것을 소문내야 한다는 생각이 들었다. 아이들에게 편지로 먼저 이야기하고 아이들이 하고 싶은 말을 쪽지에 적어서 주면 1인 시위 하는 피켓에 함께 붙이기로 했다.

"선생님 뒤엔 우리들이 있어요"

얘들아!
말로 하는 게 쑥스러워 이렇게 편지를 쓴다. 내일 시험 보지? 그 시험은 학업 성취도 평가라는 시험인데 일제 고사라고도 해. 아마 들어 봤을 거야. 학생들 모두가 시험을 보고 우수, 보통, 미달로 나눠서 미달인 학생들에게 공부를 보충해 주겠다는 시험이야. 학교별로 시험 성적이 공개되고 학교의 서열이 매겨지겠지. 더 놀라운 사실은 이 시험의 성적이 향상된 학교는 교사들에게 성과급을 더 준다는 거야.

나는 모든 시험을 부정하지는 않아. 다만 우리의 실력을 알 수 있는 시험은 이미 충분히 많이 보고 있는데 왜 시험이 또 필요할까? 고대 입시 부정 의혹에서도 봤듯이 대입에서 내신 성적에 대한 학교 차별이 더 공공연해지지 않을까? 그런 것들이 걱정돼. 그래서 공부를 잘하든 못하든 잘 어울려 노는 우리 학교 애들이 서로 갈라지게 될까 봐 두려워. 내신이 좋은 아이가 학교 등수가 낮아 차별을 받게 될까 봐 시험 시간에 자는 아이들을 미워하게 되면 어쩌나 싶어서.
사실 공부를 못하는 것이 개인의 노력이 부족해서만은 아닌 것 같거든. 공부 외에 다른 것에 더 흥미가 있을 수도 있고, 공부를 하도록 집안의 뒷받침을 못 받았을 수도 있고, 다양한 이유가 있을 수 있으니까.
아마 내가 1인 시위를 한다고 하면 너희가 이럴지도 몰라. "선생님이 1인 시위 한다고 뭐가 달라지나요? 내년에 또 볼 텐데." 아마 그럴지도 모르지. 얼마 전 다큐멘터리에서 일제 시대에 강제로 종군 위안부가 되었던 할머니가 일본의 전쟁 범죄에 대해 일본에서 소송을 진행하면서 재판에 져도 "나의 마음은 지지 않았다"라고 말씀하시는 걸 봤어. 나도 그래. 변화가 없더라도 나의 마음은 지지 않았다고 말하고 싶어.
내일 뻘쭘하게 서 있을 생각을 하니 지금도 마음이 묵직하다. 뻘쭘하게 서 있는 나를 보면 살짝 웃어 줘. ^^ 소신껏 선택한 일이지만 너희를 두고 나가는 마음이 좋지만은 않다.
내일 웃으면서 만나자~.

경쾌하게 쓰려고 했는데 이런 걸 안 해 본 사람이다 보니 내용이 좀 무거워졌다. 그런데 이 편지를 보고 아이들이 써 준 피켓 내용은 다양했다.

일제 고사 시~러.
우리보고 청춘이라며 다 말려 죽이네.
이명박이 하는 일이 다 그렇지. (형광펜으로 옅게 쓰여 있었다.)
내가 사랑하는 ○○고를 그 따위로 평가하다니…… 중간고사, 기말고사, 수행 평가. 우리 실력 이미 다 알거든!
일제 고사 할 돈으로 급식이나 잘 나오게 해 줘.

우돌 쌤 화이팅! 선생님 뒤엔 우리들이 있어요.

한 번호로 찍고 자는 것도 허리 아픈데……

아이들이 써 준 내용을 보니 내가 너무 무거워져 있었다는 것을 깨달았다. 나는 가볍게(?) 하기로 했다.

다음 날 아침, 비가 주룩주룩 내렸다. 나는 밝은 노란 우비를 입고 교문 앞에 섰다. 교문 지도를 안 해 본 나는 학교에 오는 아이들의 얼굴을 처음 보았다. 학교에 오는 아이들의 표정이 그렇게 무겁다는 것을 처음 알았다. 제일 먼저 오는 3학년 아이들의 얼굴은 아이들 표현대로 '썩어 있었다'. 힐끗 쳐다보고 가던 한 학생이 내 얼굴을 알아보았는지 "선생님 화이팅!"이라고 작게 속삭였다. 비가 주룩주룩 내리는데 춥다는 생각이 들지 않고, 스님에게 죽비를 맞은 것처럼 시원했다. 몇 년 묵은 체증이 내려가는 느낌이었다.

내가 가르치는 2학년 아이들이 오기 시작했다. 그냥 지나가는 아이들도 있었고, 내가 편지에 주문한 대로 나를 보고 씽긋 웃어 주는 아이들도 있었다. 그중 한 아이가 쑥스러운 듯 눈도 못 맞추고 따뜻한 캔 커피를 건네고 도망치듯 갔다. 빗물이 흐르는 캔 커피를 뜯지 않고 계속 들고 서 있었다.

다른 선생님들도 나와 보셨다. 몇 분은 나와 함께해 주시기도 했고, 우비만 입지 말고 우산을 쓰라고 우산을 씌워 주시기도 했다. 1인 시위가 끝난 후 교과부 앞으로 가서 체험 학습을 온 아이들과 함께 기자 회견을 했다. 다행인지 불행인지, 신문에는 내가 일제 고사에 반대하는 시민으로 나왔다. 어떤 면에서는 허무했다. 좀 더 많은 사람이 참여했으면 아마 징계를 받았겠지만, 그래도 이렇게 아무 일도 아닌 것처럼 넘어가면 안 되는데 하는 생각이 계속 머릿속을 맴돌았다.

다음 날 학교에 가니, 학교는 그냥 일상의 연속이었다. 내가 썼던 피켓만 동그마니 내 자리 주변에 있었다. 애들은 지나가면서 '영웅'이라고 외치기도 했고, '안 짤리고 왔냐'는 눈빛으로 그냥 쳐다보기도 했다. 애들이 수업 시간에 어제 어땠냐고 물었다.

그래서 이렇게 대답했다.

"일제 고사를 거부한 교사가 아니라 시민으로 나와서 잘리지는 않을 거 같아. 그런데 누구나 비겁했던 경험 때문에 괴로웠던 사람은 한 번쯤 해봐. 구겨진 마음이 쫙 펴지는 느낌이야. 어제 맞은 비는 정말 시원했어."

끄덕끄덕하는 아이도 있고 뭔 말인가 하는 표정으로 쳐다보는 아이도 있었다. 그런 말을 하고 나서 자유 글쓰기를 했더니 어떤 친구가 어제의 일을 썼다. 학교가 여전히 그대로인 것처럼 보였지만 그 친구의 글을 보고 나서 절대 그대로가 아니라는 것을, 그냥 아무것도 아닌 듯 없어지는 행동은 없다는 것을 알았다. 무엇보다도 나와 아이들의 마음은 지지 않았다. 교육부 장관에게 다음 노래를 들려주고 싶다.

니가 깜짝 놀랄 만한
얘기를 들려주마
아마 절대로 기쁘게
듣지는 못할 거다
뭐냐하면

나는 별일 없이 산다
뭐 별다른 걱정 없다
나는 별일 없이 산다

이렇다 할 고민 없다

니가 들으면 십중팔구
불쾌해질 얘기를 들려주마
오늘 밤 절대로 두 다리
쭉 뻗고 잠들진 못할 거다
그게 뭐냐면

나는 별일 없이 산다
뭐 별다른 걱정 없다
나는 별일 없이 산다
이렇다 할 고민 없다
……

- 장기하와 얼굴들, 〈별일 없이 산다〉

2011년 7월

학생 글

일제 고사 소동
K고 이○○

나의 18년 삶에서 11년 하고도 반년, 인생의 75퍼센트를 학교에 다녔다. 초등학교를 졸업하고 중학교를 졸업할 때 그제야 나에게도 '교사'라는 꿈이 생겼다. 그래서 어느 누구보다도 '선생님'이란 직업을 가진 모두를 부러워하고 닮고 싶다는 생각을 하게 되었다. 더 나아가 그들을 존중하게 되고 수업 시간은 하루 중에 가장 값진 시간이라고 여기게 되었다. 따라서 다가오는 미래에 내가 설 자리가 바로 '학교'이기 때문에 이곳에서 벌어지는 모든 일에 관심을 쏟기 시작했다.

학교 문제에서 가장 큰 문제는 아마 교육 제도일 것이다. 늘 그랬고 앞으로도 끊임없을 문제 중 학력 성취도 평가라고 속이는 '일제 고사'에 대해 말하고 싶다. 몇 년 전부터 일제 고사가 부활했다. 이것을 놓고 대립이 계속되고 있다. 점점 심화되어 이제는 정당 싸움으로까지 확장되었다. 구로역이나 신도림역에 보면 일제 고사에 반대한다는 정당의 플래카드가 있다.

나는 일제 고사 치르는 것을 반대한다. 중학교 3학년 때 처음 봐서 알게 되었는데 그때까지는 잘 모르고 그저 시험이라고만 생각해서 무작정 열심히 봤다. 이미 우리 사회가 과도한 경쟁 사회로 변했기 때문에 그 시험이 옳은 것인지 그른 것인지 판단도 못 하고 치렀다. 당시 중학교 교감 선생님은 그 시험의 결과를 위해 모든 학생과 선생님들을 달달 볶으셨다. "저번에 우리 학교 성적이 구에서 꼴찌를 달렸다", "시험 때 찍는 놈들, 자는 놈들 죄다 벌주겠다"는 무서운 반협박까지 학생들을 강당에 불러 놓고 설교하셨다는 점이다. 그 결과 우리가 구에서 상위권에 속하게 되어 학교에 상금이 나왔다며 아이스크림을 사 주셨다. 한 가지 의문이 있었다면 우리들을 그렇게 볶음밥처럼 볶으시더니 결국 우리에게 포상을 하였다는 점이다. 당근과 채찍을 모두 받게 되었는데 이게 과연 무슨 효과를 낳는 것일까? 학생들이 상처받는 일만 초래한 것 같다.

얼마 전 두 번째 일제 고사를 보게 되었다. 이번 역시 나는 최선을 다해 풀었다. 이상하게도 문제를 보며 전전긍긍하며 머리를 쥐어짜는 내 스스로가 측은해 보였다. 점심을 먹을 때 우돌 쌤이 등교 시간에 일제 고사 반대 시위를 하셨다는 소식을 듣고 억장이 무너지는 느낌을 받았다. 그날은 비도 많이 오는 날이었고 우돌 쌤을 포함한 단 2명만이, 그 극소수의 인원이 남들은 그러려니 넘어간 일의 모순을 바로잡기 위해 오늘 하루를 사신 것이다. 시험을 볼 때 옆자리 친구가 대충 찍고 계속 자는 모습을 봤다. 평소에 분명히 열심히 하는 친구여서 내가 끝나고 "왜 잤니?"라고 물어보니까 "난 일제 고사가 싫어. 우리 부모님이 잤다고 하면 좋아하실 거야"라고 대답하는 것이었다. 그 말을 듣고 처음에는 '참 깡 쎈 친구'라고 짧게 생각했다. 그러나 이내 나는 대단한 수치심과 부끄러움을 느끼게 되었다. 매일 반대만 외치던 나는 실천에 옮기지 못하는 소극적이고 못난 학생이었던 것이다. 그렇게 왈가왈부 불의를 못 참고 우돌 쌤을 자랑스럽다며 나도 그런 선생님이 되겠다고 다짐했는데, 말과 행동이 다른 내가 미웠다.

    그렇다, 아마 대부분의 아이들이 '나' 같았을 것이다. 정부에서는 교묘하게도 시험을 잘 보고 싶어 하는 학생들의 욕구와 심리를 미끼로 일제 고사를 시행했을 것이다. 이번 일을 계기로 나는 다시 생각해 보았다. 내가 행동으로 실천해야 할 일을. 대학에 가서 교육 문제를 해결하는 동아리나 단체에 가입하고 싶다. 그리고 꼭 교사가 되어 우돌 쌤 같이 나와 학생 그리고 나라 전체를 위해, 희생으로 생각하지 않고 의무로 생각하며 적극적으로 학교 생활을 할 것이다. 선생님과 같은 단체에서 만나고 싶은 희망도 있다. 일제 고사뿐만이 아니고 지금의 교육 문제를 타파할 멋진 사람이 나온다면, 그 사람이 바로 내가 되고 싶다.

학교에서
시민교육이 잘 되지 않는 이유

학교에서 누군가 '시민교육이 필요하다'고 한다면 어떤 반응들이 나올까?

A   맞아. 애새끼들, 소풍이라도 데리고 나가면 쪽팔려 죽겠어. 왜 이렇게 쓰레기를 맘대로 버리고, 버리지 말라고 하면 구석에 박아 대는지. 시민교육 철저히 해서 공공장소에서는 쓰레기도 안 버리고 조용히 하게 해야 해.

B   하면 좋지만, 그거 다 사회 선샹님들이 하는 거 아니야? 우리도 신경 써야 되나?

C   맞아, 투표 안 하고 놀러 가는 젊은 애들 보면 정말 한심해. 젊은 애들만 가나? 부모가 그러면 애들이 뭘 배우겠어??

시민교육이 필요 없다는 사람은 별로 없을 것이다. 각기 다른 동상이몽 속에서라도 시민교육을 생각하기 때문이다. 반대하는 사람이 없는데 학교에서 시민교육이 잘 안 되는 이유는 뭘까?

'시민교육'이 아니라 '시민으로 살게 하기'

'시민'이란 개념은 정치적 필요에 의해 만들어진 개념이다. 근대가 시작되면서 지배층과 피지배층이 피를 흘리는 혁명을 통해 격돌하면서 귀족과 평민, 착취자와 피착취자가 아닌 동등한 주체의 이름이 필요해졌다. 귀족이나 성직자와 경제적으로도 다르고 신분상으로도 다르지만, 정치적으로는 동등한 권리를 누리는 것처럼 보이는 제3주체의 이름은 '시민'이었다. 그래서 '시민권'은 그 지역에서 노동할 수 있는 권리, 거주할 수 있는 권리, 선거할 수 있는 권리 등을 포함한다. 물론 근대 혁명 당시에는 노동자와 농민들이 '시민'의 범주에 포함되지 않았지만, 혁명의 진행 방향은 결국 노동자와 농민들이 '시민권'을 획득하는 과정이었다. 즉 혁명은 서로 다른 경제적·신분적 배경을 지닌 사람들을 '시민'이라는 동등한 주체로 호명함으로써 갈등을 민주적으로 조정하는 사회의 주인으로 만든 역사이다. 따라서 그러한 갈등 해결의 역할이 필요 없을 때 시민은 그저 이름뿐인 주체가 된다.

이 지점에서 지금 학교에서 시민교육이 안 되는 이유가 드러난다. 학생들이 '시민'으로서 권리를 가지려면 학교는 '시민'이 필요한 상태여야 한다. 즉 왕, 귀족, 평민이 권력 다툼을 벌였던 근대 혁명 시기처럼 사회가 통제 불능이어야 그 가운데 갈등을 조정할 주체로서 학생을 '시민'으로 주체화할 필요가 생긴다. 사실 학교는 어느 면에서는 통제 불능인 사회지만, 문제가 안 되는 '반항'은 교사로 통칭되는 중간 관리자를 향한 개인적 공격에 그치고 있고, 반항의 중심 세력은 학교 관리 시스템을 통해 중도 탈락시켜 배제함으로써 학교의 기존 질서를 유지하는 데 성공하고 있다. 또 '입시'라는 일종의 '신기루'가 억압적 공동체의 공동 목표를 형성함으로써 '국가 경쟁력'이라는 목표만큼이나 학생들을 순응시키는 데 성공하고 있다. 즉 말 안 듣는 몇몇 아이들만 제거하면 아직도 학교는 봉건 영주의 지배력이 공고한 영지인 것이다. 그래서 합리적인 의사 결정과 대화와 토론을 통해 문제를 해결하는 공동체를 만들 필요가 없다. 모든 결단은 교사와 학교가 내리고, 학생들은 그저 따르기만 하면 된다.

이러한 면에서 학교에서 시민교육은 일종의 꼭두각시 놀이다. 그것은 누구에게는 공공 기관에서 소리 지르지 않고 벽에 낙서하지 않고 휴지 버리지 않는 착한 어린이가 되기 교육이고, 누구에게는 삼권 분립과 국회 체제를 암기하는 교육이고, 누구에게는 4년에 한 번 투표에 참여하게 하는 교육이다. 이 세 가지 중 첫 번째는 영주의 입장에서 착한 농노를 만들기 위한 교육과 크게 다르지 않기 때문에 가장 각광받는다. 그리고 유일하게 학교 현장에서 실천할 수 있는 것이기에 학생들도 뭔가 '교육적'이라고 느낀다. 두 번째는 사회과 교육에서 일반적으로 하는 교육인데, 시민교육이 아닌 건 아니지만 학생들 입장에서는 직접 경험하기 어렵기 때문에 공자·맹자 책을 배우는 것과 크게 다르지 않은 느낌일 것이다. 세 번째는 일종의 '착한' 사회 참여 교육인데, 사회 참여를 통해 맞닥뜨리게 되는 갈등과 억압을 교묘히 피해 갈 수 있는 환경적 이슈나 지역 사회 이슈에 국한함으로써 정치적 주체로서 학생을 소외시킨다. 가끔 두발 자유나 체벌 금지 등 학내의 민감한 이슈 피케팅이나 서명 운동 등을 통해 수행 평가를 하기도 하지만, 그것조차 학습권 안에서만 보장받는 정치적 권리이기에 수행 평가 기간이 끝나면 끝내야 한다.

시민교육은 '시민'으로 살게 하면 되는 것이다. 청소년들에게 학교 안과 학교 밖 사회에서 모두 언론·집회·결사의 자유를 주고, 자신들의 삶의 이슈들을 직접 결정하게 하고, 사회적 권력관계 속에서 자신들이 원하는 결정을 이끌어 내기 위해 토론을 하고 주장을 만들고 그것에 동의하는 조직을 만들고 사람들을 움직이는 방법을 배우게 하는 것이다. 물론 어떤 사람들은 경험이 부족하고 판단력이 미숙한 학생들에게 너무 위험한 생각이라고 할 수도 있다. 하지만 시민권을 가지고 있는 어른들도 자신의 정치적 의견을 펴고 그것을 행동으로 실천하면서 사는 사람보다 순응하고 대세에 맞춰서 사는 사람이 대다수다. 모든 사람에게 권한을 준다고 해서 모두가 그렇게 살지는 않는다. 이제 교사의 에너지를 학생들의 에너지를 순응시키는 데 쓰지 않고, 그들의 에너지가 지속적으로 자기 삶의 주체가 되는 힘이 되도록 하는 데 썼으면 좋겠다. 그래야 나도 마름에서 벗어나 제3 신분으로 아이들과 연대하여 삼부회에 참여할 수 있지 않을까?

2008년 9월

묻어갈 수 없는 시대,
금지가 있는 곳에서 정치가 시작된다

나는 김영삼 말 김대중 초에 20대를 보냈고, 노무현 초기에 교사가 되었고, 교사 7년 차부터 이명박근혜의 고난의 행군을 시작했다. 고난의 행군이라고 명명한 이유는 솔직히 이명박근혜 전까지는 대통령이 내 인생에 큰 변수가 아니었기 때문이다. 정치는 내 인생에 별 영향을 주지 못했다. 물론 이명박근혜 정권 이전에도 집회에 나가고 서명을 했었지만, 그때는 어떤 문제에 영향을 주고자 함인지 의제에 관심이 갔지 대통령이 누구냐에 대해서는 별 관심이 없었다. 그리고, 서명을 하거나 집회에 나가면서 내 개인이 어떻게 드러날지에 대한 고민도 없었다.

그러다 이명박근혜 정권을 맞이하여(?) 시국 선언을 했었다. 시국 선언의 의미를 몰랐기에 다른 서명과 비슷하다고 생각했다. 그런데 시국 선언 명단이 징계의 빌미가 될 수 있어서 신문에 아주 깨알같이 넣거나 영상

※《광장에는 있고 학교에는 없다》(공저)에 실린 글을 다시 싣는다.

에 빠르게 올라가도록 처리하는 것, 시국 선언으로 노조 전임자와 간부들이 징계를 받는 것을 보면서 뭔가 시대의 공기가 바뀌었다는 것을 느꼈다. 그러다 일제 고사 투쟁이 시작되고 체험 학습을 조직했던 교사들이 배제 징계를 당했다. 곳곳에서 같은 행동을 했던 교사들이 '나도 징계하라'며 줄을 이어 명단 공개 선언을 했다. 그 이전에는 묻어갈 수 있었지만 이제 묻어갈 수 없었다. 정치는 나의 의견을 드러내고자 하는 것인데 똑같은 일을 하고서도 했다고 할까 안 했다고 할까를 고민해야 했다. 전교조의 지침이 결정될 때 징계 여부가 늘 논의의 중심이 된 것도 이때부터였던 것 같다. 개인이 할 수 있는 정치적 선택에 어느 수위든 뭔가를 감수해야 한다는 것, 그래서 중앙 라운드의 정치가 내 일상에 개입할 수 있다는 것을 알게 된 때가 아마도 그때였던 것 같다.

전교조 교사들이 개인적으로 좋아서가 아니라 내가 개인적으로 하려던 일을 조직적으로 묻어갈 수 있어서 전교조에 가입했던 나는 묻어가는 시대의 종말에 모드 전환을 해야 했다.

정부가 조장한 계기 수업

그러다 세월호 참사가 일어났다. 그 전까진 대통령이 누군지에 대해 관심이 없었지만, 나는 이 정도의 일이면 정권이 바뀌어야 된다는 생각이 들었다. 누군가 청와대 게시판에 '대통령 퇴진하라'는 글을 올렸다는 소식을 들었고, 이어서 교사들이 연명으로 이를 요구한다는 연락을 받았다. 누군가 이 일로 잘릴 수 있다고 했다. 자유게시판에 글을 올렸다고 잘린다고? 이상하다고 생각했지만, 말이 안 되는 일이 너무 많다 보니 그런 비상식적인 일도 가능하겠다는 생각이 들었다. 그러고 나서 실제로 조사가 있었고, 경찰에 고발되었고, 대표로 올린 선생님은 구속될지도 모른다고 했다. 가만히 있을 수 없었다. 그래서 나도 했으니 나도 구속하라는 기자 회견을 했다. 청와대 게시판에 43명이 1차 선언을 한 이후 2차, 3차 대국민 선언까지 계속되었다. 교육부는 경찰에 고발했고, 지난 2년간 경찰 조사를 받았고, 이 사건은 다시 검찰로 넘어갔다.

자유게시판에 아무리 퇴진하라고 해 봤자 퇴진할 사람이 아니었다. 그렇다고 가만히 있을 수도 없어서 세월호 1주기를 맞아 다시 111명이 퇴진 선언을 하게 되었고, 내가 대표로 이름을 올렸다. 그 건으로 2016년 2월에 자택 압수 수색도 당했다. 사실 자유게시판에 글을 올렸다고 20평 남짓한 아파트에 7명의 경찰관이 들이닥치는 것은 개그에 가까운 일이다. 징계 위협 앞에 맞설 수 있는 것은 실명 공개밖에 없었다. 옛날 같으면 묻어서 해서 아무도 모르고 넘어갔을 수도 있었던 일에 너무나 큰 징계를 하사하셔서, 뭔가를 할 때는 "저 합니다"라고 할 수밖에 없는 시대가 되었다.

그러다 세월호 2주기가 되었다. 누구나 그렇겠지만 세월호만 생각하면 어찌할 바를 모르겠다. 선내에서 "가만히 있으라"라는 방송이 나왔을 때 내가 그 안에 있었더라면 어떻게 했을까 하는 생각, 내가 일상적으로 하고 있는 입시 교육이 또 하나의 가만히 있으라는 방송이 아닐까 하는 죄책감이 마음을 후벼 판다. 이러한 분노와 죄책감 때문에 각종 세월호와 관련된 연대 활동을 해도 유가족분들과 인사를 나누는 것이 아직도 어색하기만 하다. 헤아릴 수 없는 그분들의 아픔 앞에 내가 해 왔던 일이나 하고 있는 일들이 너무 왜소해 보이기도 하고, 나조차도 이 문제를 어떻게 책임져야 할지 아직도 모르겠기 때문이다. 무엇을 해야 할까 멍 때리고 있을 때 교육부에서 세월호 계기 수업 금지 공문을 내었다.

교육부

수신 수신자 참조
(경유)
제목 '교육용 부적합 자료' 활용 금지 및 계기교육 지도 철저 안내

1. 관련 : 교육과정운영과-1556(2016.3.24)

2. 최근 특정 단체에서 발간한 계기교육용 수업자료「기억과 진실을 향한 416교과서」에 대해 검토한 결과, 가치판단이 미성숙한 학생들에게 부정적인 국가관 조장, 사실 왜곡, 비교육적 표현 등 "교육 자료로 부적합" 한 것으로 확인된 바,

4. 시?도교육청에서는 각급학교에 '416교과서'를 활용한 교육활동 금지를 안내하여 주시고, 이를 활용한 계기교육을 실시할 경우 법과 절차에 따라 엄정하게 조치하시기 바랍니다. 끝.

수신자 시도교육청

교육부에서 내려보낸 세월호 계기 수업 금지 공문.

솔직히 《기억과 진실을 향한 416교과서》(《16교과서》)로 계기 수업을 할 계획이 아니었다. 국정 교과서 반대 선언을 하면서도, 다양한 교과서

를 인정해 달라는 것이 아니라 교과서를 없애자는 것이 내 입장이었다. 그래서 《16교과서》를 낸다는 것이 과연 무슨 의미일까 하는 생각이 들었다. 그런데 교육부가 "가치 판단이 미성숙한 학생들에게 부정적인 국가관 조장, 사실 왜곡, 비교육적 표현 등 '교육 자료로 부적합'한 것으로 확인된 바"는 표현을 하는 것을 보고 급 관심이 생겼다.

대한민국 교육이라는 위태로운 배에서 또다시 '가만히 있으라'라는 선내 방송이 울려 퍼지는 느낌이었다. 그래서 적어도 지금 어떤 상황인지 학생들과 나누어야 된다고 생각했다. 동시에 이런 공문을 뿌릴 수 있다고 생각하는 오만함에 화가 났다. 금지한 것을 대놓고 해야겠다는 생각이 들었다. 그래서 '416 계기 수업 교사 선언'을 하게 된 것이다.

금서가 된 책을 함께 읽었다

4.16 계기 수업을 어떻게 해야 할까도 무척 고민이 되었다. 세월호는 한 번도 제대로 진상 규명이 된 적이 없기에 학생에 따라 정보의 양이 다르고, 느끼는 감도 다르다. 예를 들어 세월호에 의해 희생된 학생들을 추모하지만 기억교실은 추모관으로 옮겨야 한다고 생각하는 학생들도 있었다. 그런 상황에서 교육부는 나에게 기회를 준 것이다. 내가 계기 수업으로 진행한 활동은 이러했다.

"지금 나눠 드리는 이 책은 교육부가 "가치 판단이 미성숙한 학생들에게 부정적인 국가관 조장, 사실 왜곡, 비교육적 표현 등 교육 자료로 부적합"한 것으로 확인하여 금서가 된 책입니다. 여러분이 직접 보고 이 책에 대해서 어떻게 느꼈는지, 그리고 교육부에게 하고 싶은 말은 무엇인지 써 주세요."

주옥같은 여러 글이 있었는데 그중 몇 가지만 소개한다. 학생들은 정확히 알고 있었다. 사실 이 책을 금서로 지정한 사람들은 이 책을 제대로 읽지 않았다는 것을.

이 책이 왜 금서예요? 진짜 교육청이든 청와대든 이 책을 다시 읽어 보셔야 될 것 같아요. 대통령은 이 책 읽어 보셨어요? 아 진짜 짜증 나요. 아직까지 세월호 사건이 일어난 원인도 모르고 많은 이야기만 나오고 정확히 알려 주지도 않잖아요. 진짜 그 학생분들은 얼마나 힘들었을까요? 생각해 보셨어요? 이거 교육청, 청와대 사람이 본다면 사직서 내요, 그냥.

그리고 이 책을 금서로 만든 이유도 정확히 꿰뚫고 있었다. 감추려는 자가 바로 범인이라는 것을 말이다.

《기억과 진실을 향한 416교과서》를 읽어 보면 알겠지만 정말 이 책의 목적은 순전히 다신 이런 대참사가 일어나지 않게 하자, 그리고 희생된 천사들을 잊지 말자는 경각심을 심어 주는 것이다. 이 세월호 참사라는 이름으로 정부를 비판한다면서 이 책을 금서로 만든 사람이 너무 밉고 어떻게 이러한 슬픈 일을 가지고 그런 걱정부터 하는지 이해가 안 되고 내가 다 창피하고 화가 난다. 그리고 있어서는 안 되지만 이와 비슷한 사건이 다시 일어난다면 또 은폐하고 숨기고 거짓 증언을 하고 그럴 생각인가 보다. 이런 생각을 하게 한 교육부가 한심하고 너무 화가 난다. 쌤! 책 보여 주셔서 정말 감사합니다. 세월호 참사 잊지 않을게요.

선박이 침몰한 '사고'가 아니라 국민을 구조하지 않은 '사건'이라는 구절이 마음에 와닿았다. 세월호와 관련되어 있는 국가의 잘못이 있기 때문에 이 책으로 수업하지 못하게 한 것 같다. 그 잘못을 인정하고 용서를 빌기보다는 잘못을 숨기려고 하는 게 올바른 태도는 아닌 것 같다는 생각이 든다. 유가족들에게 어마어마한 큰돈을 준다 한들 돌아가신 분들이 다시 살아 돌아올 수는 없는데 돈으로 해결하려는 것 같은 느낌이 들었다. 교육부가 학생들에게 이 책을 금지하도록 하는 데에는 그만큼 떳떳하지 못한 이유가 있기 때문이 아닐까라고 생각한다.

표현의 DNA 깨우기

사실 세월호 계기 수업을 둘러싸고 주로 이야기가 되었던 것은 진실을 감추려는 정부와 진실을 알리려는 교사들 사이의 대립이었다. 학생들이 이 진실에 어떻게 접근할 것인가에 대한 논쟁에서도 정작 학생의 입장은 배제된 것이다. 어찌 보면 세월호 참사에 대한 아픔이 '(아직 미성숙하여) 가만히 있으라는 정보를 곧이곧대로 들은 학생들의 희생'이라는 이미지에 갇혀 있기 때문이 아닐까? 서로가 이야기하려는 진실의 내용이 다를 뿐 이 사건을 대하는 학생들의 주체성을 어떻게 바라봐야 할지 우리는 정말 교육부와 다른 입장을 갖고 있는 것일까?

그래서 나는 세월호 참사에 대해 잊지 말자고 하는 것만큼이나 교육부가 이 책을 금서로 지정했다는 사실을 학생들과 공유하려고 애썼다. 금서 조치 자체가 가만히 있으라는 선내 방송 같다는 나의 느낌은 학생들도 공유하고 있었다.

이 책은 학생들과 우리나라 국민들에게 읽혀야 할 것 같다. 이 책을 금서로 지정한 것은 세월호 사건 때 단원고 학생들에게 한 것과 똑같은 짓 같다. 우리도 진실을 알 권리와 의무가 있다.

학생들에게 알 권리, 판단할 권리, 자신의 목소리를 낼 권리가 있습니다. 책이 유해한 것인지 아닌지는 그 책을 읽는 학생들이 판단할 몫이라고 생각합니다. 저는 이 책을 읽고 기억해야 할 일에 대해 자세히 알게 되었고 앞으로 잊지 말아야겠다는 생각을 했습니다. 이 책을 읽은 당사자인 학생들이 그렇게 느꼈는데 그것을 어른들이 금지할 권리가 있을까요? 치우친 생각이라고 비판을 하는 것 역시 이 책을 읽은 학생들의 역할입니다. 입맛에 맞지 않는다고 금지시켜 버리는 것이 세월호 그날의 거짓들과 다를 게 무엇일까요? 우리가 알고 우리가 감당하겠습니다.

세월호 이후, 교육이 변화해야 한다고 했지만 세월호에 대한 어떤 책조차 읽고 못 읽고를 국가가 결정하고 그에 따라야 하는 학생들의 처지는 전혀 나아지지 않은 것이다.

나는 중립을 지키는 것이 교사의 판단을 이야기하지 않는 것이라고 생각하지 않는다. 오히려 가만히 침묵하는 것이 중립을 지키지 않는 것일 때가 많기 때문이다. 다만 교사에게 절대적으로 쏠려 있는 교실의 권력 구도 안에서 평형을 지키기 위해 의지적으로 학생들의 의견이 보다 자유롭게 표현될 수 있도록 하는 것, 그리고 학교 교육과정을 통해 입막음되어 있는 표현의 DNA를 일깨우는 것이 필요하다고 생각한다. 그러기 위해서는 세월호 등 특정한 의제에 대해서만이 아니라 일상적으로도 자신의 생각을 자유롭게 드러내고 영향을 미치는 활동, 즉 자신의 정치를 할 수 있도록 하는 것이 중요하다고 생각한다.

그리고 나도 교육부가 정권의 하수인으로 '정치적 중립'을 어기는 공문을 보내는 것에 도전하기 위해 《16교과서》 계기 수업을 했다는 선언을 했다. 교육부에 도전하는 것은 진실을 알리는 것만큼이나 중요하다. 《16교과서》가 4.16 세월호 참사와 관련된 모든 진실을 담고 있다고 생각하지는 않는다. 하지만 적어도 누군가의 생각으로 교실을 지배할 수 있다는 그 생각에 짱돌을 던지기 위해서 《16교과서》로 수업하고 그 사실을 공개 선언했다. 묻어갈 수 없는 시대는 이렇게 별것 아닌 일도 별것이 되어 버리게 만든다.

2016년 5월

하야를 하야라
말하지 못하고

어찌 보면 2014년 4월 16일 이후, "박근혜 정권 퇴진"은 일상의 구호였다. 그런데 나에겐 그게 참 어려웠다. 교사라는 이유로, 공무원이라는 이유로……. 세월호 참사 직후 "박근혜 정권 퇴진 운동에 나서며"라는 제목의 글을 청와대 게시판에 대표로 올렸다는 이유로 한 교사가 구속되었다 풀려났다. 그 글과 관련된 교사들도 줄줄이 경찰 조사를 받았다. 그 다음 해에도 마찬가지였다. 전교조도 박근혜 정권 퇴진 선언을 하긴 했지만, 한 달 전까지만 해도 퇴진을 내건 선언을 할지 말지 논쟁으로 진통을 겪었다. 그래서 백남기 농민이 돌아가시고 시신이 침탈될 위기에 놓인 상황에서도 구호는 "책임져라"였다. "박근혜 정권 퇴진"이 입에서만 맴돌던 중, '박근혜-최순실 게이트'라는 판도라의 상자가 열리면서 갑자기 다들 박근혜 퇴진을 외치는 시대가 되었다. 정말 다이나믹 코리아다.

※ 《광장에는 있고 학교에는 없다》(공저)에 실린 글을 다시 싣는다.

2015년에 나는 전교조 본부에서 전임을 하면서 재직하고 있는 학교 교사의 이름으로 박근혜 정권 퇴진 선언을 다시 올렸고 그것을 이유로 압수 수색도 당했다. 하지만 전임을 마치고 어렵게 복직한 뒤로는, 조용해서 질식할 듯한 학교의 공기 속에 얌전히 살고 있었다. 학생회를 맡았지만, 조심스러웠다. 학생회는 질서 정연했고, 학교와 학생들 사이에 껴서 자기 목소리를 잘 드러내지 못했다. 선후배 간의 규율도 강한 편이었다. 교사가 함부로 그 질서에 개입하는 것이 혹시 학생회의 자주성을 해치는 게 될까 염려스럽기도 했다. 학생회는 예산에 대한 걱정이 많아 간식도 안 먹고 일하는 데 익숙한 상황이었다. 우선은 재정을 지원하고, 중요한 일들에 대해 논의하는 정도로 내 역할을 생각했다.

  그러던 어느 날 나는 여느 때와 다름없이 11월 3일 학생의 날 이벤트를 준비하자는 제안을 했다. 엄청난 기획을 했던 것은 아니고 학생의 날 시즌이 돌아왔으니 그냥 할 일을 한다는 정도의 느낌이었다. 학생회 회의에서는 재작년인 2014년에도 학생의 날 이벤트를 했다고 해서 그때의 피켓에 올해 구호 정도를 추가해 피켓을 만들고 '너의 꿈을 응원해'라는 게시판을 만들어 3일 정도 캠페인을 하기로 결정되었다. 기획 단계에서 떠올렸던 '꿈'은, 예컨대 '수능 대박'과 같은 진로와 관련된 것들이었다.

"박근혜 하야"가 붙은 게시판

  그런데 그 게시판에 학생들이 쓴 "박근혜 하야"가 붙었다. 그러더니 곧 그 주변에 박근혜-최순실 사건과 관련된 여러 포스트잇이 붙었다. 그러자 생활지도부장 교사가 갑자기 창의인성부로 연락을 해 왔다. 그는 "애들한테 자유를 주면 이렇게 저질스럽게 나온다"라고 고래고래 소리를 지르며 다 떼겠다고 했다. 다른 부장은 애들이 보면 안 되는 것이니 다른 종이로 덮어 놓자고 했다. 나는 때리는 손을 막으며 이건 학생회가 연 행사이니 학생회와 상의해 보고 말씀드리겠다고 했다. 서둘러 학생회와 대책 회의를 했다. 학생들의 의견은 "학생회가 붙인 것도 아니고 학생들이 붙인 것을 학생회가 뗄 수는 없다"는 것이었다. 또 "선생님들이 차라리 시위에 나가면 나가지 학교에 이런 걸 붙이지 말라고 하셨는데, 우선 못 떼겠다고 말해 보고 시위에 나가자"라고도 했다. 긴장감 속에 학생회 회의가 진행됐고, 그 다음 날 아침 7시 55분 학생회 학생들은 교장실로 갔다.

학생회 운영위원 전체가 교장실에 들어갔고, 왜 뗄 수 없는지 조목조목 말했다. 교장은 학교는 정치와 종교에서 자유로워야 한다는 신념이 있다며 이 문제는 학생회가 교장의 의견을 받아들여야 한다고 했다. 마지막으로 자신도 이 시국에 대해 할 말이 있지만, 학교에서는 말하지 못한다며 정치적 금치산자로서의 교장의 처지를 이야기했다. 학생들은 이에 더 말을 하지 못했다. 사실 교장은 공권력을 행사하는 공무원 중 하나니까 정치적 중립을 지켜야 할 수도 있을 것 같다. 하지만 교장이 적용받는 그런 기준을 학생들에게 강요할 수 있는 것은 아니다. 그래도 학생들은 교장도 못 하는 것을 학생들이 한다고 할 수는 없다고 생각했던 것 같다.

교장이 결국 물러서지 않으니 학생들이 나올 수밖에 없었다. 교장은 간담회를 마치고 나보고 올라가라고 하더니, 회장, 부회장을 불러 1교시 전에 포스트잇을 다 떼라고 말했다고 한다. 그 말을 듣고 어쩔 줄 몰라 하는 학생회 학생들에게 나는 우선 이 사실을 학생들에게 알리는 것이 중요하니, 학생들에게 상황을 알린 뒤 자진 철거를 해 달라고 요청한 후 그래도 안되면 정리하겠다고 하는 것이 어떠냐고 했다. 그래서 학생회는 11월 2일 오전 9시쯤 페이스북에 이런 글을 올렸다.

안녕하세요, 학생회입니다.
학생의 날을 맞아 준비한 캠페인에 대해 말씀드릴 사항이 있어 글을 올립니다. 월요일부터 목요일까지 진행되는 학생의 날 캠페인 진행 중 여러분의 메시지 내용에 대해 학교 선생님들과 의견 충돌이 있었습니다.
학생회는 여러분의 의견을 끝까지 존중하려 했지만 교장 선생님께서는 학교 내에서는 정치적, 종교적으로부터 자유로워야 하며 중립적 가치관을 지니고 있어야 한다는 말씀과 함께 몇 가지 글을 철거하라고 말씀하셨습니다.
저희 학생회는 학생회 임원이기 이전에 ○○고 학생의 입장에서 친구 혹은 선배의 메시지를 함부로 뗄 순 없다고 생각합니다. 저희가 생각한 최선은 점심시간 전까지 자체적으로 떼어 주시는 것입니다. 저희 학생회는 여러분들의 의견을 존중할 것이며 다른 방안을 찾아 다시 공지를 하겠습니다. 감사합니다.

그리고 나서 점심시간이 되었다. 그런데 그 사이에 누군가 게시판에 특정 교사의 이름을 거론하며 "○○○과 ○○○ 학교에서 나가"라는 포스트잇을 붙였다. 이런 억압적인 상황에 대한 분노의 표출이었는지는 알 수 없다. 교장은 특정인에 대한 인신공격이 행해졌다며 그것을 문제 삼았고, 우려하던 일이 터졌다며 당장 철거하라고 했다. 점심시간에 결국 다른 부장이 학생회를 시켜 포스트잇들을 철거하게 했다. 학생회는 일부는 철거하고 일부는 다른 포스트잇으로 가려 놓았다. 학생들은 이렇게 포스트잇을 떼이게 된 것에 분노하여 이에 항의하는 포스트잇을 다시 붙였다.

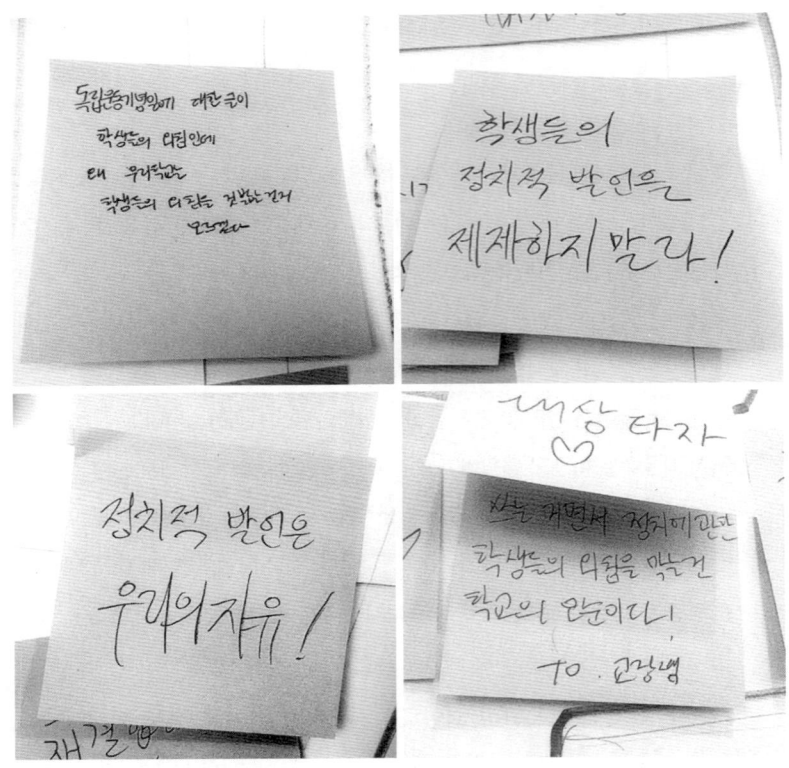

학생들이 게시판에 붙인 '박근혜 대통령 하야'에 대한 포스트잇

　학생회에서는 학생들의 이런 목소리를 모아 학생회가 주최하여 11월 12일 집회에 참여하기로 결정했다. 당일 신길역에는 학생회 위원들을 포함하여 18명의 학생들이 모였고, 집회장에서는 먼저 가 있던 학생들과 만나기도 하였다.
　함께 가 보니, 이 학생들은 모두 거리 집회를 처음 경험해 보는 것이었다. 인파에 묻혀 잃어버릴까 봐 내가 손을 들고 걸었더니 모든 학생들이 함께 손을 들었다. 나름 학생회 이름으로 만든 피켓에 각자의 목소리를 담아 학교에서 못 외쳤던 그 말들을 열심히 외쳤다. 서로 잘 모르는 학생들끼리 만나 함께했던 이 경험이 학생들에게 어떤 자국을 남겼을지 사뭇 궁금하다.

'찌질한' 고백을 하는 이유

화려한 시국 선언과 학생들의 재기 발랄한 표현이 분출되는 상황에서 어찌 보면 초라한 이야기를 글로 쓰는 이유는 교장과 학생회 사이에서 침묵을 지켰던 나의 '찌질함'에 대해 고백해야겠다고 생각했기 때문이다. 오히려 수업 안에서 대자보 쓰기를 하는 건 쉬웠다. 수업권이라는 틀 안에서 학생들이 하고 싶은 이야기를 하게 하는 것이었기 때문에 내 권한 안에서 학생들의 목소리를 드러나게 할 수 있었다. 그런데 그것이 수업이라는 경계를 넘어서 공적인 공간에서 울려 퍼지는 목소리가 되는 순간, 나는 걱정했던 것 같다. 나의 개입이 학생회로 하여금 배후설에 시달리게 하지 않을까? 결국 인신공격이라는 빌미로 포스트잇이 다 떼어지긴 했지만, 이건 학교에서 정치가 허락되지 않았기 때문에 일어난 일이 아니던가? 학생들의 기지라고 일컬어지는 "교실 박근 위험혜, 하야 하야 순시려"와 같은 풍자도 이런 현실과 연관되어 있다. "박근혜 정권 퇴진"이라고 쓰면 혼날까 봐 추우니 문 닫으라는 말에 관련된 단어를 넣어 붙인 것이다.

그런데 교실 밖은 위험하다고 하지만, 어쩌면 정치적으로는 가장 안전하다. 학교 안에서 박근혜 하야를 외치면 눈총을 받지만 교문 밖에서는 칭찬을 받는다. 하지만 이 칭찬도 허용된 범위는 정해져 있다. 청소년들의 정치 참여에 대해 대견해하고, 중고생까지 나섰으니 곧 혁명이라도 될 것처럼 기특해하며 기뻐하지만, 한편으로 시간이 늦어지면 이제 할 만큼 했으니 집에 가라든지, 너희가 이렇게까지 하게 해서 미안하다는 말을 꼭 붙인다. 학생이 대자보를 붙이자 교사가 이에 호응하는 대자보를 붙인 일이 감동적인 사례로 신문에 소개되는 이유는 그것이 기삿거리가 될 정도로 드문 일이기 때문이다. 내가 이 글을 쓰게 된 이유도, 자랑스럽게 학생들의 대자보를 올리는 학교보다는, 우리 학교처럼 꿈틀거리는 학생들과 애면글면 이 시간을 보내고 있는 학교와 교사들이 더 많을 것이기 때문이다.

학교 몰래 학생회가 공식적으로 참여하기로 결정한 집회를 학생들과 함께 갔다가 돌아오는 길. 한편으로는 작은 꿈틀이라도 한 것 같아 기뻤지만, 다른 한편으로는 또 학교에서 침묵의 카르텔은 계속될 거라는 생각에 마음이 무거웠다. 대통령은 퇴진하라고 자신 있게 말하면서도 자신에게 폭언을 하는 교사에게 대들지 못하고 고개를 떨구는 학생들에게 나는 무엇을 말할 수 있을 것인가? 학교 밖의 박근혜에게는 물러가라고 외친다고 하지만 학교 안의 수많은 박근혜들한테 우리는 어떻게 하자고 말할 것인가?

2016년 11월

촛불 주역 옭아매는
80년대식 교내 징계

헌정 사상 처음으로 대통령이 탄핵되었다. 사실 아직도 믿기지 않는다. 백남기 농민이 숨을 거두고 공권력이 장례식장을 둘러싼 지난해 9월, 나는 정말 아득했다. 굴뚝에 올라가도 안 되고, 길거리에서 몇 날 며칠을 자도 꿈쩍도 않는 이 정부를 어찌해야 하나?

그런데 광장에 사람들이 모이기 시작했다. 5만, 50만, 100만……. 결국 '대통령 박근혜는 파면'되었다. 이미 만들어진 세상의 틀에 자신을 욱여넣느라 애쓰는 학생들에게도 뭔가 '꿈쩍'은 할 수 있다는 것을 말할 수 있어서 좋았다. 하지만 광장에서 학교로 돌아오면 아직도 '박근혜들'투성이다.

새 학기를 맞아 교칙과 징계 기준표가 메신저로 날아왔다. 징계 기준표는 학생들에게 형법과 같다. 처벌받는 행동의 조항과 처벌 강도가 명시되어 있다. 우리 학교는 지난해에 '학생인권조례에 따라' '민주적으로' 토론과 설문 조사를 통해 두발 규정이 자유화되었다. 개인의 개성에 관한 것이 토론과 설문의 대상인지 여전히 의문이지만, 어쨌든 '두발은 학생의 개성과 자율성에 의한다'고 규정되어 있다.

하지만 복장과 장신구 등에 관한 규정은 여전히 남아 있다. 귀걸이는 2개 이하, 화장은 너무 진하게 하지 않는다 등이다. 교사가 일일이 학생들의 귀를 보고 다녀야 한다는 게 황당하지만, 학생부가 초안을 잡은 설문 조사가 통과되었으니 어쩔 수 없다.

징계 기준표를 자세히 들여다보면 그 내용은 1980년대식이다. 예를 들어, 불법 집회에 참석하거나 불량 단체에 가입한 행위, 허가 없이 단체나 동아리를 결성하거나 가입하여 교육을 문란하게 한 행위, 학교 질서를 어지럽게 할 목적으로 집단행동을 선동하거나 그런 모임을 주도한 행위 및 이에 가담한 행위 등은 모두 교내 봉사 이상의 징계감이다. 물론 학교에서는 잘 일어나지 않는 일이기 때문에 이런 일로 징계받는 학생은 드물다. 하지만 학생들이 학교에서 정치적 의견을 표현하려고 하는 순간, 이러한 올가미에 걸리게 되어 있다. 파면된 대통령이 추진한 국정 교과서로 수업을 받아야 하는 상황에 반대 시위를 벌였던 경북 경산 문명고 학생들은 이러한 조항으로 징계를 받게 될 수도 있다.

더 황당한 것은 무단결석을 한 학생에게 징계를 내리는 조항이다. 《아동학대법》(《아동학대범죄의 처벌 등에 관한 특례법》)에 따라 이틀 이상 무단결석을 한 학생에 대해서는 가정 방문을 하도록 되어 있다. 즉, 무단결석은 개인의 게으름의 결과라기보다는 학생에 대한 보호 조치가 제대로 이루어지지 않았다고 법적으로 판단하는 것이다. 가정 방문을 가서 애써 데려온 학생을 징계한다니, 앞뒤가 맞지 않는 규정이다.

또 징계 대상이 되는 학생은 '교사의 지시에 불응한 자'이다. 학교에서는 교사·학생·학부모가 합의하는 과정을 거치며 입법 절차의 민주성이 이루어진다. 그렇게 교칙을 만드는 데에서 교칙 준수 의무 또한 생긴다. 교사가 입법권을 독점하고 교사들의 말이 곧 법이 되는 상황이라면? 이런 환경에서는 교칙에 대한 민주적 토론은 아무 의미가 없어진다.

누군가의 눈치를 보지 않아도 될 권리

촛불은 넉 달을 달려왔다. 그 뜨거웠던 촛불 광장의 주역이었던 학생들에게도 정치적 권리가 부여되어야 한다는 논의가 나오고 있다. 18세 선거권이다. 학교 밖 선거권보다 더 중요한 것은 학생들이 일상에서 누군가의 눈치를 보지 않아도 될 권리다. 내 교복이 남들 보기에 짧은지, 내 귀걸이가 몇 개인지 걱정해야 하고, 내 행동이 감시에 의해 처벌받지 않을지 두려워하는 존재로 살아가면서, 단지 학교 밖에서 투표에 참여할 수 있다는 것만으로 학생들의 삶이 얼마나 변화할 수 있을까?

우리가 청소년에게 기대하는 민주 시민 의식과 약자를 보호하고 강자에게 용기 있게 살 수 있는 능력을 갖추게 하려면 우선 학생 개개인의 존재가 강자의 감시에서 벗어날 수 있어야 하지 않을까? 청소년의 선거권만큼 중요한 것은 학교에서 '눈치 보지 않는 사람'으로 살 수 있도록 학생인권을 보장하는 일이다. 광장에선 가능했던 것들이 학교에선 여전히 징계 사유가 되고 있다. 우리가 누리고자 하는 민주주의가 이런 그로테스크한 모습이 아니라면, 학생의 인권을 보장함으로써 우리 일상을 광장으로 만들어야 하지 않을까?

2017년 4월

대통령 선거 날
교복 입고 투표한 이유

고등학교 3학년 6월, 학생들이 지치기 시작하는 때다. 3~4월에는 열심히 공부해 성적을 올려 보겠다며 에너지를 분출한다. 중간고사를 보는 5월, 모두가 달리는 레이스에서 심장이 터지도록 무리하지 않으면 절대 순위가 바뀔 수 없다는 것을 깨닫는다. 모의고사를 마친 6월, 내 위에 얼마나 많은 학생들이 대학을 가기 위해 줄을 서고 있는지 알게 된다.

할 일이 너무 많으면 무엇부터 시작해야 할지 알지 못한다. 기말고사가 지나면 언론은 수능이 100일도 안 남았다며 호들갑을 떨지만, 학생들은 이미 지쳐 나가떨어졌다. 온 세상이 1·2등급을 위한 레이스이고 자신은 1·2등급 밑을 받치고 있는 '퇴적층'에 지나지 않는다는 것을 알면서 학생들은 더 이상 '아무것도 하지 않겠다'는 '무중력 상태'로 들어가게 된다.

매년 이런 아이들의 모습을 보는 게 괴로워 고등학교 3학년 수업을 피해 왔다. 올해는 피하지 않았다. 용기를 내 수업을 맡았다. 이번 제7회 지방 선거 때 이 학생들이 선거에 참여할 수 있을지도 모른다는 희망 때문이었다. 내가 지지하는 정책을 내세우는 후보를 밀어 줄 수 있는 힘이 '나 자신'에게 있다는 것을 학생들이 경험한다면? 경쟁이 옭아매는 철옹성 같은 제도에 얼마나 적응했는지를 확인하는 게 아니라, 내가 어떤 세상을 만들고 싶은지 학생들이 한 번쯤 생각하고 실천한다면? 학생들이 '무중력 상태'를 조금은 벗어날 수 있지 않을까 하는 가느다란 희망이 있었다.

하지만 청소년 선거권 획득은 현실이 되지 못했다. 이번에는 투표할 수 있을 거라고 믿었던 학생들에게 나는 사과했다. 18세 선거권을 끝까지 반대하던 정당(이번 지방 선거 때 참패를 당했다)은 이런 논리를 내세웠다. "교복을 입은 학생들이 투표를 하면 학교와 사회가 어지러워진다." 그래서 나는 학생들의 교복을 빌려 입고 투표에 참여했다. 나처럼 지방 선거에서 선거 연령을 낮추자고 외치던 사람들이 모두 '교복 입고 투표하기' 캠페인에 참여했다.

학생 사이에서 가장 많은 지지를 받은 후보

투표 전에 학생들을 상대로 설문 조사를 해서 가장 많은 지지를 받은 후보에게 투표하겠다고 약속했다. 학생들 설문 조사 결과 가장 지지를 많이 받은 서울시장 후보는 신지예 녹색당 후보였다. 녹색당의 존재도 잘 모르는 학생이 많은 상황에서 어떻게 신 후보가 1위를 했는지 다소 의아했다. 학생들에게 지지하는 이유를 물었다. "지금 시장은 나쁜 사람 같지는 않지만, 뭐 더 좋아질 것 같지도 않아요. 그런데 신지예 후보는 페미니스트라는 말만 해도 욕먹는 상황에서 선거 포스터에 당당하게 페미니스트라고 밝히잖아요." "우리 댕댕이(반려견)를 위한 정책이 많아서요." "지하철에서 몰카범을 신고했더니, 교복 입은 어린 게 경찰서에 신고나 한다고 뭐라 하더라고요. 저는 이런 게 당연하지 않다고 생각하는 사람이 있었으면 좋겠어요."

나는 꽉 끼는 교복을 입고 투표하며 내 몸이 꽉 조여지는 만큼 사회가 '교복을 입은 신체'를 얼마나 꽉 조이고 있는지 실감했다. 그런데 일상적으로 이렇게 억압적인 교복을 입고 있는 학생들은 어떨까? 범죄를 신고하는 데도 범죄 피해자로서 보호받는 것이 아니라 '교복 입은 어린 것'으로 대접받는 사회적 차별이 학생들로 하여금 신지예 후보에게 표를 던지게 한 것은 아니었을까?

학생들은 정확히 알고 있었다. 두루뭉술하게 모두를 위한 정책에 자신이 보호받을 수 있는 자리는 없다는 것을, 무엇이 문제인지 맞서 싸울 수 있는 사람이 그나마 자신들을 보호해 줄 수 있다는 것을. 이번 선거 결과는 이 학생들의 이런 바람을 실현해 줄 수 있을까? 만약 이 학생들이 투표에 참여했다면 세상은 어떻게, 얼마만큼 달라졌을까?

2018년 6월

청소년 참정권
농성장에서 배운 것

박근혜는 탄핵되었고, 뭔가 이루어질 거라고 기대하던 어느 날, 가만히 있으면 또 아무것도 되지 않을 것이기에 박근혜 탄핵에 앞장섰던 청소년들의 목소리에 제 몫을 부여하기 위해 뭔가 시작해야 했다. 촛불청소년인권법제정연대는 '촛불청소년'의 이름으로 대통령 탄핵에 앞장선 청소년들이 정치적 권리를 가질 수 있도록 선거 연령 하향과 학생인권법 및 아동·청소년인권법 제정을 위해 꾸려진 연대체이다. 전국적으로 수백 개의 단체들이 함께했다. 2018년 지방 선거 때 선거 연령 하향을 목표로 여러 가지 사업을 벌였다. 2018년 2월에는 "청소년의 이름으로 ○○당을 심판하고 싶습니다"라는 청와대 국민청원을 하기도 했다. 그해 청와대는 선거 연령 하향을 포함한 개헌안을 내놓았다. 하지만, 개헌 논의는 흐지부지되었고, 기자 회견, 서명, 집회 등 농성만 빼고, 다 해 본 어느 날 회의에 청소년 행동단에서 지방 선거구 확정 전까지 선거 연령 하향을 목표로 농성에 돌입하자는 제안을 하였다.

청소년들이 '삭발'과 '노숙 농성'이라니

청소년들이 참정권이라는 권리의 당사자의 이름으로 삭발 농성 투쟁을 결의했을 때, 이를 막을 명분은 없었다. 다만 모두가 결의에 차서 지지하지는 못했다. 이 운동은 몇 명이 삭발과 농성을 통해 얻을 수 있는 게 아니라 전체 학생의 대중적인 운동을 통해 달성해야 할 목표라는 의견도 있었고, 청소년들에게 '삭발'과 '노숙 농성'은 어울리지 않는다며 보다 많은 청소년들과 함께하려면 좀 더 청소년들과 친화적인 방법으로 운동을 해야 한다는 의견도 있었다. 나는 대놓고 이렇게 말하지는 못했지만, 기꺼이 그들의 삭발과 농성을 지지할 수 없었다. 뭔가 '이렇게까지 해야 할 일인가?'라는 슬픔이 올라왔다. 청소년들이라면 좀 더 창의적이고 캐발랄한 방법으로 '밝게' 무엇인가를 해야 한다는 편견에 나도 사로잡혀 있었던 것 같다. 그런데 삭발을 결의한 청소년인권 활동가는 그 마음을 꿰뚫기나 한 듯이 "이번에 삭발과 농성을 하려는 이유는 누구에게는 오래되고 구닥다리 같은 그 방식이 여성 청소년인 저 같은 사람에게는 여러 이유로 금지되어 왔던 방식이기 때문입니다"라고 말했다. 이렇듯 청소년활동가들과 함께한 농성은 시작부터 '뎅' 하는 깨달음의 연속이었다.

내가 이 결의를 기꺼이 지지하지 못한 다른 한 가지 이유는 다른 사람의 관심과 연대를 부르는 그 처절한 행동에 대해 내가 응답할 수 있는 것이 없었기 때문이다. 나는 당시 학교를 다니고 있었고, 고3 수업을 맡고 있었다. 학생들에게 수능 성적이 아니라 정치로 삶을 바꿀 수 있도록 하기 위해 이러한 활동을 한다고 학생들에게 말했었지만, 학교에 묶여 있는 나에게 '농성'은 함께할 수 없는 고통을 바라봐야 하는 일처럼 느껴졌다. 어떤 운동이든 절박한 사람이 삶을 뜨게 마련이고, 할 수 있는 일이 없어도 그 고통을 기꺼이 바라보며 그 죄책감을 동력 삼아 뭐라도 할 때 당사자가 결의한 고통에 의미가 생기고, 이러한 과정이 연대라는 사실도 이 농성 이후에 깨닫게 된 것이다.

암튼 농성은 시작되었고, 나는 할 수 있는 유일한 일인 '퇴근은 농성장에서'라는 모토로 학교가 끝나자마자 농성장으로 갔다.

세상에서 가장 길었던 43일, 연대에도 공부가 필요해

3월 말부터 5월 초까지 43일 동안의 농성은 정말 길게 느껴졌다. 매일매일 점심과 저녁으로 다른 프로그램이 기획되었기 때문이다. 국회 주변 1인 시위 외에도 중간중간 비슷한 목표를 가지고 있지만, 초점을 달리한 기자 회견들, 점심시간 국회의원과의 도시락 토크, 매일 다른 테마로 이루어지는 촛불 문화제 등 낮 일정 결합은 엄두조차 내지 못했지만, 메신저를 통해 보는 것만으로도 숨이 벅찼다. 사람이 매일 모일 수가 없는데도 저녁 프로그램은 왜 이렇게 많을까 한숨 쉰 날들도 있었지만, 나중에 보니, 이것은 농성장에 조금이라도 사람들을 오게 하려는 노력이었고, 매일 5명이든 10명이든 다른 사람들이 찾아오는 과정이 삭발과 농성을 감당한 이들의 의미를 만드는 것이었다. 하지만, 청소년을 시민으로 대하는 데 익숙하지 않은 연대자들은 청소년인권 활동가들을 지치게 하기도 했다. 예를 들어, 다짜고짜 반말을 한다든지, 18세가 아닌 농성 당사자에게 나이를 물으며 18세까지는 괜찮지만 그 아래는 아니지 않냐고 묻는 경우도 있었다. 악의가 아닌 것을 알고, 연대를 밀쳐 내는 듯한 인상을 줄까 봐 참기도 했지만, 누구보다도 인권 감수성이 높은 청소년인권 활동가들에게 연대도 고역일 때가 있었다. 그래서, 연대에 오신 분들에게 '잠깐만!' 하고 함께 읽는 것이 있었다.

> **오신 분들, 잠깐만~ ♬**
>
> 청소년들과 만나면서 실수도 많이 하고 그러면서 배운 비청소년 입니다.
> '힘주러 왔는데 혹시 힘 빼는 건 아닐까?' 조심하고 싶다면, 이런 말과 행동, 다시 생각해봐요.
>
> ➡ 무턱대고 반말을 사용하고 있지는 않나요?
> 사람에게 말을 걸 때 반말 쓰진 않죠? 나이가 어린 도 똑같습니다. 말을 놓을 땐 상호 합의하에 놓으면 좋겠죠?
> ➡ "아들이 너무 고생이다.", "우리 딸, 아들 같다"는 걱정이 정말 온당할까요? 누가 하든 농성은 고생스럽습니다. '동지의 마음'으로 해주세요. 이곳 청소년들이 있는 것은 '부모의 심정으로 걱정해주는 마음'이 아니라 시민으로서 연대해주는 마음' 아닐까요?
>
> "피곤! 심상찮은 인권이지 자격이 아닙니다. 여기 모여있는 청소년들 중에는 만18세를 넘어 더 선거권을 확대하기 위해 싸우고 있습니다.
> ➡ "기특하다", "대견하다" 말고 다른 말은 없을까요? 의도하진 않았지만 '나보다 못한 사람이 예상을 벗어난 행동을 한다'는 의미를 전달 할 수도 있습니다. 청소년들의 용기있는 행동에 감격하셨다면 다른 말을 찾아보면 어떨까요? 예) "멋집니다.", "청소년으로부터 제가 배웠습니다."
> ➡ 혹시 혼자서 길게 이야기하고 있지는 않나요?
> 말하기보다 청소년들의 말에 먼저 귀를 기울여주세요. 청소년 참정권에 대해 가장 깊이 고민한 사람은 바로 청소년 농성단입니다.
> [추가 행동 팁] 비청소년들이 이렇게 행동할 때 청소년들이 직접 말하는 어렵습니다. 연대하러 오신 분들이니까 더더욱요. 이럴 때 비청소년이 그분에게 살짝 귀띔해 주시면 좋겠죠?

농성장에 붙은 벽보

이것은 청소년인권 활동가들과 연대 활동을 오래 해 온 나에게도 공감되거나 뜨끔한 내용들이었다. 오랜 훈련으로 청소년에게 반말을 쓰지는 않지만, 농성 시작할 때 나 역시 이들의 정치 행위를 고생으로서만 바라본 것도 사실이었다. 특히 '참정권은 인권이지 자격이 아니다'라는 말은 청소년인권을 주장할 때마다 자격 운운하는 비난을 떠올리게 했다. 마지막으로 '혼자 길게 이야기하고 있지 않나요'라는 질문은 '교실에서 혼자 길게 이야기하는 것'을 직업으로 삼고 있는 나의 모습을 돌아보게 하기에 충분했다. 이 과정은 다른 의미에서 청소년을 시민으로 만나는 방법을 배우는 과정이었다.

연대의 힘

청소년 당사자들의 삭발, 노숙 농성은 다행히도 많은 사람들이 이 운동에 관심을 갖는 계기가 되었다. 여러 단위의 연대자들이 함께했지만, 가장 인상적인 것은 주로 주말을 책임졌던 학교 밖 청소년들의 방문이었다. 누군가는 청소년들과 대중적으로 만나기 위해서는 캐발랄한 방법을 써야 한다고 했지만, 삭발과 농성이 금지된 청소년들에게 이러한 방식은 가장 캐발랄한 방식이었는지도 모르겠다. 학생들에게 청소년인권 활동가들의 삭발 농성 소식을 전하며, 연대하는 마음으로 내 머리를 투블록으로 잘랐다고 했을 때, 학생들은 그 어느 때보다도 많은 관심을 보였다. 그리고, 또 가장 감동을 받았던 연대 방문은 햇빛이 정말 뜨거웠던 날, '밀양 송전탑 투쟁'을 하셨던 할머니들의 방문이었다. '아 아 아 내 나이가 어때서 투쟁하기 딱 좋은 나인데'라는 노래를 밀양 할머니들과 청소년인권 활동가들이 함께 부르는 모습은 '투쟁'에 대한 나의 선입견을 깨는 과정이었다. 그리고, (아무도 생각하지 못한) 햇빛 가리개 차양막을 치고 그 안에서 천으로 여러 가지 소품을 함께 만들었다. 농성이 길어지면서 지쳐 가는 마음에 단비가 되었던 평화로운 시간이었다. 이러한 과정이 가능했던 것은 학부모의 정체성으로 책 읽기를 시작해서 책에서 읽은 대로 세상을 느끼고 살아가고자 하시는 어린이책시민연대 활동가들이 있었기 때문이었다. 매일 손수 지은 밥과 반찬으로 이어지는 농성은 '집밥보다 농성장 밥이 맛있다'는 후문을 낳기도 했다. 청소년들의 투쟁에서 배움을 얻는 비청소년들이 각자의 방식으로 함께하는 연대였다.

마지막 1박 2일 국회 앞에서

2018년 지방 선거에서 청소년들이 참여할 수 있도록 선거법을 개정하는 시점이 지난 어느 날, 국회의 문을 아무리 두드려도 열리지 않는다고 느꼈지만, 마지막 힘을 모아 1박 2일 연속 기자 회견과 촛불 집회를 진행했다. 정말 국회의 바로 앞에서 촛불청소년인권법제정연대 소속 단위들이 교사는 교사대로, 학교 밖 청소년과 함께하는 단체는 단체대로, 어린이책을 읽는 단체, 학부모단체, 방정환 선생님을 따르는 문화운동을 벌이는 단체 등이 각각의 입장에서 왜 청소년 선거권이 자신들에게도 필요한지에 대한 이어 말하기가 진행되었다. 각 기자 회견의 내용은 조금씩 달랐지만, 공통된 것은 청소년들에게 희망을 가지라고 주문하면서도 현재의 교육과 청소년 지원 제도는 청소년에게 오히려 절망을 주고 있다는 것이었다. 이렇게 소외된 청소년들과 함께하고자 하는 사람들이 아무리 이런 문제점을 지적해도 고쳐지지 않는다는 것이었다. 당사자의 목소리가 없는 정책은 늘 청소년을 배반하고, 그들과 함께하고자 하는 사람들도 억압한다는 것을 깨달은 비청소년들이 제대로 된 교육과 청소년 지원을 위해서는 청소년 당사자의 목소리가 필요하다고 외쳤다. 말하기는 저녁때 촛불 문화제까지 이어졌다. 참정권을 통해 무엇을 바꾸고 싶냐는 질문에 어떤 청소년은 가정 폭력을 피해 탈가정(가출)했지만, 무슨 지원이든 부모님을 통하지 않고서는 불가능해서 나이를 속이고 아르바이트를 할 수밖에 없었다며 청소년을 위험으로 내모는 법들을 바꾸고 싶다고 했다. 어떤 학부모는 사교육을 하는 것이 학부모에게도 학생에게도 모두 부담인데 입시 위주의 교육은 비청소년의 힘만으로는 바꾸기 어렵기에 청소년 참정권 운동을 함께 한다고 했다. '참정권은 인권이다'라는 구호를 외쳤지만, 이것이 이렇게 구구절절한 삶과 연관되어 있었다는 것을 다시 한 번 깨닫는 과정이었다.

가르치러 간다고? 사실 배워 가는 곳인데

사람들이 청소년인권 활동가들과 연대하는 활동을 하는 나에게 청소년들 가르쳐 가며 활동하시느라 수고가 많다는 인사를 하기도 한다. 10년 넘게 청소년인권 활동가들과 함께 활동했지만, 단언컨대 단 한 번도 청소년인권 활동가들에게 뭔가 가르쳐야 한다고 느껴 본 적은 없다. 오히려 반대 세력 앞에서 교사라는 이유로 더 공격받을까 봐 우물쭈물하며 숨어 있을 때, 가장 열악한 대우를 받으면서도 가장 헌신적으로 일하는 청소년인권 활동가들은 나에게 활동 선배였다. 무엇보다도 그들에게 가장 많이 배우는 것은 '청소년의 눈으로 이 부조리한 세상을 바라보는 힘'이다. 이들로부터의 가르침이 없었다면 나 역시 여전히 애들을 위한다며 학생들을 괴롭히는 데 더 골몰했을 것이다.

이번 참정권 농성장에서의 43일간의 퇴근 역시 이러한 배움을 담뿍 담은 시간이었다. 삭발과 농성으로 세상을 깨우친 그들에게 다시 한 번 경의를 표한다.

2020년 2월

'교실의 정치화'가
걱정되신다고요?

2019년이 지나가기 며칠 전, '패스트트랙'이라는 낯선 말과 함께 선거 연령이 하향되었다. 30년 전 '원더키디'가 있을 것이라고 꿈꿨던 2020년, 이제야 18세가 한국에서 투표를 하게 된 것이다. 그런데, 이 법이 통과되자마자 새해 벽두부터 학생이 유권자가 되어 '교실의 정치화'가 우려된다며 학교 안에서는 각종 선거 운동을 불허해야 한다는 논란이 확산되고 있다.

'교실의 정치화'는 고유명사가 아님에도 불구하고, 이 사안에 대해 규제해야 하는 이유의 단골 메뉴로 등장하고 있다. 도대체 '교실의 정치화'란 무엇인가?

아마 '교실의 정치화'를 걱정하는 사람들이 상상하는 풍경은 이런 것일 것이다.

'교실의 정치화', 뭐 이런 거?

2020년에 치러질 4.15 총선을 예상해 볼 때, 학교 담 이곳저곳에 현수막이 붙고, 학교 앞에서 모든 정당의 선거 운동원들이 명함을 뿌려 대고, 학생들은 읽지도 않고 버려서 학교 안팎이 지저분해진다. 그러면서 학생들이 교실에서 공부는 안 하고, "야, 나 오늘 ○○당 명함 받았다", "너 누구 찍을 거야" 뭐 이런 얘기들을 떠들어 댄다. 사실 여기까지는 양반이고, 문제는 수업 시간이다. 교실의 정치화를 걱정하는 특정 단체의 교사들이 "○○당이 좋아요. 그 당 꼭 찍으세요"라고 말하면, 학생들이 "네"라고 대답하며 그 당을 몰아서 찍을 것이다. 아니, 이렇게 상상하는 것이 너무 저차원적이라면 이건 어떤가? 수업을 시작하기도 전에 갑자기 "선생님, 이번에 누구?" 또는 "어느 정당 찍으실 거예요?"라고 질문하면 정치적 자유가 없는 교사는 법에 걸릴까 봐 아무 말도 못 할 것이다. 또는 소극적으로 정치에 대한 의견을 말하면, 동영상 채널에서 가짜 뉴스를 접한 학생들이 교사를 고발할 것이다. 또, 선거 운동에 적극적인 학생들이 후보의 명함을 들고, 학교에서 설쳐 댈 것이다. 그리고, 선거법이 너무 복잡하기 때문에 선거법을 위반하는 학생들이 마구 생겨날 것이다. 학교의 졸업식이나 입학식 때 오겠다는 후보들도 있을 것이다. 어느 후보는 받고 어느 후보는 안 받을 수 없으니, 난감할 것이다. 그 와중에 당선 가능성이 높은 유력 후보의 경우 학교 예산 배정에 도움을 줄 수도 있을 것이므로 학교장 입장에서는 고민이 될 것이다.

학교 안팎이 말 그대로 지저분해질까 봐?

아마 다른 문제들도 있겠지만, 이 정도로만 보더라도 이 문제들은 누구의 입장에서 걱정인 걸까? 학생 입장에서 홍보물을 보고 버리는 것은 너무 당연한 일이다. 이것은 학교뿐 아니라 지하철에서도 선거 기간 동안 흔히 일어나는 일이다. 교문 앞에 "요즘 명함 때문에 청소 노동자분들의 수고가 많습니다. 다 본 홍보물은 쓰레기통에 버리는 센스를!" 푯말을 붙인 쓰레기통을 배치하면 된다.

교실에서 받은 명함에 대한 얘기를 나누는 것 역시 그러한 홍보물을 읽지도 않고 버리는 게 아님을 보여 주는 징표다. 굳이 문제를 삼자면, 오히려 그 명함에 홍보된 내용 이외에 학생들의 선택에 필요한 얘기로 이어지지 않는 것일 것이다. 예를 들어 다음과 같은 이야기. "이런 공약들은 다 국회의원이 할 수는 있는 일이야?", "지난번 국회의원 선거 때도 똑같은 얘기 했던 것 같은데", "이 공약들이 나의 현재 삶과는 무슨 관련이 있지?", "정당은 다른데 공약은 똑같아. 얘네는 왜 경쟁하는 거야?"

사람들이 가장 많은 걱정을 하는 수업 시간에도 마찬가지이다. 사람들의 이러한 걱정에 대해 대부분의 교사들의 반응은 이런 것이 아닐까. "요즘이 어떤 세상인데, 학생한테 녹음될까 봐 못 한다. 그리고, 교사가 이렇게 말하지도 않을 테지만, 이렇게 말한다고 학생들이 가만히 있지도 않는다. '선생님 그거 걸려요'라고 협박 안 하면 다행이다."

말을 안 해도 냄새를 풍길까 봐?

아마 이렇게 말해도 교사가 아닌 사람들은 예로 든 것처럼 노골적으로 말하지는 않아도 교사가 평소에 사회 문제와 관련하여 하는 말과 뉘앙스를 통해 학생들이 교사의 지지 정당을 추측하고, 자신의 투표에 영향을 받을 것이라고 걱정할 수 있다. 만약 평소에 존경할 만한 사람이었다면 그런 이야기를 귀담아듣고 자신의 선택에 참고할 수 있다. 아니면 반대로 교사가 너무 말도 안 되는 말을 해서 학생들이 그 교사가 지지하는 정당은 절대 찍지 않겠다는 다짐을 할 수도 있다. 사실 이럴 가능성은 존재한다. 하지만, 이것이 무슨 문제란 말인가? 실제 청소년이 아닌 사람들도 평소에 정치에 관심을 가질 만한 여력이 없는 상황에서 선거권을 행사하게 되면 가장 믿을 만한 사람의 선택을 참고하거나 가장 불신하는 사람과 반대되는 선택을 한다.

예를 들어, 아래와 같은 짧은 대화의 과정이 어찌 보면 대한민국에서 이뤄지는 최소한의 민주시민교육이다.

"내가 잘 몰라서 그러는데 너 이번에 누구 찍을 거야?"

"나는 ○○ 찍을 거야."

"이유가 뭔데?"

"응, △△△ 하는 과정에서 ○○가 그랬어."

오히려 학교에서의 문제는 이러한 대화가 금지된다는 데 있다. 구체적인 얘기를 하는 것이 금지되기 때문에 '뉘앙스를 풍기는 것'으로 정치 성향을 판단하고, 판단당하는 입장에서는 그게 맞다고 하기도 어렵고 아니라고 하기도 어렵다. 사실 유력 야당과 여당만 인지하고 있는 학생들이 그 양당 중에 하나라도 추측했을 때 다른 정치적 견해를 가지고 있는 교사는 뭐라고 답할 것인가?

가장 큰 문제는 뉘앙스를 풍기는 것 외에 구체적으로 왜 그런 생각을 하게 되었는지 그 근거와 과정을 설명할 수 없다는 것이다. 사실 인간의 정치적 선택은 다양한 맥락을 포함한다. 원외 정당을 지지하지만, 사표가 되는 것이 싫어 원내 정당을 선택하기도 하고, 지지하는 정당은 아니지만 후보의 이력이 맘에 들어 지지 의사를 표명하기도 한다. 또는 어떤 정책을 처음으로 내놨다는 이유만으로 그 정당이나 후보를 지지할 수도 있다.

예를 들어 나는 이번에 학생인권법을 당론으로 정책화하는 정당에 투표할 생각이다. 그 정당이 평소에 내가 지지하지 않은 정당일 수도 있다고 생각한다. 하지만 청소년 유권자들이 처음으로 참여하는 선거에서 선거뿐만 아니라 일상에서도 주체로서 살아가는 데 필요한 법이 21대 국회에서 만들어지기 위해서라도 이러한 전략이 필요하다고 생각하기 때문이다. 한편 우리 부모님은 부동산 정책에 가장 관심이 많으시다. 부동산 정책이야말로 소위 힘 있는 정당 간에 별 차이가 없을 거라고 말씀드리지만, 부모님이 속한 '카톡 공동체'는 다른 입장인 것 같다. 이러저러한 어찌 보면 소소하고, 사람마다 다른 선택들이 이루어져 이명박 대통령의 탄생, 박근혜 대통령의 탄핵 등이 이어졌다. 다양한 맥락에서 국민의 선택이 이루어지기 때문에 늘 '여당을 견제하면서도 야당에게 몰표를 몰아 주지 않는 국민들의 절묘한 선택' 같은 것이 이루어지기도 한다.

교사가 학생을 이용하거나, 학생이 교사를 고발할까 봐?

그럼에도 불구하고, 교사들이 학생들에게 자신의 의견을 말하는 과정에서 학생들이 영향을 받고, 그러한 영향에 반발한 학생들이 '강압적이었다'고 교사를 고발할 가능성에 대한 걱정이 많은 것 같다.

이런 문제가 진정 걱정된다면, 학생들에게 교사의 영향을 눈앞에서 되받아칠 수 있는 표현의 자유를 보장해야 한다. 만약, 내가 학생들에게 학생인권법을 정책으로 내놓는 정당을 지지하겠다고 말했을 때, 학생들이 "선생님, 그런 말씀 하시기 전에 선생님이 학생인권을 먼저 존중해 주세요"라고 말한다면 이 대화는 교사의 삶과 지지하는 정치 사이의 일관성 문제로 논점이 바뀔 것이다. 또는 학생들이 "그 정당이 ○○ 문제에 대해 어떤 태도를 보였는지 아십니까? 편파적으로 말씀하시면 안 됩니다"라고 말한다면 한 정당이 사안에 따라 다른 입장을 가질 수 있다는 것을 전제로 자신의 삶의 우선순위에 따라 정치적 결정이 일어날 수도 있음을 토론할 수 있을 것이다.

이렇듯 교실의 정치화는 각자 자신의 삶에서 자신이 중요하게 생각하는 문제가 무엇이고 이것이 정치와 어떤 연관이 있는지에 대해 깨닫는 과정일 수 있다. 오히려 걱정되는 것은 구제 중심의 선거교육 때문에 모두 침묵하고 또 '뉘앙스'를 풍겨 오해를 받거나 "선생님…… 우리 학교에서 이런 얘기 해도 돼요?"라고 자기 검열을 하는 것이다. 아니면 이런 얘기조차 못하는 학생들은 조용히 교육청에 신고할 수도 있다. 표현의 자유를 통해 견제하는 것이 가능하지 않은 사람은 드러나지 않는 신고가 유일하게 할 수 있는 표현일 테니 말이다.

학생들이 가짜 뉴스만 보고 정치에 대해 왜곡된 인식을 가지고 있기 때문에?

학생들이 잘못된 정보로 정치적 판단을 하기 때문에 금지해야 한다는 사람도 있다.

학생들이 왜 SNS와 동영상 채널을 통해서만 정치를 접하게 되었을까? 그것은 학교 안에서 그것에 대해 제대로 토론하고 논쟁할 기회가 없었기 때문이다. 대부분의 사람들이 지적하듯 인터넷을 떠도는 정보는 일방적이다. 팩트 체크도 이루어지고는 있지만, 정보가 만들어지거나 퍼지는 속도를 따라잡기 어렵다. 만약 이것이 정말로 걱정된다면 학교 안에서 이러한 문제에 대해 팩트 체크를 할 수 있는 교육을 적극적으로 할 수 있어야 한다. 그런데 이러한 교육을 하려면 정치적 사안에 대해 교사가 이야기할 수 있어야 한다. 그런데 지금은 정치적 문제를 다루는 것이 금지되고 있는 상황이기 때문에 학생들이 질문이 생겨도 교사에게 물어볼 수 없다. 혹시 질문이 들어와도 교사들은 "정치적인 것은 묻지 말라"고 할 수밖에 없다. 이러한 상황에서 학생들에게 유일하게 친절한 답변과 나름의 논리적 전개로 정치 의식을 구축할 수 있는 자료를 제공하는 것이 SNS와 여러 인터넷 사이트, 그리고 동영상 채널 등이다. 따라서, 학생들에게 학교에서 정치적 대화를 금지하는 것은 오히려 편향된 소스의 영향력을 강화시키는 결과를 낳는다.

학교 행사에 정치인이 올까 봐?

학교 행사에 정치인이 오는 것이 걱정이라면 왜 그 이전에는 학교가 현직 국회의원에게는 초대장을 보내고 심지어 축사도 요청했었는지 답할 수 있어야 한다. 이전에 재직한 학교에서, 현재 원내대표가 되어 전국적인 지명도를 갖게 된 의원이 학교 축제에 와서 축사를 한 적이 있다. 만약 이 사람이 선거에 나간다면 그때 축사를 들은 학생들은 그를 기억할 것이다. 어찌 보면 다른 후보는 가질 수 없는 현직 국회의원만이 갖는 프리미엄임에도 불구하고, 현직의 의원들은 '바쁜 시간을 쪼개어 참석한 내빈'으로 칭송받고, 박수를 쳐 주는 학생들은 외면한 채 학부모 대표와 인사를 나누고 총총히 사라진다. 후보자 신분으로 학교에 온다면 적어도 학생들의 이야기에 귀를 기울이는 척이라도 할 것이다. 지금까지 '갑'의 위치로 학교에 드나들었던 사람이 표를 구해야 하는 '을'의 위치로 자신들의 안중에도 없었던 청소년 유권자들에게 잘 보이기 위해서라도 말이다. 이러한 경험은 학생들에게 일상에서 갑과 을이 전복되는 민주적 경험이 될 것이다. 오히려 선관위와 교육청이 학교 안팎에서의 선거 운동을 금지하려고 하는 것은 힘 있는 현직 국회의원인 후보들만 받고, 군소 후보는 받고 싶지 않아 하는 교장의 마음을 대변한 것은 아닐까? 다른 편에서 학교 말고도 갈 데가 많은 현직 국회의원들은 학교가 금지되기를 내심 바라고 있는 것은 아닐까? 즉 교실의 정치화를 걱정하여 선관위와 교육청이 학교에서의 선거 운동을 금지하는 것은 결과적으로 현재의 기득권 정치를 편들어 준다는 점에서 전혀 중립적이지 않다.

후보자들이 학교를 휘젓고 다닐까 봐 걱정된다면 학생들이 직접 후보들을 초청하여 정당 연설회를 열도록 하는 것이 효과적일 것이다. 아마 바쁜 일정에서 청소년 유권자를 소중하게 생각하는 사람은 올 것이고, 그렇지 않은 사람은 오지 않을 테지만, 학생들은 박제된 명함 뒤에 숨어 있는 후보들의 민낯을 볼 수 있을지도 모른다.

아니면, 기존에 정치인들이 제출한 공약을 비교하는 것이 아니라 학생들이 자신들의 삶의 문제 해결에 필요한 법을 만들고, 그것을 공약으로 받을지 말지에 대한 토론회를 열 수도 있다. 그러면 기존의 정당 중에 누구를 고를까가 아니라 학생들이 만드는 정책을 국회에 반영하는 과정이 정치라는 것을 자연스럽게 알게 될 것이다. 또, 현직 국회의원들이 자신의 학교의 시설을 위한 예산을 배정하는 등의 의정 활동에 대해 눈여겨보면서 지역 사회에서 정치인들이 미치는 영향도 알게 되고, 왜 교장 선생님이 현직 국회의원을 학교 행사에 내빈으로 초대할 수밖에 없는지도 알게 될 것이다. 몇몇 교육청에서 학내 선거 활동에 대한 우려를 미리 표현한 것은 답답한 일이다. 하지만, 유권자인 학생들은 그러한 교육감을 2년 후에 심판할 수 있다. 이런 것이 '교실의 정치화'에 기대하는 변화이다.

교실의 정치화를 걱정하는 사람들이 오히려 교실을 정치적으로 이용해 왔다

교실의 정치화에 대해 가장 우려의 목소리를 높이고 있는 모 정당의 국회의원은 2017년에 16개 시·도교육청을 통해 사드 배치, 탈핵·탈원전, 5.18민주화운동 관련 수업 자료를 제출하라는 공문을 각 학교에 보냈다. 사드 배치와 탈핵이야말로 당시 학생들이 입시를 치르며 면접 등에서 질문을 받을 수 있는 유력한 시사 이슈였다. 특히 탈핵과 관련한 사안은 공론화위원회까지 가동된 국가 시책으로, 공론화위원회에서는 '제발 이 문제에 대해 국민들의 생각을 올려 달라'고 포털 사이트에 광고도 했다. 5.18민주화운동 역시 마찬가지이다. 현대사 교과서에 이미 빼곡하게 실려 있는 주제이다.

　누가 무슨 내용을 가지고 수업하는지 왜 궁금한가? 국회의원에게 이를 감시하고 보고받을 권리가 있는가? '수업 사찰'에 가까운 이러한 보고를 요구한 까닭은 무엇일까? 아마도 이런 전제가 깔려 있기 때문일 것이다. '미성숙한 학생들에게 교사가 어떤 주제로, 어떻게 수업하느냐에 따라 학생들의 생각이 좌지우지된다. 교사가 어떤 자료로 수업하는지에 대해 국회의원으로서 검사해야 한다.' 학생들을 역사나 사회 현상에 대해 판단할 수 있는 주체로 존중하지 못하기 때문에 오직 교사가 어떤 자료를 쓰는지가 궁금해지는 것이다.

　하지만, 이미 언론 등을 통해 공론화되고 있거나 역사 교과서에 실린 주제에 관해 수업하는 것을 문제 삼는 행위야말로 국회의원이라는 권력을 이용하여 교육을 통제하려는 정치적 행위가 아닌가? 그리고 학생들은 그 누구보다도 어떤 것이 옳은지 정확히 알고 있다. 그 판단에 따라 학생들의 표정은 귀신같이 달라진다. 18세로 선거 연령을 하향한 것은 학생들의 이러한 생각을 침묵이 아닌 정치적 행위로 표현할 수 있도록 학생들의 목소리에 힘을 부여한 것이다.

청소년이 만든 힘을 다시 빼앗지 말라

　학생들이 권리를 누리는 데 준비가 되지 않은 것처럼 보이는 이유는 교육을 받지 않아서가 아니라 유권자로서 힘을 행사해 본 적이 없기 때문이다. 교과서 안의 민주시민교육은 정치인들이 국민의 힘을 대신해서 국민을 위한 국가를 만드는 데 힘쓴다고 가르치지만 누구의 말대로 현실에서의 시민은 4년에 한 번만 주인이 되는 노예와 같다.

2020년 4.15 총선은 4.16 6주기 전날이다. 올해 18세인 청소년들은 초등학교 6학년 때 세월호 참사를 접했을 것이다.

학생들이 정치에 휘둘리는 게 싫다면 학생들이 정치적인 힘을 휘두를 수 있게 해야 한다. 정치가 더럽게 느껴진다면 학생들과 함께 바꾸자고 해야 한다. 5년 전 '더러워서 피한' 정치의 결과로 가장 많이 희생된 사람들이 바로 청소년들이기 때문이다.

이들은 정치가 우리의 삶과 따로 떨어져 있는 것이 아니라 주권자로서 관심을 갖고, 감시하고, 문제를 제기하고, 투표로 심판한 만큼 우리를 배반하지 않는다는 걸 참사를 통해 배운 이들이기도 하다. '학교 밖의 더러운 정치 vs 정치 없는 학교'라는 구도가 당사자들을 얼마나 무력하게 만드는지 보고 느낀 이들인 것이다. 따라서, 이들이 일궈 낸 제도적 변화인 선거 연령 하향을 다시 무력화시키지 않으려면 이런 제도적 변화에 힘입어 학교에서 대자보 붙이기, 정치 토론회 또는 집회의 개최 등 학생들의 정치 표현의 자유를 보다 적극적으로 보장해야 한다. 학교운영위원회 학생 참여 보장이나 학생회 법제화 등으로 일상적으로 청소년들의 목소리에 정치적인 힘을 부여해야 한다. 이것이 세월호 사건으로 정치에 관심을 갖게 된 청소년들에게 이 사회가 해야 할 최소한의 응답일 것이다.

2020년 2월

가상 방담

선거권은 단지 어디를 찍느냐의 문제가 아니다

선거권 연령이 18세로 하향되자마자 '교실의 정치화'에 대한 우려가 많다. 이 말이 이렇게 순식간에 반대 논리로 유통되는 거 보면, 그 정확한 뜻은 모르겠지만, 뭔가 안 좋은 인상을 풍기고 있는 것은 분명하다. 아니면 서로 만나지 말아야 할 단어가 만난 듯한 이질감일까? 말하자면, '교실'은 뭔가 공기 청정기가 틀어져 있는 무색무미무취의 무균실 같은 공간의 이미지인데, '정치'는 뭔가 더러운 미세 먼지로 가득한 이미지? 이 두 가지가 만나 교실에서 '순수'의 표상이어야 할 학생들이 더러운 미세 먼지를 먹고 구토라도 하는 이미지가 그려지는 걸까? 좀 과장을 섞긴 했지만, 원래 없던 말이 급속도로 유통될 때는 그 단어의 의미가 어떻게 사람들의 뇌리에 박혀 있는지도 함께 보여 주는 것만은 분명하다.

어찌 보면 서로 이질감이 있는 것처럼 느껴지는 두 단어의 만남이 '교실의 정치화'의 가장 중요한 의미는 아닐까? 정치와 관계없는 듯 생각되었던 교실에서의 학생들의 고민과 교실과 관련 없이 당리당략에 따라 교육 정책을 끌고 가던 정치. 이 둘이 서로 만나야 삶을 위한 정치가 가능해지는 것은 아닐까?

이 대담은 이러한 고민 속에서 학생들과 2020년 총선에 대한 이야기를 어떻게 나눌 것인가를 상상해서 적어 본 것이다.

교사 4월 15일은 쉬는 날이에요. 왜 쉬죠?
민우 어, 그날 쉬어요? 수요일이네. 7교시인 날인데, 좋네. 국회의원 선거 날이어서?

교사 맞아요. 지금까지는 학생들에겐 쉬기만 하는 날이었지만, 올해는 다르죠.

소현 학생들만 쉰 거 아니에요. 우리 집 그때 여행 간다고 해서, 제가 막 뭐라 했는데.

교사 선거권이 없었던 때에도, 선거에 참여해야 된다고 생각했군요. 오~ 민주 시민!

소현 세월호 참사 이후 대통령 뽑고 이런 거 참 중요하다 뭐 그런 생각을 하게 됐죠.

교사 그러고 보니, 이번 국회의원 선거 다음 날이 세월호 참사 6주기네요. 암튼 그래서 오늘은 국회의원 선거 맞이 계기 교육을 해 보려고 합니다.

연수 계기 교육이 뭐예요?

교사 음, 교과서에는 특별히 없지만, 역사적인 일이거나 사회적으로 중요한 일일 때 함께 나눠 보는 교육?

연수 뭔가 '계기'를 삼아 교육하는 날이군요. 그 '계기'는 선생님만 잡을 수 있어요?

교사 음? 무슨 얘기죠?

연수 아니, 저희도, 교과서에는 없지만 사회적으로 중요한 일이 있을 때, 얘기할 수 있냐고요. 아니, 전에 설리 죽었을 때, 제가 연예인 악플과 여성 혐오에 대해 얘기해 보고 싶다고 했는데, 샘이 진도 나가야 된다고 하셨잖아요.

교사 제가 그랬나요? 듣고 보니 미안하네요. ㅜㅜ

연수 어떨 때는 별로 얘기 안 하고 싶은 주제도 교육청에서 하라고 했다며, 하시는 분도 있더라고요.

교사 사실, 이것도 18세로 선거권 연령이 하향되면서 교육부가 하라고 해서 하는 거긴 한데……. 여러분은 원하지 않나요? 그럼 하지 말까요?

연수 아니, 전 좋은데, 암튼 그 계기라는 것을 삼을 권리가 학생에게도 있으면 좋겠다 이거죠. 말로는 교과서만 공부가 아니라고 하면서, 학생이 중요하다고 생각하는 것에 대해서는 정작 학교에서 말 못하게 하잖아요.

교사 맞네요. ㅜㅜ

연수 그리고, 설마 투표하는 요령 같은 거 얘기하려고 하시는 거 아니죠? 그러려면 자습하죠.

교사 설마요.

연수 선거교육이라고 해서요. 선거 어떻게 하는지는 수천 번 들었답니다.

교사 알겠어요.

현조 샘, 저는 이번에 선거권 없는데 저도 들어야 해요?

교사 그거에 대해서는 하고 싶은 대답이 있는데, 좀 들어 보고 여러분이 판단해도 좋겠어요.

현조 재미없으면 바로 딴짓 개시합니다.

우리 인생은 정치와 어떻게 연관되어 있는가

교사 재밌게 할 자신이 없어서 결론부터 말하면, 이번이 청소년이 참여하는 첫 선거인 만큼 선거권이 있는 학생들이 없는 학생들 의견까지 반영해서 하면 좋을 것 같아요. 개인의 판단도 있겠지만, '우리 10대의 의견은 이렇다' 이런 느낌? 그리고, 선거권이 없는 사람들도 정치인들에게 요구할 수 있었으면 좋겠고요.

민우 뭔 말이래요?

교사 왠지 올해는 10대가 투표하는 첫 선거라서, '두둥 10대의 선택!' 이러면서 여러분들의 투표 결과에 관심이 많을 것 같거든요. 그래서 개인의 선택이지만, 10대의 선택이라고 주목받는 만큼 다른 친구들의 의견도 고려해서 투표하면 좋겠다는 뭐 이런 마음? 물론 개인의 선택이지만요.

소현 오, 괜찮은 생각인데요?

현조 그럼 저는 선거권이 없어도 선거권 있는 애들한테 누구 찍으라고 막 얘기하면 되겠네요? 오호.

교사 아, 쩝. 그게 현재 선거법상 선거권이 없는 사람은 선거 운동의 자유가 없어요. 그래서 대놓고 막 하면 법에 걸릴 수도…….

현조 아, 그런 게 어딨어요? 아니, 그리고 17세랑 18세랑 다 같은 학년인데, 뭔 차이가 난다고? 저는 그럼, 18세인 친구랑은 정치 얘기도 하면 안 된다는 건가요? 정말 황당한 법이네요.

교사 그러게요. 선거권이나 참정권이라는 게 어느 나이가 된다고 갑자기 행사할 능력이 생기는 것이 아닌데, 그 나이가 되기 전까지는 어떤 말도 할 수 없다는 게 정말 이상하죠. 그러면서 젊은 사람들이 정치에 관심이 없다고 욕하기나 하고……. 근데 그런 법을 만드는 것도, 또 바꾸는 것도 국회니까, 관심을 갖지 않으면 그런 이상한 법은 계속 유지가 되죠.

민우 그래서, 샘은 어느 당 찍을 건데요?

교사 아직 정하지 못했는데요. 요즘의 고민은 '무엇을 기준으로 찍을 건가?' 이런 거예요. 지금까지 투표를 해 봤는데 국회의원이 공약을 지키는 일이 거의 없더라고요.

민우 맞아요. 그래서 저는 놀러 가는 게 낫다고 생각합니다.

교사 그리고, 어느 당을 찍을지로만 고민하는 게 약간 선다형 시험 문제 푸는 것 같기도 하죠. 근데 시험 문제에는 정답이 있지만, 인생엔 정답이 없잖아요?

민우 오늘 왜 이러실까?

교사 사실 이게 오늘 여러분에게 하고 싶은 얘기인데요. 저는 사실 여러분이 어느 당, 어느 후보를 찍을지 고민하기 전에, 여러분의 인생에서 어떤 부분이 정치와 연관되어 있는지 아는 게 중요하다고 생각해요. 선거 때 놀러 가는 사람들도 이해가 되는 게 정책 공약 자료집을 보면, 당에 따라 별 차이가 없거든요. 그래서 예전에 허황된 이야기를 하던 모 대통령 후보 같은 분이 어떤 사람들에겐 인기가 있었던 이유도 심정적으로는 이해가 되어요. 그분은 분명한 차별점이 있었으니까요. 신혼부부에게 2억, 이런 게 어쨌든 구체적이고 사람들한테 다가오기도 하잖아요. 그래서 저는 이번 기회에 내가 고민하고 있는 문제가 이 사회의 정치와 어떤 연관이 있는지 생각해 보고 선거에 참여하면 좋겠어요.

민우 흠…….

교사 여러분의 가장 큰 고민은 뭔가요?

소현 공부하기 싫은데 공부해야 되는 거?

교사 하기 싫은 공부를 왜 해야 되는데요?

소현 우리나라에서는 좋은 대학 나와야 취직이 되고, 정규직으로 일할 수 있잖아요.

교사 '어느 정도 안정된 직장을 가지려면 좋은 대학을 나와야 되기 때문에 억지로라도 공부를 열심히 해야 한다.' 이렇게 이해해도 될까요?

소현 네.

교사 그런데 그렇다면 그 문제를 해결하는 방법은 공부 외에 다른 방법도 있죠.

소현 네?

교사 지금 안정된 직장에서 일을 하는 데 꼭 대학 공부가 필요한 것만은 아니잖아요. 아, 이것부터 물어봐야겠다. 우선 안정된 직장을 가지려면 좋은 대학을 나오는 게 필요한 이유가 그 일을 하는 데 그만큼의 능력이 필요해서인가요? 아니면 안정된 직장의 수는 적고, 사람들이 그 적은 자리를 붙잡기 위해 경쟁해야 하기 때문인가요?

소현 둘 다인 것 같긴 한데, 확실히 후자 쪽인 것 같아요. 왜냐하면, 저희 아빠는 고등학교 나온 후 정규직으로 입사했는데, 지금 들어

오는 신입들은 학벌이 후덜덜하대요. 하지만 저희 아빠도 회사에서 인정받으면서 오래 일하셨으니까 사실 꼭 대학을 나올 능력이 되어야만 일할 수 있는 것 같지는 않아요.

교사 그렇다면, 이런 문제를 해결하기 위해서는 안정된 일자리의 수, 즉 정규직 일자리를 늘리는 것도 방법이겠네요. 또, 이런 방법도 있죠. 지금까지 정규직과 같은 일을 해 왔던 비정규직을 정규직화하는 거예요.

민우 아 그건 좀……. 그럼 사업하는 데 인건비가 너무 많이 들지 않나요? 삼촌이 그러는데, 사업은 잘될 때도 있고, 잘 안 될 때도 있는데 사람 많이 뽑아 놓으면 망하기 십상이래요.

교사 아, 그렇게 생각할 수도 있겠네요. 그런데 우리 이야기는 일단은 '해결하고 싶은 고민 - 하기 싫은 공부 억지로 해야 하는 문제 - 정규직이 돼야 되니까 - 정규직을 늘리면 안 되나?' 요렇게 이어져 온 거니까 이 흐름에 따라 계속 한번 가 볼게요.

그러면 이렇게 정규직 일자리를 늘리는 데 국회의원들이 무슨 일을 할 수 있을까요?

소현 글쎄요. 그건 노동부에서 하는 거 아닌가?

교사 맞아요. 노동부가 노동 정책을 내고 그에 맞게 예산을 결정하는 일 등을 국회의원이 하지요. 아까 민우가 말한 것처럼 민간 사업장에서 정규직을 늘리기 어렵다면, 공공 서비스를 늘릴 수도 있는데요. 이런 것들도 정부가 계획을 내면 국회에서 심의를 해요. 즉 내가 뽑는 국회의원이 이런 정책에 어떤 의견을 가지고 있는가가 중요한 거죠. 아니면, 불안정한 일자리 때문에 자살 등의 사회 문제가 일어나니, 회사들은 신규 채용은 모두 정규직으로 뽑으라는 법을 만들 수도 있죠. 그럼 여러분이 졸업할 때 나오는 신규 일자리는 모두 정규직이 되는 거죠.

민우 그런 게 가능해요?

교사 우리나라에서 비정규직 일자리가 생긴 것이 1997년 노동법이 개악된 이후예요. 그 전에는 법적으로 건강상 문제 등의 개인의 이유가 아니면 해고가 어려웠죠. 지금은 비정규직 일자리가 일상이 되었지만, 33년 전에는 비정규직 일자리가 아예 없었어요. 확실한 건 비정규직 일자리가 생겨난 것은 아주 최근의 일이라는 거예요. 들어올 때부터 정규직으로 들어와 계속 정규직으로 일해 온 세대가 지금도 함께 일하고 있으니까요. 노동법이 그렇게 바뀐 것도 국회의원들이 국회에서 통과시킨 거죠.

소현 아, 그렇구나. 그러면 지금 국회의원이나 정당들이 33년 전에 뭘 했는지 아는 것도 중요하겠네요.

교사 오올!

바라는 것을 요구하자

주연 샘, 전 솔직히 그런 것까지는 모르겠고, 관심도 없고요. 회사 들어가서는 일하는 건데, 왜 학벌로 차이를 두는지 모르겠어요. 대학은 달라도 배우는 건 똑같지 않나요? 아니, 학벌로 차별하는 건 대학교육 자체를 차별하는 거 아닌가? 왜 대학은 가만히 있나 몰라. 암튼 학력 차별을 금지해야 되지 않나 싶어요. 이런 거 관련해서도 국회의원들이 하는 일이 있나요?

교사 오! 깊이 생각해 봤네요. 네, '출신 학교 차별금지법'이라는 법안이 발의되었는데, 아마 통과는 안 되었을 거예요.

주연 '발의'가 뭐예요?

교사 법안을 만들자고 국회의원들이 제안을 하는데, 국회의원 10명이 동의해서 국회에서 논의할 안건으로 만드는 걸 발의라고 해요. 발의가 되면 국회 상임위원회에서 검토하고 토론한 뒤에 본 회의에 올라가서 표결을 거쳐 찬성이 많으면 법안이 통과되는 거죠.

주연 그럼 '발의'만 되고 통과는 안 되었나요?

교사 네.

주연 왜요?

민우 왜는 왜야. 국회의원들이 학벌이 좋잖아. 그 빽로 좋은 직업 얻어 국회의원까지 되었는데, 그런 법 만드는 데 동의를 하겠냐? 그리고 차별이 싫으면 공부나 해. 꼭 공부 못하는 것들이 그런 거 얘기하더라. 그리고, 차별을 금지하려면 모든 차별을 금지해야지, 왜 출신 학교 차별만 금지하냐?

교사 비하 표현은 삼가 주시고, 그렇게 모든 차별을 금지하고 비하 표현도 금지하자는 차별금지법을 제정하자는 정당도 있습니다. 하고 싶은 얘기는요?

민우 아, 전 솔직히 고등학교 때 공부한 게 다른데, 출신 학교 차별금지

법은 좀 말이 안 되는 것 같고요. 우리나라는 부익부 빈익빈이 너무 심하니까 복지 제도가 좀 좋아졌으면 좋겠어요. 저희 형이 공무원 시험 준비하는데 떨어져서 엄마가 그만 취직하라고 했는데, 올해 서울시에서 청년 수당 받아서 다시 해 보고 있거든요. 아니, 돈 있는 집 애들은 사실 붙을 때까지 뭔가 할 수 있으니까 뭘 해도 되는 것 같은데 우리 집은 그게 안 되는 거죠. 요즘은 태어나면 7세까지 아동 수당도 준다면서요. 우리 할아버지도 노인 연금 받는다던데. 나는 뭐 안 주나?

교사 그런 걸 공약으로 내건 정당도 있어요. 이렇게 따로따로 수당 주지 말고, 전 국민에게 일정 수준의 돈을 주자는 주장이에요. 어차피 기계나 인공 지능 발달 같은 걸로 일자리도 줄어드는데, 경제가 돌아가게 하려면 사람한테 돈을 줘야 한다는 거죠.

민우 그게 말이 돼요?

교사 지금 말한 대로, 아동 수당, 노인 수당, 청년 수당 이렇게 따로따로 지원하고, 소득이 적은 사람만 지원하고 하는 일에 더 행정력이 많이 낭비되니까 그냥 기본적으로 다 주는 것으로 제도를 바꾼 나라도 있어요. 불가능한 얘기만은 아니죠. 그 나라도 그러한 법안을 만들어 국회에서 통과시켰죠. 여러분도 생각해 보고, 괜찮은 아이디어 같으면 국회의원 후보들에게 공약으로 요구해 보세요.

민우 아, 그건 너무 이상해요. 제가 볼 때 진짜 중요한 문제는 펫 공장과 반려 동물 유기 문제예요. 생명이 있는 애들이 무슨 죄예요. 너무 불쌍해요. 그런 것에 관심 있는 국회의원도 있나요?

교사 다른 나라의 경우 국민들의 그런 여론을 받아서, 국회에서 펫 공장을 금지하는 법을 만들기도 했어요. 여러분도 유권자니까 동의하는 사람들을 모아 우리가 지지할 테니 이런 공약을 꼭 넣어 달라고 할 수도 있죠.

현조 아, 그런 게 중요한 게 아니에요. 이번에 호주에 산불이 나서 코알라랑 캥거루 타 죽은 거 봤지? 지금 기후 변화 때문에 온 세계가 난리라고. 그레타 툰베리라고 개는 학교도 안 가고 시위한다잖아. 결혼도 하기 전에 빙하기 맞기 싫으면 각성하자.

교사 아, 맞다. 현조는 꾸준히 ○○당에서 환경, 생태 문제와 관련된 활동을 했었죠?

현조 네. 이번에는 선거 제도가 바뀌어서 연동형 비례대표제가 통과되어서 우리 당에서도 국회의원이 나올 것 같아요.

교사 그럼 친구들한테 선거 운동 좀 해야겠네요.

현조 그래서 지금 깜짝 발표한 거죠. 혹시 선생님도 ○○당? 페스코 채식하신다고 하고, 느낌 오는데······.

교사 저는 아직 지지 정당을 정하지 못했어요. 그리고 지지 정당이 있어도 교사는 가입도 못 해요.

현조 왜요?

교사 교사는 학생을 가르치고 있기 때문에 '미성숙한 학생'들에게 영향을 끼칠 수 있다는 이유만으로 정당에 가입하는 것이나 지지를 표현하는 것이 법으로 금지되어 있거든요.

현조 헐.

교사 이제 여러분에게 권리가 생겼으니, 저에게도 기회가 오기를 기다려 보려고요.

정치의 주체가 된다는 건 삶의 주체가 된다는 것

교사 다시 원래 질문으로 돌아가서요. 여러분의 삶의 고민? 가장 문제라고 생각하는 것 또 있나요? 그런 걸 해결하는 데 국회의원들이 어떤 역할을 할 수 있는지 따져 보려고요.

란이 저는 경남 창원에서 전학 왔는데요. 거기는 학생인권조례가 없어서 아직도 두발 규정이 '귀 밑 몇 cm'인 학교도 있고, 체벌도 있어요. 휴대전화도 대부분 걷어 가고요. 이런 것도 국회의원이 해결할 수 있나요?

교사 지역에서 만드는 학생인권조례의 내용을 담아서 법률로도 만들 수 있죠. 실제 2006년에 한 정당이 체벌 금지, 두발·용의·복장 규제 폐지, 소지품 검사 및 강제 야자 금지 등을 골자로 하는 '학생인권법'을 만들려고 했다가 실패하고 현재 초·중등교육법〉에 이런 조항이 추가되는 걸로 마무리되었어요. "제18조의4(학생의 인권 보장) 학교의 설립자·경영자와 학교의 장은 헌법과 국제인권조약에 명시된 학생의 인권을 보장하여야 한다."

란이 그때는 왜 그런 조항만 들어가고, 학생인권에 대한 구체적인 내용의 법은 안 만들어졌어요?

교사 유권자들 중에 반대하는 사람이 많을까 봐? 아님 국회의원 개개인들이 반대해서?

란이 아, 맞다. 그때는 학생인 유권자가 없었군요.

교사 그렇죠. 23년 전과 지금의 차이는 그거겠군요.

소현 〈보좌관〉이라는 드라마 보니까 국회의원들이 재개발에도 관여하고 그러던데……. 저희 엄마 가게 있는 시장 재개발되면 쫓겨날까 봐 걱정이 많으시거든요.

교사 네, 국회의원을 하나의 입법 기관으로 봐서, 국회의원들은 지역사회의 문제에서도 막강한 권한을 행사해요. 실질적으로 뭘 할 수 있다고 명시되어 있지 않은 영역에서도 각종 예산과 인사 등으로 영향력을 미칠 수 있기 때문에 구청장 등도 다들 국회의원이라면 벌벌 기죠. 지역에서 심각한 문제가 있다면 국회의원에게 바로 제보해서 문제 해결을 위한 도움을 받을 수 있어요. 실제로 그 드라마에서도 미혼모인 학생을 보호하는 활동을 하며 관련 정책을 법으로 만드는 국회의원의 이야기도 나오지요.

얘기가 막 산으로 가기도 했는데요. 제가 하고 싶은 얘기는 선거권은 단순히 몇 가지 선택지 중에서 하나를 찍는 게 아니라는 거예요. 오히려 누구를 찍을까 하는 문제는 내가 지금 고민하고 있는 삶의 문제를 어떻게 해결할 것인가와 연관되어 있어요. 처음에 '하기 싫은 공부를 억지로 해야 한다'는 고민에서, 그 고민이 해결되려면 어떤 해결책이 필요하고, 그 해결책이 가능하려면 어떤 법이 만들어져야 하는지까지 얘기했었죠? 어떤 학생은 비정규직의 정규직화가 필요하다고 하고, 어떤 학생은 복지가 충실해져야 한다고 하고, 어떤 학생은 학력 차별이 없어져야 한다고 했어요. 다른 학생은 동물 유기 관련 문제가 해결되어야 한다고 하고, 어떤 학생은 기후 변화 문제를 얘기했죠. 어떤 학생은 교육이 바뀌기 위해 학생인권법이 필요하다고 이야기하기도 했고요.

국회의원을 뽑는 이유는 여기에 있어요. 국민들의 삶의 문제나 그 해결책을 국민을 대신해서 국회에 가서 대변하고, 필요한 법을 만들려고 노력하는 것이죠. 지금까지 법은 누가 만드는지, 누구를 위해 있는지도 모른 채 그냥 존재하는 것이었죠. 하지만 법을 만들고 고치는 것은 국민의 권리예요. 국회의원은 그 일을 대행할 뿐이죠. 그래서 국민의 투표로 뽑는 거고요. 그러니까 단순히 어느 후보, 어느 정당을 찍을 거냐 고민하는 것이 아니라, 내가 생각할 때 나와 우리 사회를 위해 꼭 풀어야 할 문제가 뭐고, 그것을 어떻게 해결할 것인지 대안을 생각해서 여러 유권자들과 함께 국회의원에게 요구할 수 있어야 해요. 오히려 공약집은 이 당이나 저 당이나 비슷한 경우도 많아요. 내가 원하는 정책들에 관해 그 정당들이 어떤 입장을 가지고 있었는지, 이전 국회에서는 어떤 입장이었는지 확인해 보는 게 더 정확할 수도 있죠. 그리고 여러분은 이번에 새롭게 유권자가 된 것이니까, 지금까지 유권자들이 청소년이나 학생이 아니어서 요구하지 않았던 정책들에 대해서도 정당들과 후보들이 여러분들의 의견을 묻고 공약으로 제시하도록 독려할 수도 있지요. 여러분이 필요하다고 믿는 정책의 필요성을 다른 국민들에게 알리기 위해 기자 회견이나 집회를 할 수도 있어요. 지지하는 유권자들이 많아질 때, 국회의원들도 그러한 법을 만들 테니까요.

후보들이나 정당들이 차려 준 밥상에서 여러분이 골라 먹는 것이 아니라, 여러분의 삶에 꼭 필요한 밥과 반찬을 국회의원들이 준비하도록 요구할 수 있는 거죠. 여러분이 선거권을 갖게 된 것도,

새로운 유권자가 교육과 사회를 변화시킬 수 있는 힘이 될 수 있다고 믿은 청소년운동 활동가들과 시민들이 국회 앞에서 삭발을 하고 43일간 거리 농성을 하며 끊임없이 기자 회견과 시위 등을 통해 국민들과 국회에 요구를 전하고 정당성을 인정받은 결과예요. 물론 이러한 노력이 가능했던 이유도 여러분과 같은 청소년들이 선거권이 없었을 때도 광우병 위험 쇠고기 수입 반대, 철도 민영화 반대, 역사 교과서 국정화 반대, 세월호 참사 진상 규명 요구, 대통령 탄핵 등의 사회적 문제들에 끊임없이 참여했기 때문입니다.

저는 이번 선거가 그냥 투표용지에 도장을 찍는 행위를 넘어 내 삶의 문제가 이 사회, 정치와 어떤 연관이 있는지 알게 되는 계기가 되길 바라요. 그리고 법을 바꾸는 것이 이 세상의 룰을 바꾸는 것인 만큼 그저 주어진 대로 받아들이고 어떻게 적응할 것인가만 고민하는 것이 아니라 자신이 그 룰을 바꾸는 주체일 수 있다는 점을 알게 되길 바라요. 그래야지 비합리적인 룰에 대해서 굴복하지 않을 수 있게 될 테니까요. 그래서 정치의 주체가 된다는 것이 삶의 주체가 되는 것이기도 하다는 것을 알 수 있다면 정말 좋겠어요. 그럼 이만!

현조 선생님, 선생님은 어떤 정당 찍을 건지 끝까지 얘기 안 해 주시는 건가요? 저희가 암시하는 퀴즈를 낼 테니, 윙크로 답하는 거 어때요?

교사 저의 정치적 권리를 보장하자는 정당에 투표해 주시기를 부탁드리는 걸로 답을 대신할게요. 아, 그리고 저만 계기를 잡아 수업하는 건 공평치 않으니 여러분도 계기를 잡아 수업할 거리가 있으면 언제든지 제안해 주세요. 시험 진도에 지장이 없는 시간을 꼭 만들어 시행하도록 하겠습니다. 여러분이 잡은 계기가 무엇일지 궁금해지네요. 다음 시간에 만나요.

2020년 2월

교육공동체 벗

교육공동체 벗은 협동조합을 모델로 하는 작은 지식공동체입니다.
협동조합은 공통의 목적을 가진 사람들이 모여서 만든
권력과 자본으로부터 독립된 경제조직입니다.
교육공동체 벗의 모든 사업은 조합원들이 내는 출자금과 조합비로
운영됩니다. 수익을 목적으로 하지 않기에 이윤을 좇기보다
조합원들의 삶과 성장에 필요한 일들과 교육운동에
보탬이 될 수 있는 사업들을 먼저 생각합니다.
정론직필의 교육전문지, 시류에 휩쓸리지 않는 정직한 책들,
함께 배우고 나누며 성장하는 배움 공간 등 우리 교육 현실에
필요한 것들을 우리 힘으로 만들고 함께 나누고 있습니다.

조합원 참여 안내

출자금(1구좌 일반 : 2만 원, 터잡기 : 50만 원)을 낸 후 조합비(월 1만 5천 원 이상)
를 약정해 주시면 됩니다. 조합원으로 참여하시면 교육공동체 벗에서 내는 격월간
교육전문지 《오늘의 교육》과 조합 통신 《벗마을 이야기》를 받아 보실 수 있습니다.
출자금은 종잣돈으로 가입할 때 한 번만 내시면 됩니다. 조합을 탈퇴하거나 조합 해
산 시 정관에 따라 반환합니다. 터잡기 조합원은 벗의 터전을 함께 다지는 데 의미
와 보람을 두며 권리와 의무에서 일반 조합원과 차이는 없습니다. 아래 홈페이지나
카페에서 조합 가입 신청서를 내려받아 작성하신 후 메일이나 팩스로 보내 주세요.

홈페이지 communebut.com
카페   cafe.daum.net/communebut
이메일   communebut@hanmail.net
전화   02-332-0712
팩스   0505-115-0712

교육공동체 벗을 만드는 사람들

※ 하파타순

후쿠시마 미노리, 황지영, 황정일, 황정원, 황이경, 황윤호성, 황봉희, 황기철, 황규선, 황고운, 홍정인, 홍용덕, 홍순성, 홍세화, 홍성구, 홍석근, 현복실, 현미열, 허효인, 허장수, 허윤영, 허성균, 허보영, 허기영, 허기영, 허장영, 함점순, 함영기, 한학범, 한제민, 한지혜, 한은ოक, 한영욱, 한소영, 한성찬, 한석주, 한미혁, 한만중, 한낱, 한길수, 한경희, 하효정, 하주현, 하정호, 하정필, 하인호, 하승우, 하승수, 하순배, 탕동철, 최иह성, 최현숙, 최현미, 최진규, 최주연, 최정윤, 최정아, 최은희, 최은정, 최은숙, 최은경, 최윤미, 최원혜, 최영식, 최연희, 최연정, 최승훈, 최승복, 최선영, 최선경, 최봉선, 최보람, 최병우, 최미영, 최류미, 최대현, 최기호, 최광용, 최경미, 최경련, 최강토, 채효정, 채종민, 채민정, 차종숙, 차용훈, 진현, 진주형, 진용용, 진영준, 진냥, 지정순, 지수연, 주순영, 조희정, 조형식, 조현미, 조향미, 조해수, 조진희, 조지연, 조준혁, 조주원, 조정희, 조용현, 조윤성, 조원희, 조원배, 조용진, 조영현, 조영옥, 조영실, 조영선, 조여은, 조여경, 조성희, 조성실, 조성배, 조성대, 조석현, 조석영, 조문경, 조남규, 조경애, 조경아, 조경삼, 조경미, 제남모, 정희영, 정희선, 정홍용, 정혜령, 정현진, 정현주, 정현숙, 정혜레나, 정춘수, 정진영a, 정진영b, 정진규, 정종현, 정종민, 정제학, 정이든, 정은희, 정은주, 정은균, 정유진a, 정유진b, 정유숙, 정유섭, 정원탁, 정원석, 정용주, 정예슬, 정영현, 정애순, 정수연, 정보라, 정미숙a, 정미숙b, 정명옥, 정명영, 정득년, 정대수, 정광호, 정광필, 정관모, 정광일, 정간모, 전혜원a, 전혜원b, 전준한, 전정희, 전유미, 전세란, 전보애, 전병기, 전민기, 전미영, 전병훈, 전난희, 장현주, 장인하, 장은하, 장은미, 장윤영, 장원영, 장시준, 장상옥, 장병훈, 장병추, 장병순, 장근영, 장군, 장경훈, 임혜정, 임향신, 임한철, 임지영, 임중혁, 임종길, 임정은, 임전수, 임은우, 임수진, 임성빈, 임성무, 임선영, 임상진, 임민자, 임동헌, 임덕연, 이희옥, 이희연, 이효진, 이호진, 이혜정, 이혜린, 이현, 이혁규, 이향숙, 이한진, 이태영a, 이태영b, 이충근, 이진혜, 이진주, 이지현, 이지혜, 이지영, 이지연, 이중석, 이주희, 이주영, 이종은, 이정희A, 이정희B, 이재익, 이재영, 이재두, 이임순, 이인사, 이은희a, 이은희b, 이은향, 이은진, 이은주, 이은영, 이은숙, 이윤엽, 이윤승, 이유선, 이유미, 이윤경, 이유진a, 이유진b, 이월녀, 이원님, 이용환, 이용석, 이용기, 이영화, 이영혜, 이영주, 이영아, 이연진, 이연주, 이연숙, 이연수, 이승헌, 이승태, 이승아, 이슬기a, 이슬기b, 이수정a, 이수정b, 이수연, 이수미, 이성희, 이성호, 이성숙, 이성수, 이설희, 이선표, 이선영a, 이선영b, 이선애a, 이선애b, 이선미, 이상훈, 이상화, 이상직, 이상우, 이상미, 이범희, 이범희, 이민아, 이미숙, 이미라, 이문영, 이명후, 이명형, 이동철, 이동준, 이덕주, 이남숙, 이난영, 이나경, 이기규, 이근희, 이근표, 이근영, 이광연, 이계삼, 이경화, 이경은, 이경욱, 이경언, 이경림, 이건진, 윤흥은, 윤지형, 윤종원, 윤우람, 윤영훈, 윤영백, 윤수진, 윤상혁, 윤병일, 윤규식, 유효성, 유재을, 유영길, 유수연, 유병은, 위양자, 원지영, 원윤희, 원성제, 우창숙, 우지영, 우완, 우수경, 오중근, 오정오, 오재훈, 오은정, 오은경, 오유진, 오수진, 오수민, 오세희, 오민식, 오명환, 오동석, 영은주, 여희영, 여태은, 엄창호, 엄영지선, 엄재훈, 엄기호, 엄기옥, 양해준, 양지선, 양은주, 양은숙, 양영희, 양애정, 양선영, 양서영, 양상진, 안효비, 안찬원, 안지현, 안지윤, 안준철, 안정선, 안용덕, 안옥수, 안영신, 안영빈, 안순어, 심향일, 심은보, 심승희, 심수환, 심동우, 심경일, 신혜선, 신충일, 신창호, 신창복, 신중희, 신숙식, 신은정, 신은경, 신유준, 신소희, 신성연, 신미옥, 송호영, 송허라, 송한별, 송정은, 송인혜, 송용석, 송승훈, 송명옥, 송근희, 송경화, 손현아, 손진근, 손정란, 손은경, 손성연, 손민정, 손미승, 소수영, 성현석, 성유진, 성용혜, 성열관, 설은주, 설원민, 선휘성, 선미라, 석옥자, 서혜진, 서태성, 서지연, 서정오, 서선진, 서은지, 서우철, 서예원, 서명숙, 서강선, 상형규, 변현숙, 백현희, 백영호, 백승범, 배희철, 배주영, 배정현, 배정원, 배이상헌, 배영진, 배아영, 배경내, 방득일, 방경대, 반영조, 박희진, 박희영, 촥효정, 박효수, 박환조, 박혜숙, 박혜린, 박형진, 박형일, 박현희, 박현숙, 박춘애, 박춘배, 박철호, 박진환, 박진수, 박진교, 박지희, 박지흥, 박지혜, 박지연, 박지원, 박중구, 박정미, 박재선, 박은하, 박은주, 박은경, 박용빈, 박옥주, 박옥균, 박영실, 박연지, 박신자, 박수진, 박세영, 박성규, 박복선, 박미희, 박명진, 박명숙, 박동혁, 박도정, 박도영, 박덕수, 박덕공, 박노해, 박내현, 박고영준, 박경화, 박경이, 박병진, 박병기, 박건진, 민병성, 문용석, 문영주, 문순옥, 문수현, 문수영, 문수경, 문성철, 문명숙, 문경희, 모은정, 마승희, 류창로, 류정희, 류재향, 류우종, 류명숙, 류대현, 류경원, 도정철, 도방주, 데와 타카유키, 노영현, 노상경, 노경미, 남효숙, 남정민, 남윤희, 남유경, 남원호, 남예린, 남미자, 남궁역, 나규환, 김희정, 김희옥, 김규호, 김훈태, 김환희, 김홍구, 김혜영, 김혜림, 김형렬, 김현자a, 김현진주, 김현주a, 김현주b, 김현영, 김현실, 김현경, 김헌택, 김필임, 김태훈, 김태원, 김천영, 김찬우, 김찬영, 김진희, 김진숙, 김진희, 김진, 김진용, 김지수, 김지연, 김지연a, 김지연b, 김지영, 김지광, 김주연, 김주영, 김종민, 김종은, 김종옥, 김종성, 김종선, 김정은, 김정식, 김정삼, 김재환, 김재민, 김인순, 김인은, 김이민정, 김은파, 김은영, 김은아, 김은식, 김은숙, 김윤주, 김윤우, 김원예, 김원석, 김우영, 김용훈, 김용양, 김용만, 김요한, 김영희, 김영진a, 김영진b, 김영진c, 김영주a, 김영주b, 김영아, 김영삼, 김연정a, 김영정b, 김영일, 김연오, 김연미, 김아현, 김순천, 김수연, 김수진a, 김수진b, 김수정a, 김수정b, 김수연, 김수경, 김소희, 김소혜, 김소영, 김세호, 김성탁, 김성진, 김성숙, 김성보, 김선희, 김선철, 김선우, 김선기, 김선구, 김서화, 김보현, 김상정, 김봉섭, 김보혜, 김범주, 김범기, 김범주, 김민희, 김민선, 김민준, 김민정, 김미향, 김미진, 김미숙, 김미선, 김문옥, 김무영, 김묘선, 김명희, 김명섭, 김동현, 김동일, 김동원, 김도석, 김다희, 김다영, 김남철, 김나혜, 김기숙, 김기연, 김규태, 김광민, 김고종호, 김경일, 김경미, 김가연, 기세라, 금현진, 금현옥, 금명순, 권혜영, 권혁천, 권태윤, 권자영, 권용해, 권미지, 국찬식, 구자해, 구자숙, 구원희, 구완회, 구수연, 구본희, 구미숙, 괭이눈, 광호, 곽혜영, 곽혜주, 곽진경, 곽노해, 곽노근, 공현, 공영아, 고춘식, 고진선, 고유정, 고영주, 고영실, 고병현, 고병연, 고민경, 강화정, 강현주, 강현정, 강한아, 강태식, 강준희, 강인성, 강이진, 강은영, 강윤진, 강영일, 강영구, 강순원, 강수미, 강수돌, 강성규, 강석도, 강서형, 강미정, 경정모

※ 2022년 12월 2일 기준 744명

※ 이 책의 본문은 재생 용지를 사용해서 만들었습니다.